世の光たれ！

関西学院高等学部商科開設100周年記念誌

1912−2012

関西学院大学商学部

巻頭言

　1912（明治45）年、関西学院に高等教育機関として商科と文科を備えた高等学部が開設されました。初代高等学部長に就任したC. J. L. ベーツはこの時、"Mastery for Service" を高等学部のカレッジ・モットーとして掲げました。後にベーツが関西学院の第4代院長に就任するとこれは関西学院全体のモットーとなり、今日に至るまで関西学院の教育において最も重要な理念となっています。

　開設から100年、高等学部商科の伝統は高等商業学部等を経て、関西学院大学商学部に受け継がれています。関西学院創立者W. R. ランバスは世界市民として世界の人々のために生涯を捧げました。商科から商学部にいたるまで関西学院に学んだ学生も、"Mastery for Service" の精神を実践し、世界市民としてさまざまな形で貢献すべく努めてきました。

　商学部では100年に及ぶ教育と研究を振り返り、その伝統を未来に語り継ぐために「高等学部商科開設100周年記念事業委員会」を設け、2012（平成24）年から3年間にわたって祝賀会や記念講演会などさまざまな記念行事を行ってきました。

　また、この委員会の下に記念誌を編集するため「商科開設100周年記念誌編集委員会」が設けられました。委員会は15回にわたる会合を重ね、このたび、本誌『世の光たれ！――関西学院高等学部商科開設100周年記念誌』の出版に至りました。

　本誌の構成は次のようになっています。
　　第一章　　関西学院、1889年創立（1885～1910）
　　第二章　　高等学部商科、1912年開設（1911～1928）
　　第三章　　上ケ原移転と大学昇格、1934年（1929～1934）
　　第四章　　戦争に巻き込まれる関西学院（1935～1945）
　　第五章　　新制大学の設立と商学部の開設、1951年（1946～1962）
　　第六章　　大学紛争前後の商学部（1963～1970）
　　第七章　　教育研究の拡充と神戸三田キャンパス（1971～1988）
　　第八章　　商学部の教育改革への挑戦（1989～2000）
　　第九章　　21世紀の商学部（2001～現在）

　本書では写真を多く掲載することにより、125周年を迎えた関西学院の創立から、高等学部商科の開設、そして今日の商学部にいたる歴史を、より身近なものとして読んでいただけるよう努めました。

　100周年記念事業は「高等学部商科開設100周年記念事業委員会」の委員はもとより、これを支えられた海道ノブチカ前商学部長、寺地孝之商学部長、阿部洋夫事務長をはじめとするすべての商学部の教職員の理解と協力がなければ実現しませんでした。また、福井幸男教授を委員長とする「商科開設100周年記念誌編集委員会」の委員による忍耐強い尽力がなければ本書の完成を見ることはありませんでした。ここに記して感謝申し上げます。

　本書を通じて多くの方々が高等学部商科から商学部に至る歴史に思いを馳せ、理解を深めていただければ幸いです。

2014年7月

関西学院高等学部商科開設100周年記念事業委員会
　　　　委員長　　平松一夫

世の光たれ！ —— 関西学院高等学部商科開設100周年記念誌

目　次

第一章　関西学院、1889年創立 ················· 5
1885～1910
- 1　創立者 W.R. ランバスとその家族 ················· 7
- 2　中国での W.R. ランバスの活動 ················· 10
- 3　日本の近代化とジャパン・ミッション開始 ················· 10
- 4　関西学院創立へ ················· 13
- 5　キリスト教主義教育の禁止 ················· 18
- 6　カナダ・メソヂスト教会の経営参加 ················· 19
- Column I　神戸市の発展と関西学院 ················· 22

第二章　高等学部商科、1912年開設 ················· 27
1911～1928
- 1　原田の森キャンパスの発展 ················· 28
- 2　専門学校令 ················· 32
- 3　関西学院神学校を改組し神学部・高等学部の設置 ················· 35
- 4　高等学部商科、1912年開設 ················· 36
- 5　C.J.L. ベーツ高等学部長とマスタリーフォーサービス ················· 41
- 6　1921年、高等商業学部への改組・発展 ················· 43
- 7　創立者ランバス博士、横浜で天に召される ················· 44
- Column II　商科会と木村禎橘教授 ················· 47

第三章　上ケ原移転と大学昇格、1934年 ················· 51
1929～1934
- 1　大学昇格運動 ················· 52
- 2　上ケ原移転への動き ················· 56
- 3　上ケ原への移転事業 ················· 58
- 4　悲願の大学昇格 ················· 63
- 5　商経学部1934年開設 ················· 65
- Column III　高等学部商科と商経学部の課外活動 ················· 69

第四章　戦争に巻き込まれる関西学院 ················· 71
1935～1945
- 1　戦争への道 ················· 72
- 2　同窓会と学生会 ················· 74
- 3　全外国人宣教師の帰国 ················· 76
- 4　神崎新院長体制 ················· 77
- 5　戦時非常措置と人員整理 ················· 78
- 6　校地・校舎の徴用 ················· 82
- Column IV　ベーツ院長の原点 ················· 84

第五章　新制大学の設立と商学部の開設、1951年 ················· 85
1946～1962
- 1　戦後の混乱からの立て直し ················· 86
- 2　GHQによる教育改革の指導 ················· 88
- 3　学院民主化への動き ················· 91
- 4　専門学校と短期大学 ················· 93
- 5　新制大学の設立と商学部の開設、1951年 ················· 95
- 6　創立70周年記念式典 ················· 98
- Column V　池内信行と青木倫太郎 ················· 99

第六章　大学紛争前後の商学部 ………………………… 101

1963〜1970

1　経済成長と高等教育の拡大 ………………………… 102
2　大学紛争の兆し ………………………… 104
3　大学紛争の拡大「粉砕か 創造か」 ………………………… 107
4　正常化への歩み ………………………… 112
Column Ⅵ　当時の学生から見た大学紛争 ………………………… 116

第七章　教育研究の拡充と神戸三田キャンパス ………………………… 117

1971〜1988

1　大学改革 ………………………… 118
2　人権問題への取組 ………………………… 122
3　情報化の時代 ………………………… 123
4　国際交流の進展 ………………………… 125
5　学生自治の変化と商学部傘下団体 ………………………… 127
6　北摂土地問題、院長公選の廃止と復活 ………………………… 129
Column Ⅶ　甲東園駅周辺の変遷 ………………………… 131

第八章　商学部の教育改革への挑戦 ………………………… 133

1989〜2000

1　関西学院創立百周年記念事業 ………………………… 134
2　商学部スポーツ推薦の導入 ………………………… 135
3　マネジメント・コース、1993年設置と冠講座 ………………………… 136
4　阪神・淡路大震災と商学部の対応 ………………………… 139
5　商学部カリキュラムの改正と人事制度改革 ………………………… 143
6　商学部のIT化と、寄附講座の広がり ………………………… 145
Column Ⅷ　関西学院スポーツの復活 ………………………… 147

第九章　21世紀の商学部 ………………………… 149

2001〜現在

1　様々な授業改革 ………………………… 150
2　『Business Wings』と*International Review of Business*（*IRB*）の創刊 ………………………… 152
3　専門職大学院経営戦略研究科、2005年設置 ………………………… 153
4　商学部の語学教育と海外留学状況 ………………………… 153
5　商学会研究会委員会傘下団体の活動 ………………………… 155
6　21世紀の商学部 ………………………… 156
Column Ⅸ　学生の就職先と歴代執行部 ………………………… 160

掲載写真所蔵先
◇　図録『関西学院の100年』より
※　関西学院学院史編纂室所蔵写真
□　関西学院広報室提供写真
◎　古谷桂信撮影

第一章
関西学院、1889年創立
1885～1910

年	月日	学院関係事項	月日	一般事項
1885（明治18）年	5.6	アメリカ・南メソヂスト監督教会伝道局、日本に宣教部設立を決議	12.22	森有礼、初代文部大臣に就任
1886（明治19）年	4.20	アメリカ・南メソヂスト監督教会、J.W. ランバス夫妻とその子 W.R. ランバス夫妻および O.A. デュークスを日本宣教部員に任命	3.2	帝国大学令公布
	9.15-17	日本宣教部開設、W.R. ランバスを総理に任命	4.10	小学校令・中学校令・師範学校令を公布
	7.25	J.W. ランバス夫妻と娘ノラおよび O.A. デュークス、神戸到着　伝道開始	8.25	文部省、私立5大法律学校を帝国大学総長の監督下におく
	11.26	W.R. ランバス、居留地47番地で、J.W. ランバスが始めていた英語夜間学校に読書室を開設		
1887（明治20）年	1.4	読書室をパルモア学院と命名	2.11-14	日本聖公会設立
	9.24-27	南メソヂスト監督教会日本宣教部第1回年会開催		
1888（明治21）年	3.4	吉岡美国、長谷基一、坂湛、J.W. ランバスから受洗	4.25	市制・町村制公布
	5.21	J.C.C. ニュートン夫妻、S.H. ウェンライト夫妻来日	5.1	『新選讃美歌』刊行
	8.31	南メソヂスト監督教会第2回日本宣教部年会で、W.R. ランバスは神戸に青年のための学校を開設することを提案	12.-	山陽鉄道姫路・兵庫間開通
	11.7	W.R. ランバス、神戸市の東郊外「原田の森」近く菟原郡都賀野村内原田村に1万坪の土地売買契約を交わす		国家「君が代」の制定を条約国に通告
1889（明治22）年	4.29	土地の買収を終え、登記完了	2.11	大日本帝国憲法制定
	6.-	木造2階建て1棟（建坪78坪）の校舎と、木造平屋建て1棟（57.5坪）の建物着工	4.1	市町村制で神戸市施行
	7.-	関西学院憲法を起草、総理 W.R. ランバスが院長就任、神学部長 J.C.C. ニュートン、普通学部長 N.W. アトレー、中村平三郎が幹事兼校主に就任　神学部、普通学部の2部とし、校名を関西学院と命名	7.1	東海道線　新橋・神戸間開通
	9.28	兵庫県知事より学院設立認可		
	10.11	授業開始		
1890（明治23）年	3.2	第2校舎着工	1.27	慶應義塾、大学部を設置
	9.15	学院開校式挙行	10.30	教育勅語発布
			11.25	第1通常議会招集
1891（明治24）年	1.-	W.R. ランバス院長、休暇帰国	1.9	内村鑑三不敬事件
	6.29	神学部英語神学科最初の卒業生　中山栄之助、鵜崎庚午郎、田中義弘		この頃キリスト教会で自由神学が盛んになり、仏教その他、外部からの攻撃強まる
1892（明治25）年	4.28	J.W. ランバス、神戸で死去	1.-	神戸に松陰女学校開設
	7.20	南メソヂスト監督教会日本宣教部年会を解散して日本年会を組織		
	9.1	神学部、吉岡美国、院長就任		
1893（明治26）年	7.-	中村平三郎、幹事兼校主を辞任	4.10	井上哲次郎『教育と宗教の衝突』
	8.-	院長吉岡美国、校主を兼任		
	10.6	内村鑑三、来院講演		
1894（明治27）年	3.22	本館献堂式	1.23	文部省、教員の政治関与禁止について訓令
	6.-	普通学部学則改正。従来の6ケ年制を改めて修業年限を5ケ年（本科4ケ年、予科1年）とし、別に高等普通科を置き、修業年限を2ケ年とする	6.25	高等学校令を公布
	-.-	W.R. ランバス、南メソヂスト監督教会伝道局総主事に就任	8.1	日清戦争開戦（95.4.17まで）
				神戸英和女学校を神戸女学院と校名改称
1895（明治28）年	6.-	普通学部の修業年限を4ケ年とし、普通学部高等科と改称	4.17	下関で日清講和条約調印
	8.-	J.C.C. ニュートン、帰任復職	4.23	露・独・仏三国干渉
	-.-	院友会（後の同窓会）設立		
1896（明治29）年	6.8	関西学院青年会の招きで内村鑑三、来院講演	7.-	兵庫県に郡制実施
1897（明治30）年	6.-	J.C.C. ニュートン、病気のため帰国	1.16	日本学生基督教青年会同盟結成
	9.-	T.H. ヘーデン、神学部長に就任	10.1	金本位制実施
1898（明治31）年	1.-	関西学院基督教青年会、日本基督教学生青年会同盟に加盟　学年歴を9月開始8月終了から、4月開始3月終了に変更	2.11	神戸新聞創刊
1899（明治32）年	1.5	第1回同窓会、山中別園（現、花隈駅北側）で開催	7.7	改正条約実施（治外法権撤廃）。神戸居留地廃止
			8.3	文部省訓令第一二号の発令
1900（明治33）年	-.-	グリークラブ誕生		
1904（明治37）年	10.23	ブランチ・メモリアル・チャペル献堂式	2.10	日露戦争
1907（明治40）年	10.18	合同条項締結	5.22	三派合同の日本メソヂスト教会が誕生
1910（明治43）年	5.18	カナダ・メソヂスト教会が学院経営に参加	2.21	日韓併合

第一章　関西学院、1889年創立

◇ 創立者　W. R. ランバス

The Beginning

1 創立者 W.R. ランバスとその家族

メソヂスト教会

ジョン・ウェスレーを始祖として18世紀にイギリスで始まったメソヂスト運動は、アメリカ合衆国において19世紀中ごろから大きな広がりをみることとなった。工業化の進展と経済成長はヨーロッパからの移住者の急増をもたらし、「ホーリネス」（聖潔）と勤勉を柱とするメソヂストの教えは、中流アメリカ市民の生活哲学へと根付いていくことになり、メソヂスト教会は中間市民層に対して急速に浸透することとなった。1850年代には、教会員数は450万人を数え、長老派やバプテスト派をも凌ぐアメリカ最大のプロテスタント教派として飛躍的な発展を遂げた。そうした広汎な支持を得て、やがて、海外伝道事業を進めていくこととなった。

関西学院を創設するW. R. ランバス（Lambuth, Walter Russell Thornton 1854-1921）は、メソヂスト派の4代続く宣教師一家に生まれ、世界伝道への道を歩んだのである。

ウィリアムとメアリー

メソヂスト教会の牧師一家であるランバス家には、伝道師一家として多くの逸話が残されている。その一つがW. R. ランバスの両親が出会った時のエピソードだ。

アメリカ南部のある教会で、中国の窮状を訴えるアピールがなされたところ、一人の若い婦人が感動して5ドルの献金をし、「自分の身を中国に捧げたい」と誓った。その後、その話を聞いた一人の青年が、「そういう信仰的な素晴らしい考えの婦人がいるのならば、じつは自分も中国伝道を志しているので一度お会いしたい」と願い出たという。この二人が意気投合し、結ばれ夫婦となった。その二人が、W. R. ランバスの両親となるJ. W. ランバス（Lambuth, James William 1830-1892）とメアリー（Mary Isabella McClellan 1833-1904）だった。メアリーは、ニューヨーク生まれの教師で19歳になったばかりだった。スコットランドの名門ゴードン家の出身であり、アメリカ合衆国第22・24代大統領クリーブランドはいとこになる。

二人は結婚後すぐの1854年、念願の中国伝道へと旅立つ。当時の中国への旅は、大西洋を南下し、アフリカ南端を通り、インドを経て中国にたどり着くという、現在の私たちが想像もできないほどの長旅であり、命がけの旅だった。二人の上海到着の2ケ月後生まれたのが、W. R. ランバスだった。

◇ パール・リバー・チャーチ（アメリカ、ミシシッピー州）

第一章　関西学院、1889 年創立

※ 中国出発直前のJ. W. ランバスと妻メアリー

W. R. ランバスが幼い日々を過ごした上海の家では、母メアリーが中国女性を集めて、縫物を教え、讃美歌を一緒に歌い、聖書を読み聞かせる日々が日常だった。3歳になると、父ランバスは、よく町の教会に息子を連れて行った。4歳になると、上海から屋根つきの小さな船に乗り、J. W. ランバスの長い伝道の活動にも同行することになった。そうして中国での父の伝道活動に身近に触れていったのである。

初めての故国アメリカ

1859（安政6）年9月、W. R. ランバスが5歳のとき、子どもたちの教育と健康に配慮して、母メアリーは、妹ジャネットとW. R. ランバスを連れてアメリカに向かった。出迎えたのは、一緒に中国伝道に出たケリー博士の両親だった。5ヶ月後、母メアリーは、幼い兄妹をニューヨーク州ケンブリッジの自分の両親のもとに残して、夫の伝道活動を手伝うため、再び、中国に戻ることにした。兄妹は、2年間、祖父母の愛情を受けて過ごした。

1861（文久元）年、南北戦争が勃発し、両親は中国伝道を中止し帰国した。はじめて両親と一緒に故郷のミシシッピー州マディソンのパールリバーで4年間を過ごした。その間、妹ジャネットがしょう紅熱で急死するが、1863（文久3）年、妹ノラが生まれた。そして、ランバス一家は、1864年、再び、中国へ戻っていった。

W.R. ランバス、神学と医学を学ぶ

4年後、14歳になり背も伸びてきたW. R. ランバスであったが、目と喉の病にかかり、上海では満足な治療を受けられないことから、ただ一人、アメリカに帰ることになった。1869（明治2）年5月19日、汽船コスタ・リカ号に乗船し、出発した。船に弱いランバス少年は激しい船酔いに見舞われた。3日目の朝、船は日本の緑濃い港町に錨をおろした。少年ランバスも、甲板に上がり目に染みるような景色を眺め「いままで経験したことのない心の安らぎを与えられた」と感じた（のちに、W. R. ランバスは、1921（大正10）年、この地で生涯を閉じることになる）。

この港町が横浜で、ここの病院で1か月半静養し、船を商船グレート・リパブリック号に乗り換え、サンフランシスコを目指した。この長い船旅は、W. R. ランバスに大きな影響を与えた。ランバスは、自分と向き合い、祈りを捧げ、「クリスチャンとしていかに生きるべきか」悩み、考えた。そして、ついに生涯を神に任せる確信を得るにいたった。父と母から受け継いだ信仰が、自分のものとなった瞬間だった。

7月の初め、サンフランシスコに到着し、母方の祖父母の住むケンブリッジにたどり着き、この地でW. R. ランバスは健康状態を回復させることができた。秋になると、テネシー州レバノンのハイスクールに入学した。そこには、ランバス家と一緒に中国に渡ったケリー博士の両親が住んでいて、W. R. ランバスは、そこから高校に通うことになった。ケリー家には、ケリー博士の両親と10歳の娘デイジー（Daisy Kelley 1858-1923）が住んでいた。ケリー家で、ランバスは、勉強し、遊び、手伝い、父母から離れている寂しさも忘れるほどだった。夏には、ケリー家の別荘地で、3エーカーの土地を開墾する仕事を与えられ、夏の終わりにはすべてをやり遂げた。ランバスは、これを少年時代の誇らしい思い出として、娘のメアリーによく話していたという。困難に直面すると、口癖のように

「それは確かに骨が折れる。しかし切り株を起こす仕事よりも骨は折れないよ」と。

17歳で、レバノンの高校を卒業し、ヴァージニア州アビンドンの近くのエモリー・アンド・ヘンリー大学に入学した。ここは、多くのキリスト教指導者を輩出した伝統校だった。太平洋の船室で神への献身を決めていたランバスは、宣教師になるという考えが揺らぐことはなく勉学に励んだ。そして、在学中に、医学を勉強することも決心した。医療宣教師となって、中国の人々の身体と心に奉仕する道に進むことを決意した。

そしてランバスは、1877（明治10）年までの2年間、テネシー州ナッシュビルにある南部の名門ヴァンダビルド大学で、神学と医学を学び、60名中、トップの成績で大学を卒業した。この地で、W.R.ランバスは再び、ケリー家にお世話になった。

▼ 明治維新の頃の横浜根岸の風景　個人蔵

幼なじみのデイジーと結婚

1877年8月2日、W.R.ランバスは、4歳年下のケリー博士の娘デイジーとマッケンドリー教会で結婚式を挙げた。デイジーは19歳で、23歳のランバスの妻となった。

結婚後、わずか2ケ月でランバスとデイジーは、サンフランシスコの港から中国に向けて出発した。二人は、23年前、ランバスの両親が選んだのと同じ道をたどり始めた。

※ 結婚した当時のデイジーとW.R.ランバス

第一章　関西学院、1889年創立

2　中国でのW.R.ランバスの活動

アヘン蔓延との闘い

1877（明治10）年11月、上海に到着したランバスは、すぐに上海郊外にアヘン中毒患者の療養所を開設した。医療活動と伝道は並行して行われた。医療器具を入れた袋を背負って、患者を探しながら何百キロも見知らぬ町を巡り、病気で苦しむ人を見つけると診療を施し、患者のために祈り、聖書の言葉を教える日々だった。

当時の中国は、アヘン戦争の後遺症に悩まされていた。アヘン窟の存在と、アヘン中毒の蔓延が最大の問題だった。ランバスの手法は徹底していた。アヘンの即時廃棄、3日間の監禁、朝夕の祈り、最悪の結果になっても責任は問わないという誓約書へのサイン。その結果、普通の人なら5日間で悪癖がやみ、2週間で正常な生活を取り戻すことができた。1880（明治13）年5月には、本格的なアヘン患者療養所を上海に開設した。これらのランバスの活動がきっかけの一つとなり社会的反響を呼び、上海の政府が、その後アヘン禁止令を出すことの契機となった。

蘇州病院開設

いったんアメリカに戻り、さらに医学を学んだ後、1882（明治15）年11月、再び中国に戻ってきたランバスは、新しく学んだ最新医学を武器に医療活動に没頭した。彼の留守中に計画が進められていた蘇州診療所開設にも情熱を注いだ。その年の末、W.H.パーク医師を迎え、近代的な設備を導入し、人々のための病院が完成した。パークはのちにランバスの妹ノラと結婚し、ランバスの後を継いだ。パークとノラはその後、40年間、この病院で中心的な役割を果たした。この蘇州病院（現、蘇州大学付属病院）はランバスにとっても生涯忘れることのできないものだった。

3　日本の近代化とジャパン・ミッション開始

キリスト教の受容はじまる

日本は、1868（明治元）年の明治維新を経て、1873（明治6）年2月に、切支丹禁制の高札を撤廃した。一般庶民のキリスト教に対する偏見や、無理解は根深かったものの、幕末以来の欧米列強による外圧に対して、植民地化を防ぎ、独立国家としての立場を確保するために西欧の近代文明、政治、経済、軍事、産業、学問などをできるだけ速やかに取り入れることが、急務となったのである。近代化を遂げるためには、キリスト教を受け入れることが近道だった。

プロテスタント教会各会派の日本伝道は、19世紀後半、アメリカの聖公会、長老派、オランダ改革派など、いずれもメソヂスト以外の教派から派遣されたパイオニア宣教師たちによって進められた。アメリカ・メソヂスト監督教会は、1872（明治5）年11月、ジャパン・ミッションの開始を決議した。

アメリカ・南メソヂスト監督教会が日本伝道を開始したのは、さらに遅れて1886（明治19）年だった。それは、プロテスタント宣教師の初来日よりも、30年近くも遅れており、東京を中心にすでに有力なキリスト教主義学校がいくつか開設されていた。この数十年の出遅れの原因は、主として南北戦争（1861－65）にあると思われるが、日米修好通商条約（1858年）が居留地内での伝道しか認めていないという日本国内事情の厳しさも一因とみられる。

ジャパン・ミッション開始

ランバスの母メアリーは、キリスト教の布教が日本で解禁された知らせを受け、1876（明治9）年、伝道局に手紙を送っている。「日本は、私たちが働くべき場所のように思えてなりません。時々、ウォルター（W.R.ランバス）にとっても、日本が最も適した奉仕の地ではないかと

◇ランバスが愛用していた聖書

感じることがあります。もし、私たち夫婦がもう少し若く自由であるなら日本で思い切り働いてみたいと思います。『すべては適時に適所で』、これを私は忘れません。」

父 J.W. ランバスも同じころ、外国伝道局への報告書の終わりに次のように書いている。

「外国伝道局が、もし日本伝道を開始するなら、私はいつでも奉仕する心の用意があります」。ランバス一家の日本伝道への思いは、かなり早い時期から燃え上がっていたことがわかる。

1885（明治18）年、南メソヂスト監督教会伝道局の第39回年次報告には、J.C. キーナー監督の提案を受け入れ、総会は日本に宣教部を設置し、そのために 3,000 ドルを充当することを決議したと記されている。この決議に従って、J.W. ランバスは、同年9月、事前調査に日本を訪れ、調査報告書を提出している。その結果、翌年、1886 年 4 月、中国担当のマクティーア監督は、J.W. ランバスとW.R. ランバスとその家族、そしてO.A. デュークスとを日本伝道のために派遣することを決定した。

◇ J.W. ランバス夫妻（ウイリアムとメアリー）

若きランバス、総理に指名

マクティーア監督は、その責任者に若きエース W.R. ランバスを指名した。マクティーア監督は任命書に次のように書き添えた。「父上の年齢と健康状態を考えて、総理の重責を父上ではなくあなたに命じるのは正しいと信じます。私たちは、父上の長期間にわたる中国伝道での信仰と奉仕に、尊敬と感謝を捧げます。父上の得がたい体験と行いは、そのまま日本伝道に生かされ受け継がれることを信じて疑いません。」

この言葉には、「経験深い父を差し置いて」という W.R. ランバスの思いを察したマクティーア監督の心配りが込められている。

1886 年 7 月 29 日、両親と O.A. デュークスが神戸に到着した。住居を外国人居留地の 47 番地に決めた。W.R. ランバスは、北京での病院建設が佳境だったため、そのめどが立った後、同年 11 月 24 日に神戸に到着した。

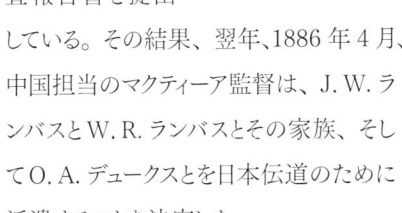

▼ ◇ 旧居留地計画図 1870 年 神戸市立中央図書館所蔵

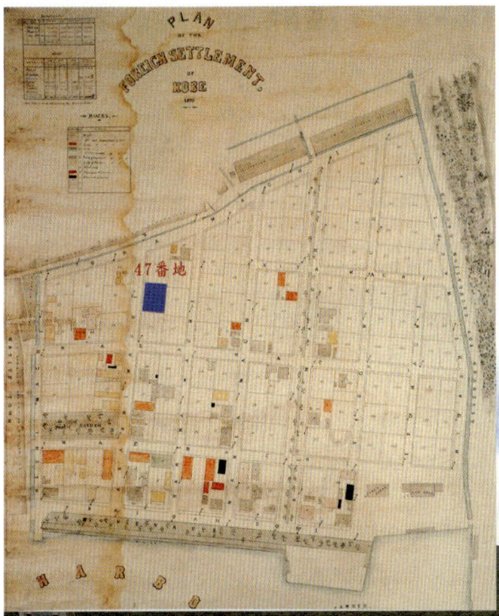

◎ ホテル・オークラ最上階より　2013 年 7 月 19 日

第一章　関西学院、1889年創立

◇ 明治の子どもたち（神戸東部教会日曜学校生徒）

　なぜ、神戸に本部を置いたかについては、W.R.ランバス自身が、翌年1887（明治20）年、海外伝道局へ提出した報告書の中で詳しく述べている。

1）神戸は南メソヂスト監督教会にとって手つかずで残されている地域の中心である（メソヂスト監督教会が、東海地方から東日本と九州の西北部をすでに布教していた）。
2）やがて全線開通する鉄道路線の中心である（新橋・神戸間の東海道線は、その2年後1889（明治22）年7月全線開通した）。
3）日本中で四季を通じて最も健康に適した海港である。
4）交通至便な瀬戸内海を通して主要な地方都市と連絡できる。
5）神戸は条約港としてアメリカ、イギリス、中国と毎週連絡が取れ、外国人として居住ができ、日本人に雇われないで伝道の仕事ができる。
6）神戸市には、すでに25万人が居住し、大阪、京都という大都市にも近い。

　さらに、W.R.ランバスは、琵琶湖畔から瀬戸内海までの全区域を3つに分け、本部を神戸巡回区に置き、大阪・京都・琵琶湖畔を琵琶湖巡回区、広島・山口・下関を広島巡回区とした。神戸巡回区をW.R.ランバスが、琵琶湖巡回区をデュークスが、そして広島巡回区をJ.W.ランバスが、それぞれ主管することとした。

　W.R.ランバスは、中国では医療伝道に尽くしたが、日本では教育事業の発展に寄与したといえる。W.R.ランバスの目標は、伝道者を養成するとともにキリスト教精神に基づいて青少年を教育する男子の総合学園を設立することだった。その方針は、1888（明治21）年8月31日、第2回日本宣教部の年会で正式に提案された。

◇ ランバス父子が居留した神戸47番館

◎ 同じ位置にある旧居留地・神戸大丸の東側　2013年7月19日

4 関西学院、1889年創立へ

原田の森1万坪を購入

　学校建設への資金のめどはまったく立っていなかったものの、学校建設の適地を探し、1888年10月初め、神戸の東、原田の森に適当な土地が見つかった。ところが、当時この土地は、神戸のかなり東に位置していて人跡さえ絶えた森林地で、狐狸のすみかであり、調査にあたった多数が不賛成であった。しかし、W. R. ランバスは、神戸は東へと発展し、御影、西宮、尼崎へと続き、大阪とも密接な関係を持つであろうと予測し、その土地購入の交渉を始めることにした。

　土地の取得には1万円が必要となったが、米1升が9銭5厘の時代に1万円は巨額であった。この時、南メソヂスト監督教会は、南美以神戸教会（現、神戸栄光教会）の献堂式を終えたところで、ミッションの負債も軽くない状況だった。しかし、W. R. ランバスは、「天父がすべて必要なものを与えて下さる」ことを信じて、熱い祈りを捧げつつ、資金調達に奔走した。ランバスは、自分とその他三名の宣教師の給料を引き当てに、香港上海銀行（現、HSBC）の神戸支店支配人に手付金2,000円の貸付を依頼した。『関西学院百年史』には「ランバスの熱意と人格を信用した支配人は直ちにこれを快諾し」と記述されているが、ランバスの熱意と人柄とともに上海や蘇州でのランバスらの医療活動の実績が、香港上海銀行の神戸支店まで伝わっていたことは考えられる。ともかく、無担保で2,000円の融資を得て、土地売買契約の第一条件であった手付金の支払いを済ますことができた。残金8,000円は一両年内に分割して支払うという条件で、1888年11月7日、売買契約を完了した。

銀行家トマス・ブランチの献金

　W. R. ランバスは、1888年8月31日に開催された日本年会に出席し議長をつとめた南メソヂスト監督教会のA. W. ウィルソン監督にも、土地購入のための援助金協力を依頼していた。その結果、アメリカ・ヴァージニア州リッチモンドの銀行家トマス・ブランチの「遺言書」（1888年10月6日作成、同年11月15日逝去）により、ウィルソン監督を受託者として南メソヂスト監督教会のミッショナリー活動のために贈られた特別基金15,000ドルの中から14,000ドルが、日本の南メソヂスト監督教会に送られ、その内の11,500ドルが関西学院の校地購入資金に充当された。そこで、負債を償還の上、土地代金の残金をすべて払い渡し、売買契約期日を一ケ月半繰り上げることができた。1889年4月19日、登記手続きを済ませ、1万坪の土地は完全に学院の所有となった。しかし、当時はまだ、外国人は居留地以外の内地に土地を所有する権利を有していなかったので、校地売買名義人である3名の日本人の南メソヂスト監督教会員が、共有財産の形式で、所有名義人となった。その3人とは、第2代院長となる吉岡美国、のちの学院幹事、長谷基一、川崎造船所技師の坂湛だった。

　1889年6月、原田の森1万坪の校地に、開校に向けて木造平屋建ての第一校舎と付属の木造平屋校舎と、外国人宣教師の住宅が建てられた。

◇ 宣教師たち　中央はA. W. ウィルソン監督夫妻　1888年夏

※ 創立当初の校舎

関西学院、授業開始

　第2代院長、吉岡美国は、校名の決定の由来について『七十年史』で以下のように回想している。

　「学院創設に際して、ランバス先生と命名に就いて考えた。(中略) 余り立派な名は名負けがしていけないといふので平凡な名前を選ぶことにした。当時民間ではまだ関西と云ふ名をつけたものはなかったが、関東に対する関西として西日本の指導者となる意味で、関西学院と名付けることになったのである。学院と云ったのも他に例のないことで、今日何々学院と称してゐるものも、当時は未だその様に呼ばれていなかった。当時ミッション・スクールは多く何々英和学校、何々英和女学校という風に呼ぶものが多かった。かうした伝統をやぶって命名が行われた訳になるのである。又関西をカンセイと漢音で呼び、カンサイと呉音で呼ばないのは、命名当時の所謂新進学徒は諸事革命的な気風から、東京をトウケイと読むように漢音ばかりで読む傾向があったので学院の名もカンセイと呼んだわけで、これが偶々後に簇出した関西の文字を冠する団体学校が、一般にカンサイと呼ばれるのと判然たる区別をなすことになった。」(『七十年史』)

　1889(明治22)年9月、私立関西学院設立願が兵庫県に提出され、同年9月28日に設立認可を得て、同年10月11日に正式に授業が開始された。院長にはW.R.ランバスが、神学部教頭にはJ.C.C.ニュートンが、普通学部教頭には、N.W.アトレーがそれぞれ就任した。

　教室など、教育施設としては、ペンキ塗りのバラック式木造二階建ての校舎の一階に「教場」として13畳4室、21畳2室があったのみであった。

◇ 海側からみた創立時校舎

創立時の証言

後に関西学院で国語と漢文を教えるようになる村上博輔が創立当時の学院を訪れた時の印象を書いている。

「風通しの宜しい、器具も粗悪、不揃いな、殊に狭い教室である。神学部じゃが板榻(ばんとう)が4脚しかない所もある。饂飩屋の座敷にはいった様な気がした。」(『関西学報』第8号 1909年)

生徒の一人で後に裁判官となった皆川治広も当時を回想している。

「学科は英語が非常に進んで居て、中学三年に当たる自分の級では、地理歴史は全く英語で西洋人の教師に学んだ。而し科学は兎角不十分を免れなかった。自分は高等学校入学志願であったので、学科の此有様は不快であった。」(『関西学報』第9号 1910年)

また、村上博輔は授業の印象を次のようにも記している。

「(中略)教師は生徒をまるで我子と思うて居る。役にも立たん理屈を並べて、物知らぬ生徒の荒胆を捕ったり、自己の小学を飾ったりするのは近頃の学校の風であるが、此処には少しも其風が見えぬ。只生徒の徳を建てることを思うていらぬ岐道に手を触れぬ。講義は極めて簡単じゃ。けれども、其処に真の教育の味が見える。(中略)人間は如何すると枝葉に走って根本を忘れ易い。枝葉は華美で根本は質素であるからである。けれども枝葉に因るを以て根本は生じない。根本を得るときは枝葉自然と其処に出来る。予が飾気のない学院の教育を賛成する所以は此処にある。」(『関西学報』第8号)

※ 神戸に集合したランバス一家　後列左より妹ノラとその夫パーク、妻デイジー、ウォルター(34歳)、弟ロバートとその妻アリス　前列中央にウィリアムとメアリー《神戸・山2番館にて−1889年夏−》

南メソヂスト監督教会が設立した関西学院の姉妹校

関西学院の神戸における姉妹校といえるパルモア学院の創設は、W. R. ランバスが、日本到着直後から開始した読書館である。この読書館は、翌年1889年1月4日、その趣旨に賛同し、毎年の援助を約束した米国牧師の名からパルモア学院と名付けられ、今日には神戸において、優れた英語教育と独自のキリスト教主義教育で知られる専門学校へと発展している。また、このパルモア学院の女子部が1940(昭和15)年、啓明女学院となった。

広島では、関西学院に先がけて、サンフランシスコで受洗した日本人宣教師、砂本貞吉が帰国後、J. W. ランバスの助けも借りて活発な伝道活動を展開し、1886(明治19)年10月、女子のための私塾を開いた。これが、広島にも学校を建設したいという南メソヂスト監督教会の方針と一致し、女性宣教師A. E. ゲーンズが1888(明治21)年、派遣され、現在の広島女学院へと発展した。

神戸において女子教育はJ. W. ランバスの妻、M. I. ランバスを中心に行われた。1888年の年会記録には、次年度任命表に「神戸婦人伝道学校」の責任者として彼女の名前が記されている。これが、発展して1899(明治32)年、ランバス記念伝道女学校となり、A. E. ゲーンズが広島に開設した広島女学校保母師範科と合同して、1921(大正10)年4月、大阪市に設立されたランバス女学院となった。1941(昭和16)年、このランバス女学院は、神戸女子神学校と合併して聖和女子学院(のちの聖和大学)となった。両校は合同の精神(Holy Union)にふさわしい校名として、聖和を選択した。2009(平成21)年に関西学院と聖和大学は合併し、関西学院大学教育学部が誕生したのである。

◎ J.W. ランバスの墓　2013年5月8日

W.R. ランバスの帰国と J.W. ランバス死去

　W.R. ランバスは、関西学院創立の1年4ヶ月後、1891（明治24）年1月に離日した。病気がちだった妻デイジーの静養と、自身の休養のためだった。一時帰国の予定であったが、本国伝道局にとどまることになり、『メソヂスト・レビュー・オブ・ミッションズ』誌の編集長、伝道局総主事などを歴任することになった。

　W.R. ランバスの父、J.W. ランバスは、息子の帰国後も日本にとどまり、瀬戸内海を中心に伝道活動を続け、山口県の岩国教会と愛媛県の宇和島・八幡浜教会など多くの教会を設立した。1892（明治25）年3月27日、香川県の多度津教会が新築され、J.W. ランバスは、病を押して献堂式を執り行った。4月28日、病状は悪化し、「I died at my post. We have a great work to do ; send more men.」（私は自分の持ち場で死ぬ。我々にはやるべき仕事がある。もっと人を派遣するように）という言葉を残し、神戸の地で62年の生涯を閉じた。J.W. ランバスは、現在も神戸市の修法ヶ原外国人墓地に葬られている。

　母 M.I. ランバスは、夫の死後、いったんアメリカに戻ったが、1895（明治28）年から1901（明治34）年まで、日本にとどまり、日本女性への職業教育に取り組んだ。その後、娘ノラが住む蘇州で暮らし、1904（明治37）年6月26日亡くなり、上海に葬られた。

日本人指導者たち

南メソヂスト監督教会によって設立された関西学院であるが、もちろん、アメリカの宣教師だけによって実現されたのではない。日本人を教育するためには、とりわけ中等教育においては、外国人だけでは不十分であることは自明のことだった。とくに、W. R. ランバスは、前任地の中国においてこのことを痛感していたので、教会においても学院においても、初めから日本人協力者を積極的に登用していたのである。

当時の日本では、外国人は居留地外では事業の主体となることはできなかったので、1889（明治22）年9月に兵庫県知事に提出された「私立関西学院創設願」の提出者は、中村平三郎となっていて、中村はW. R. ランバス院長や教職員を監督する初代「院主」にも就任した。中村は、大阪市博労町に生まれ、大阪集成学校と大阪英語学校で英語を学び、予備学校という英語学校を大阪で設立・経営した。W. R. ランバスと出会い、関西学院の創立に参加した。後に神戸で実業に転じ、信徒として日本メソヂスト教会とその南美以神戸教会の財務などに大きく貢献した。

原田の森の校地購入者として名を列ねた長谷基一は、兵庫県御影に生まれ、東京医学校（現、東京大学医学部）において製薬学を学び、兵庫県衛生課、神戸病院付属医学所教員、同薬局などに勤務していたが、南メソヂスト監督教会員の紹介でW. R. ランバスと知り合い、南美以神戸教会で受洗した。その後、吉岡の勧めで関西学院の化学博物科の教員となり、また学院の幹事となって、7歳下である吉岡院長を助けた。

初代院長、W. R. ランバスの帰国後、第2代院長には、日本人指導者の吉岡美国が選ばれた。吉岡美国は、京都の幕臣の家に生まれ、旧京都中学校（現、洛北高校）で、和漢洋学を学び、抜きんでた成績で卒業後、母校で助教諭に抜擢された。1885（明治18）年、神戸の英字新聞『ヒョーゴ・ニュース』社に入社した。その頃、ランバス親子と知り合い、南美以神戸教会で洗礼し、関西学院の創設にかかわることになる。ヴァンダビルド大学に留学後、W. R. ランバスの帰国を受けて、第2代院長に

◇ 第2代院長 吉岡美国

就任し、引退後も名誉院長として、終生、関西学院とともに生きた。吉岡の妻となったのは、M. I. ランバスの女性教育を補佐してきた岡島初音であった。

岡島初音は、鹿児島県出身で長崎の活水女学校伝道部第1回卒業生であった。

吉岡美国と自助会

吉岡第2代院長には多くの逸話があるが、もっとも人柄をしのばせるものが、「自助会」のことである。吉岡院長は、地方の遠隔地から進学し、学資を得るために自ら働かなければならないもののために「自助会」を組織した。コンクリート敷きの牛舎を新築し、乳牛を生徒たちに飼育させ、その牛乳を神戸市内の人々に買ってもらい学資を自力調達させるため、原田の森、東北の一隅に牧場をつくったのである。その牧場を運営し、牛乳を販売する組織が「自助会」である。教員や関係者は、宣教師の協力を得て居留

※ 自助会メンバーで牛を飼う　吉岡美国アルバム

第一章　関西学院、1889年創立

地の外国人や、その他の知識階級に販路を拡大する役割を務めた。その乳は、品質が純良で趣旨も理解されたため、多くの外国人と知識人がお得意様となり、事業は順調に拡大した。自助会の学生は、朝5時ごろに起きて牛乳配達に出かけたので、国語・漢文以外はすべて英語でなされる授業の予習はなかなかたいへんで、石油ランプの下、真剣な学習が続いたという。ここで注目しておきたいのは、自助会の労働によって各人の得る報酬が、必要性の高いものほど厚く、そうでないものには薄く配分されたという点である。少額しか必要としない強健な年長者は、多く働いて僅少の利益配分を受けるだけだったが、他のために骨身を惜しまず力を添えた。最初、乳牛一頭で始まったこの事業は、1899（明治32）年には、乳牛17頭を飼育するまでになった。ある夜の暴風によって牛舎が倒壊し、乳牛の多くが圧死。吉岡院長は、京都の生家を売ってまで努力したけれども、事業の継続は困難で、牧場を譲渡し、「自助会」の歴史は終わりを遂げた。

これら日本人指導者に共通するのは、西洋の新しい文化を求めて宣教師ランバス親子に出会い、キリスト教信者となって南美以神戸教会の会員となり、さらに関西学院の教育に参加した点である。彼らの人柄は、当時来日していた初期宣教師たちとも共通する温厚誠実さを備えており、これが関西学院の校風の基礎を形作ったといえる。

5 キリスト教主義教育の禁止

文部省訓令

関西学院創設前の1886（明治19）年3月～4月にかけて、森有礼初代文部大臣によって帝国大学令、師範学校令、小学校令、中学校令および諸学校通則が公布された。これらを総称して「学校令」と呼ぶ。これらの学校令は日本の学校体系の基本を確立し、近代日本の教育と文化のあり方に大きな影響を与えた。

明治維新前に重要な論点となった「攘夷か開国か」、あるいは「佐幕か尊王か」という選択について、明治政府は「大政奉還」と「開国」を選択し、欧米文化を積極的に取り入れてきた。しかし、明治以後には、「攘夷か開国か」という葛藤は、「国粋主義か欧化主義か」という相克の形をとるようになり、明治20年代に入ると、学院創立と同じ年1889（明治22）年には大日本帝国憲法を、翌年には教育勅語を制定し、国粋主義を前面に押し出すようになってきた。

国粋主義が関西学院をはじめとするキリスト教主義学校を直撃したのが、1899年の文部省訓令第十二号問題である。1898（明治31）年10月、文部省の諮問機関である高等教育会議に「外国人による学校設置の許可」と「その学校の行う宗教教育に規定を設けることの是非」について諮問した結果、「許可」には反対、「規定を作る」には賛成という意見が強いことが確認された。この答申を受ける形で文部省は、私立学校全般に関する私立学校令の制定を求め、4月に宗教教育の禁止を含んだ30条からなる草案を高等教育会議に諮問した。宗教教育の禁止は、信仰の自由と宗教教育の自由の観点から、条項の削除が求められたが、語句の修正のみで草案は可決され、法典調査会に諮られた。

法典調査会では、宗教教育の禁止を私立学校令で規定することは穏当を欠くという理由から、その削除を求める一方で、その趣旨を訓令の形で残すことを提案した。宗教教育の禁止は、諸外国から強い批判を招くことが懸念されたからである。

このような諮問機関と法典調査会の

◇1891年の関西学院教職員と学生

検討結果を受けて、閣議と枢密院の審議を経て、1899年8月3日に私立学校令が公布され、同日付で「宗教教育の禁止」を規定した文部省訓令第十二号が発令されたのである。

この訓令は、キリスト教主義学校にとって、まさに存在基盤を問われることになった。キリスト教主義教育を放棄して法令に沿った学校として存続するか、法令に認められない宗教学校という各種学校の地位にとどまるかを選択させられることとなった。とりわけ、男子中学校としての認定を受けた学校には、徴兵猶予の特典と高等学校や専門学校などの上級学校への入学資格の特典が与えられたため、各種学校にとどまることは、これらの特典が受けられないことを意味した。そのため、当時の男子中学校はこの選択に際し、さまざまな立場を取ることになった。

聖書と礼拝なくして学院なし

関西学院では、吉岡院長が「聖書と礼拝なくして学院なし。特典便宜何ものぞ。たとえ全生徒を失うもまたやむを得ざるなり」と断固とした態度でチャペルアワーを継続させた。

関西学院は、認定を受けた学校となることを選ばなかった。後年、普通学部はさまざまな議論を経て、各種学校のまま認定・指定を受け、徴兵猶予と上級学校への入学資格は得るようになる。しかし、普通学部という名称では内容が伝わらず、世間では容易には受け入れられなかった。あくまでも各種学校にとどまるなかで、中学部という名称を選択した。

1899年8月16日、カナダ・メソヂスト教会が経営していた東洋英和学校は、明治学院、青山学院、立教中学校などと共に、訓令第十二号に対し、帝国憲法が定める信教の自由に抵触していると反対を表明した。しかし、その後、キリスト教主義学校の個別の対応は一様ではなく、特典を放棄しキリスト教を堅持する学校があり、訓令に服する決断をする学校もあった。

◇ 関西学院の最初の卒業生3名

カナダ・メソヂスト教会の東洋英和学校は、キリスト教教育の理想を掲げた校長、平岩愃保の改革が頓挫し、代わって招聘された江原素六は、徴兵猶予と上級学校への受験資格を得るため、東洋英和学校と分離して、麻布尋常中学校と名称を変更し、実質的に伝道局からも独立し、キリスト教主義教育脱皮の方向をとった。なお、東洋英和学校の神学部は、1901(明治34)年、廃校の道をたどった。

このようにカナダ・メソヂスト教会伝道局の男子教育の挫折と、そこからの再起への思いが、アメリカ・南メソヂスト監督教会によって行われていた関西学院への経営参加の大きな理由となった。

6 カナダ・メソヂスト教会の経営参加

日本メソヂスト教会の誕生

日本メソヂスト教会の成立が正式に決議されたのは、1906(明治39)年7月18日にニューヨーク州バッファロー市で開催された三派合同に関する全権委員協議会においてであった。1873(明治6)年から日本で宣教活動を展開してきたアメリカ・メソヂスト監督教会とカナダ・メソヂスト教会と、少し遅れて1886年から西日本において宣教活動に着手していたアメリカ・南メソヂスト監督教会、各派から代表として全権委員が集い、三派が合同して日本メソヂスト教会を設立する決議を全会一致で行い、翌1907(明治40)年5月、東京において合同総会を開催することを決定した。そして、1907年5月22日、東京の青山学院に召集された合同総会において、三派が合同した日本メソヂスト教会が誕

第一章　関西学院、1889年創立

生した。

三派の合同は成立したが、本国の教会は合同していないので、日本メソヂスト教会と宣教師の関係は基本的には変わっていない。また、それぞれの学校は、日本メソヂスト教会に所属する形態をとることになったが、その財産管理においては、旧伝道会社の管理の継承という処置がとられることになった。その結果、関西学院は日本メソヂスト教会西部年会の神戸部に属することになった。

1910（明治43）年5月17～18日、アメリカ・ノースカロライナ州アッシュヴィルで開かれた両教会の合同全権委員会（各総会の同意を得て各伝道局により指名された各7名の全権委員からなる）において、アメリカ・南メソヂスト監督教会の単独経営であった関西学院の経営に、カナダ・メソヂスト教会が参加することが決定した。その内容は、合同条項としてまとめられた。合同条項では、両教会が関西学院の経営と教学の一切に関して完全に対等であることが確認された。また、関西学院の経営全般は、新しく構成される理事会の手に委ねられることが明記された。新理事会は、12名の理事によって構成され、全員について合同全権委員会の承認が必要とされた。

また、当初、学院は法人格を持たず、吉岡美国ら3名の日本人教会員の個人名義人から成る財産管理会を設け、財産を管理してきた。財産管理は次に、在日本南メソヂスト宣教師社団に移り、合同条項七条に規定された「関西学院社団」に移行することになった。「社団」は、合同条項締結と同じ1910年10月18日、両教会派宣教師各6名の12名によって設立願が提出され、同年11月8日認可された。

「社団」の設立によって関西学院の運営は、日本の法律上は社団法人の定款に基づいて行われるはずであるが、定款第五条の目的に記されているように、専ら財産管理のみに限られていた。具体的な運営は、すでに述べたように関西学院理事会によってなされ、社団は法律上の役割のみを担っていたといえる。

W.R.ランバスの支援

1902（明治35）年、当時、休暇でアメリカに帰国していた普通学部長、ウェンライトは、W.R.ランバスとともに、リッチモンドの銀行家、ジョン・ブランチを訪ねた。ジョン・ブランチは、関西学院創立時、原田の森の校地購入資金となった遺産を献金してくれたトマス・ブランチの三男だった。それまでは各部での教室を礼拝に使用していたが、礼拝専用のチャペル建設が急務となっていた関西学院のために、名門ブランチ家総帥のジョンに再度、資金協力を求めた。その結果、彼は、関西学院のチャペルの建設資金を寄付してくれた。原田の森時代の関西学院の建物で、原田の森の土地に現存しているのは、神戸市立神戸文学館として使われているブランチ・メモリアル・チャペルだけとなっている。

1907（明治40）年7月、日本にミッションを開いていたアメリカ・メソヂスト監督教会、カナダ・メソヂスト教会、アメリカ・南メソヂスト監督教会の三派が合同して、日本メソヂスト教会を形成した合同総会に、W.R.ランバスは南メソヂスト監督教会の全権代表として来日し、三教会の合同成立に貢献した。

1909（明治42）年には、関西学院の教育事業に関して、南メソヂスト監督教会とカナダ・メソヂスト教会との共同協定が締結された。W.R.ランバスは、日本伝道時代に全力を尽くして創立した関西学院へのバックアップ体制を確立するため、尽力したのだった。

その時、ランバスは、アメリカに留学していた関西学院神学部の最初の卒業生の一人でのちに中学部長となる田中義弘に「すべては、日本の人のためです。もし、日本の人たちに不利なことがあれば、たとえどんなことでも阻止すべきです。」と語った。田中は痛感した。「伝道の働きでも、教育事業でも、先生はいつも日本人のために、誠実な責任感をもってすべてのことにあたられたのだ」。

※ 西方から見た学院　1916年高等学部商科卒業アルバム

≪ 建設から間もないブランチ・メモリアル・チャペル　後には図書館として使用された。　1922年高等商業学部卒業アルバム

◎ 現在は、神戸市立文学館　2013年5月18日撮影

[関西学院]

Column I 神戸市の発展と関西学院

　1889（明治22）年、関西学院が神戸原田の森に創立され、1912（明治45）年、高等学部商科が設立され、2012（平成24）年で100周年を迎えた。明治に入って登場した私立学校や私塾のなかでは、名前が消えて行った学園も多かった。キリスト教主義の学校もその例外ではなかったであろう。なぜ関西学院が大きく成長していったのかはそれ自身興味深いテーマである。従来の関西学院の学院史では語られることが少なかった当時の神戸経済を主として港湾都市としての観点から関西学院高等学部商科発展の背景を概観する。

I 新興都市神戸の海運と鉄道の発達

1. 海運

　顧みると、兵庫津あるいは大輪田泊と呼ばれた、和田岬北側から湊川河口南側の地域は、奈良や京の都に近い、天然の良港であった。神戸は古代の遣唐使、平清盛の日宋貿易、室町幕府の日朝貿易に続いて、17世紀後半には、日本海・下関・瀬戸内海の西回り航路での北前船の基地として、18世紀には伊丹や灘の酒を運ぶ樽垣船の拠点として、そして菜種を六甲の水車小屋で引いた油を江戸に送る港として、時代を超えて、繁栄していた。

　神戸開港は、1858年（安政5年）の日米修好条約により1863年1月1日（文久2

Ⅱ　神戸市の人口の推移

貿易港神戸の発展とともに産業が活性化して、人口は急増していく。1920（大正9）年にわが国最初の国勢調査が始まっており、この年京都市を抜いて国内三番目の大都市に躍進する（図1参照）。

図1　六大都市の人口比較

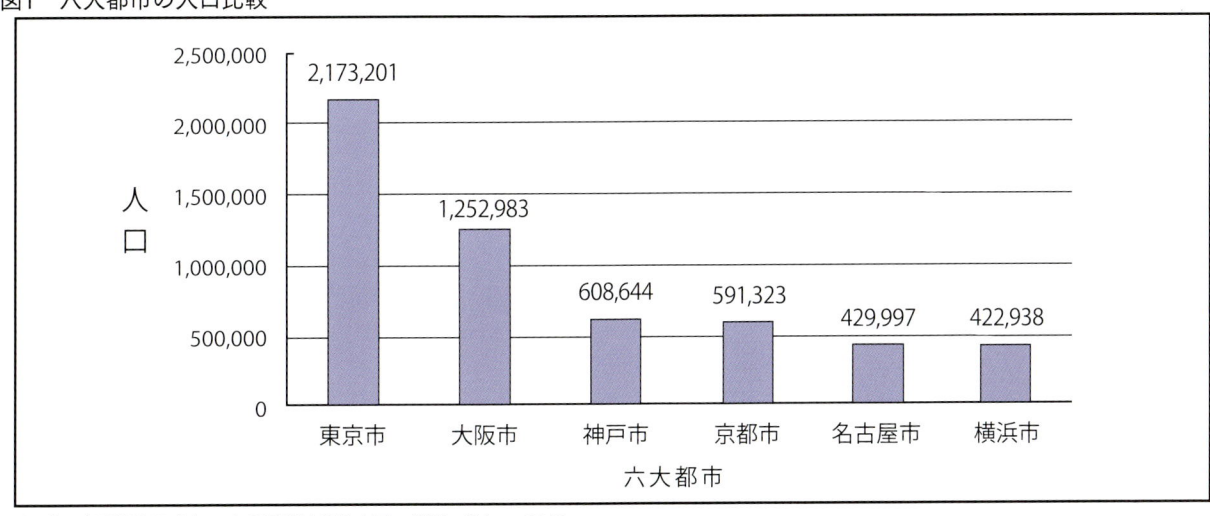

出所）　内閣統計局『大正9年国勢調査報告全国の部第一巻』pp.26-7

　神戸市の人口の推移を国内全体および兵庫県内との比較から跡付けてみたい。海辺の一村落であった神戸が貿易港開港によって瞬く間に、京都を抜いて、横浜に並ぶ大都市に成長していく姿を示す。

　六大都市のなかで、東京と大阪を除く4大都市すなわち神戸、京都、名古屋そして横浜について、1879（明治12）年からおおよそ5年毎の人口の推移を示している（図2参照）。

　1879年を見ると、京都25万5,228人、名古屋11万4,898人、神戸4万7,429人、そして横浜4万1,556人である。京都が25万人を超える半面、尾張徳川の繁栄を残す名古屋は11万人台である。神戸と横浜を比較すると、1880（明治13）年に追い抜いている。ただし、神戸は横浜とは、人口をめぐって明治初期から長いマラソン競争、それもデッドヒートを繰り広げている。1920（大正9）年には神戸60万8,644人、横浜42万2,938人と大きな差をつけていて、この差は1935（昭和10）年には神戸91万2,179人、横浜70万4,290人と続いている。この一因は関東大震災による横浜からの人口の逃避による。神戸が名古屋を抜くのは1918（大正7）年、京都を追い抜くのは1920年である。

図2　主要4都市（東京と大阪を除く）の人口の推移

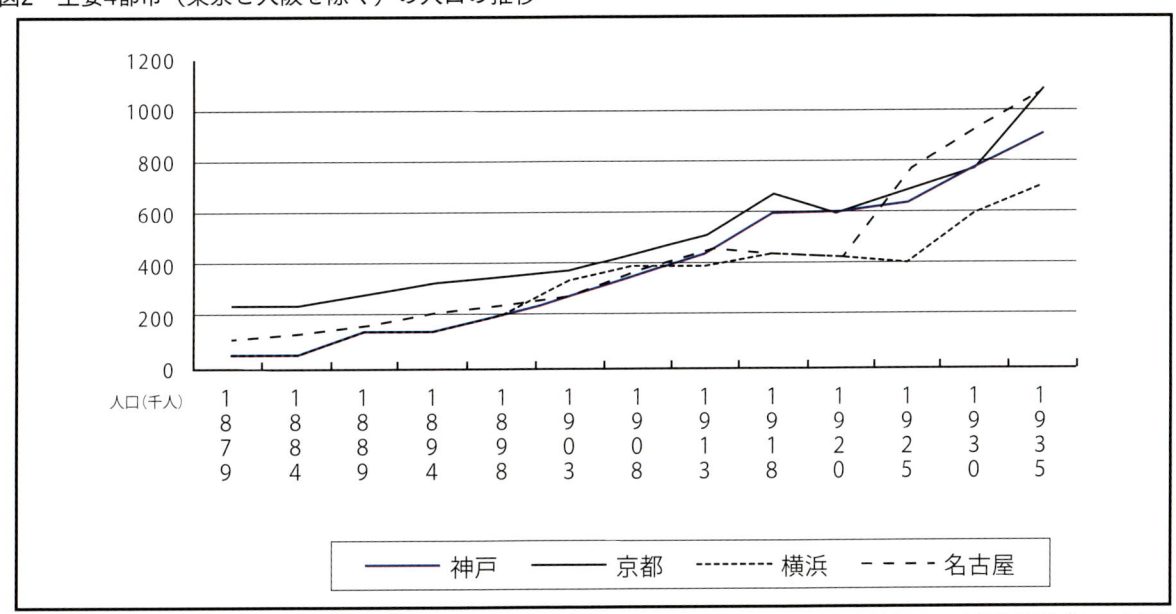

出所）　内務省・内閣統計局編（1922-3）『国勢調査以前 日本人口統計集成全18巻』（近代日本歴史統計資料）および内閣統計局『大正9年国勢調査報告全国の部第一巻』など

※ 原田の森キャンパスと神戸市　1918年高等学部商科卒業アルバム

移転した。大阪の紡績業のインド綿花輸入の急増を受けて、門司から神戸に船舶部本体を移転し、積極的な海運活動に乗り出す。

2. 鉄道

明治政府は国内の経済貿易活動のインフラ整備として、鉄道網の整備を急いだ。政府は1869（明治2）年12月12日に東京・神戸間の鉄道建設を決定した。この結果を受けて、1872（明治5）年10月14日に新橋・横浜間に初の官営鉄道が開業した。さらに、1874（明治7）年5月11日に大阪と神戸を結ぶ官営鉄道が開業した。途中駅は西ノ宮と三ノ宮の2駅のみ。住吉駅と神崎駅（現、尼崎駅）は6月1日に開設。明治政府が商業都市大阪と国際貿易の拠点としての神戸を重要視していたのである。

政府は、鉄道建設資金不足の面から一気に国内鉄道網を構築することはできなかった。そこで、全国各地の私鉄を認可した。神戸においては、村野山人らを出資者とする山陽鉄道が1888（明治21）年に兵庫・明石を結ぶ。神戸駅に接続しなかったのは、兵庫駅と神戸駅の中間には湊川が高さ6mの天井川として横たわり、川底を貫通するトンネル工事が難関であったからである。翌年には山陽鉄道がトンネル工事を完成させて、神戸駅で鉄道省の東海道本線と接続することになった。その後、政府は1906（明治39）年に鉄道国有化法を公布した。この結果、山陽鉄道は国有化された。

さて、神戸・大阪間の私鉄に目を転じると、まず1905年には、大阪・出入橋と三宮を結ぶ私鉄として、阪神電鉄が営業を開始した。駅名は西から、神戸（現、三宮）・旭通・新生田川・春日野道・岩屋と続いていた。現在の地下路線とは異なり、路面軌道であった。中央区日暮通5丁目（現、大安亭市場所在地）に神戸の市街地には珍しい斜めの道路が走っている。これは当時の阪神電鉄の軌道跡である。また、旭通3丁目に残る旭変電所はこの路面軌道のための施設であった。1914（大正3）年には、9分間隔所要時間62分で両市を結んだ。さらに、1920（大正9）年に阪神急行電鉄が大阪・梅田と神戸・上筒井（現、県福祉センター、王子公園駅より西約600m地点）を結んだ。こうして、阪神間には、省線（鉄道省管轄）、阪神、阪急の三社による並行路線が走ることになった。

年12月7日、旧暦）と定められた。ところが、神戸は京都に近いという理由で、攘夷の機運強かった朝廷の同意を取るのが難しかったため、5年後の、1868年1月1日（慶応3年12月7日）の開港となった。神戸は、開港によって、国際貿易港としての新たな発展の時代を迎えることになった。経済活動の中心は、兵庫津から、湊川東側に広がる新興の神戸港に次第に移動していく。外国人居留地がおかれ、その貿易活動の経済効果は大きかった。当初、外国商館は貿易業務だけでなく海運業務も独占していた。アメリカのパシフィックメール社やイギリスのペニンシュラーオリエンタル社などの海運会社に牛耳られていたものの、1885（明治18）年誕生の日本郵船や1884（明治17）年設立の大阪商船は、政府資金の援助もあって次第に近海航路だけでなく、遠洋航路にも進出していった。主要海運会社の外国航路就航年とルートは次のようになる。

（1）日本郵船－1893年ムンバイ航路、1896年三大航路開設（欧州航路、米国航路、豪州航路）
（2）大阪商船－1896年台湾航路、1899年遼東湾・牛荘航路
（3）三井物産船舶部（後に三井船舶）－1908年台湾航路・豪州航路、1913年欧州航路

とくに、三井海運業について見ると、三井三池炭の輸出（上海・口之津（長崎県））を主要業務としていた。口之津支店は三井海運業の根拠地となっていた。その後、北海道枕木、北清・栄口からの大豆・豆粕、ラングーン米、サイゴン米、清国棉花、ジャバ糖の輸入業務に携わった。これら物資の輸出入のための傭船は夥しい船腹となった。そこで、「往復貨物相互の連結を図り以って商務の助長を期する」目的から、三井物産は船舶部を設置した。当初は三池炭の輸送の便宜性から暫定的に門司支店に船舶部を1903（明治36）年に設置した。ところが、日清戦争後に、アジアの海運市場の中心が上海・香港から神戸に移行しつつあった情勢を受けて、「内外各店に対し運賃引合を為し、且つその所要船舶を欧州並びに上海・香港その他内地の各市場を通じて傭船するため、船舶部を我国海運市場の中心地に置くことは事務統括上、甚だ便利且つ必要」との認識から、1904（明治37）年に船舶部を海岸通3丁目の三井物産神戸支店に

23

III　兵庫県内の各市町村の推移

　尼崎市、明石市そして西宮市はいずれも1898（明治31）年当時は町政で、その後に市政施行となっている。尼ヶ崎町から須磨村までが武庫郡に属し、1期（1898年－1920年）には、神戸市の人口は、21万5,780人から60万8,644人となり、人口の伸びが大きく2.821倍、これを上回る村は精道村3.334倍、住吉村3.329倍、西郷村6.818倍である。とくに、西灘村は格段に非常に大きい。この村の平均年人口増加率は8.70%に達する。原田の森の静寂が失われていった様子を窺うことができる。関西学院が移転した理由の一つにあげた「往年の恵まれた原田の森の環境がほとんど失われ、既に限界にきていた（関西学院百年史通史編Ⅰ、p.438）」状況の一端がわかるというものである。人口わずか3,216人の西灘村はわずか23年で2万1,926人の武庫郡随一の村に成長したことになる。1920年当時、1万人を超える町は、武庫郡には西灘村を除いて、精道村1万1,151人、住吉村1万1,864人、御影町1万4,603人の3町村しかなかった。

　2期（1920年－1935年）では、神戸市の伸びよりもむしろ周辺町村の人口の伸びが大きい。神戸市は60万8,644人から1.499倍の91万2,179人に拡大した反面、ほとんどの周辺町村はこれを超える増加率を示す。大庄村3.220倍、甲東村2.938倍、瓦木村3.936倍、精道村3.190倍、本山村3.081倍と軒並み3倍前後の高い伸びを示している。たとえば、甲東村については1920年に2,187人であったものが1935年には6,426人にまで急増している。1929（昭和4）年に灘3町村（西灘村（灘の西側）、六甲村（東側）、西郷町（都賀川河口））は神戸市に編入する。

※ ビジネスセンター　1929年高等商業学部卒業アルバム

IV　おわりに

　関西学院の発展の一つの要因は、(1) 神戸港、神戸経済の大躍進に大いに支えられていたと言える。(2) しかし、それにとどまらない。外国に開かれた貿易港を通じて神戸に入ってきたのは、例えば、洋菓子、紳士服、映画、ゴルフ場、マッチだけでない。多くのキリスト教の宣教師達が思い思いに神戸の地にキリスト教の精神を軸に教会や学校を設立した。しかし、今日まで残った学園は決して多くない。南メソヂスト監督教会そして1910（明治43）年からのカナダメソヂスト教会の経済的な支援があってこそ、他の多くの消えていった学校の一つにはならなかったのであろう。(3) さらに、学院を支えた優れた教育者・研究者の存在も大きかったといえよう。

　問題意識(1)について、実際の神戸市の人口データや神戸港の貿易データなどを用いて、統計的な検証を企てた。明治から大正にかけての神戸市の人口拡大はまさに爆発といってよいパワーを持っていた。国際貿易港と多彩な産業活動、この両輪が力強く回ったことが神戸経済を飛躍的に発展させたといえよう。

第二章
高等学部商科、1912年開設
1911〜1928

年	月日	事項	月日	一般事項
1911（明治44）年	3.9-11	第1回理事会開催		
1912（明治45、大正元）年	3.4	高等学部（文科，商科）設置。高等学部、徴兵令第十三条による文部大臣の認定	2.15	私立同志社専門学校は私立同志社大学と改称
	4.1	C.J.L.ベーツ、高等学部長に選出		
	4.15	高等学部授業開始（商科36名、文科3名）		
	4.18	神学部献堂式		
	10.19	神学部高等学部用寄宿舎、成全寮落成		
	-.-	C.J.L.ベーツ高等学部長、高等学部生に標語『マスタリー・フォア・サービス』を与える		
1913（大正2）年	2.-	商科会設立		
	4.16	自修寮上野に移転、その跡を高等学部仮宿舎とする		
	4.-	松村吉則、商科長に就任		
	4.-	高等学部の徽章を制定		
	10.23	高等学部寄宿舎を啓明寮と命名		
	-.-	消費組合創設		
1914（大正3）年	4.-	高等学部商科に商業経済事情調査部設置	7.28	第1次世界大戦（-18.11.11）
	10.17	創立25周年記念式典		
1915（大正4）年	1.-	C.J.L.ベーツ高等学部長、文科長を兼任	8.18	朝日新聞社主催 第1回全国中学校野球大会開催
	2.11	高等学部商科が『商光』創刊（マスタリー・フォア・サービスが掲載）		
	4.-	高等学部の徽章を新月に復す		
1916（大正5）年	3.6	高等学部第1回卒業式（商科卒業生12名）		
	4.1	神学部長J.C.C.ニュートン、院長に就任、吉岡美国に名誉院長の称号		
	5.27	啓明寮落成、自修寮原田に戻る		
	8.28	商科卒業生に対し1年志願兵主計生の出願資格認可		
	8.31	商友会（後に地塩会と改称）設立		
1917（大正6）年	2.-	高等学部学生の『会誌』を『学友会誌』と改題	10.5	大正改訳『新約聖書』
	4.-	第二啓明寮開設	11.7	ロシア革命（ソビエト政権設立）
	9.-	2階建て学生会館建設		
	12.-	松村吉則、商科長辞任。西山広栄、商科長代理に就任		
1918（大正7）年	12.29	ハミル館献堂式	1.6	内村鑑三ら、基督再臨運動開始
			12.6	大学令公布
1919（大正8）年	1.20	高等学部臨時学生総会開催（大学昇格問題）	11.30	文部省、1921年度に専門学校のうち数校の大学昇格を認める方針を公表
	1.29	高等学部学生の大学昇格切望決議		
	4.23	高等学部学生、理事会に大学昇格嘆願書提出		
	5.2	高等学部を大学に昇格させる理事会決議		
	9.-	自修寮新築落成		
1920（大正9）年	4.21	副院長職設置、松本益吉を選出	1.-	日本、国際連盟に加入
	4.-	西山広栄、商科長辞任。大岩元三郎、商科長に選出	2.5	慶應義塾大学、早稲田大学、大学令により設立認可
	10.15	C.J.L.ベーツ院長就任	4.16	同志社大学、大学令により設立認可
			7.16	阪神急行電鉄（現、阪急電鉄）梅田・神戸（上筒井）間開通
1921（大正10）年	3.28	高等学部を改めて、文学部、高等商業学部とする件が認可	4.1	東京帝国大学など、学年の始期を4月1日に変更
	3.-	神崎驥一、高等商業学部長に就任	7.1	中国共産党結成
	6.11	大講堂起工式	9.-	阪神急行電鉄、西宝（現、今津）線開通
	9.26	W.R.ランバス、横浜万国病院にて永眠		
	10.3	W.R.ランバス告別式（神学部講堂）		
	10.11	大講堂定礎式		
1922（大正11）年	2.27	文学部・高等商業学部生徒定員変更認可（文200名、商600名に増加）	6.7	立命館大学、関西大学、大学令により設立認可
	4.19	理事数をメソヂスト3派各6名選出に改正		
	4.20	中央講堂献堂式		
1923（大正12）年	3.-	高等商業学部校舎、第2啓明寮竣工	4.9	賀川豊彦ら日本農民組合結成
	4.19	J.C.C.ニュートン前院長、送別会	9.1	関東大震災
	9.1	関西学院基督教青年会、関西地方大災害の救済活動		
	10.9	関東大震災罹災生徒を中学部に臨時収容開始		
1924（大正13）年	10.16	学院創立35周年記念式典	1.10	第二次護憲運動発足
	-.-	高等商業学部の調査部設立	11.24	孫文来神
1925（大正14）年	5.12	3月以後の高等商業学部卒業生に実業学校教員（商事要綱、簿記、商業算術、商業英語）、および師範学校・中学校・高等女学校教員（英語）無試験検定資格許可	4.13	陸軍現役将校学校配属令公布
			4.22	治安維持法公布
	8.19	文学部・高等商業学部卒業生、高等学校・大学予科と同等以上と指定（高等文官予備試験免除）	4.-	西宮市制
			5.5	普通選挙法公布
	12.12	松本益吉副院長永眠		
1926（大正15・昭和元）年	4..	高等商業学部で学科選択制を実施	1.23	日本労働組合総連合会
	6.1	『商光』を『商学評論』と改題		
1927（昭和2）年	2.23	神学部別科（20から40名）、文学部（200から350名）、高等商業学部（600から750名）、生徒定員変更認可	3.14	金融恐慌
			5.28	山東出兵
	5.26	文学部・高等商業学部で学校教練実施		
	5.26、27	理事会で学院校地移転を決議		
	9.28	9月28日を創立記念日とする		
	12.14	高等商業学部1年研究科承認		
1928（昭和3）年	1.23	専門部文学部・高等商業学部、最初の教練査閲		
	2.20	阪急電鉄と関西学院社団、新校地売買契約		
	2.28	上ケ原で新校地移転起工式		
	11.3.17	原田校地最後の運動会、および上ケ原移転記念行事		

第二章　高等学部商科、1912年開設

Commercial Course Established 2

1912（大正元）年3月12日、高等教育機関として文科と商科を備えた高等学部が認可された。高等学部長に選出されたのは、C.J.L.ベーツ氏であった。

1 原田の森キャンパスの発展

原田の森周辺の発展

　原田の森キャンパスは、当時神戸市と西灘村の境界線の東側、西灘村域に位置していて、学院が上ケ原に移転するまで神戸市に含まれることはなかった。1903（明治36）年5月、官立神戸高等商業学校（現、神戸大学）がこの境界線の神戸市側に建設された。

　この地域は市街地としてはそれほど発展していなかったが、明治末から大正期にかけて神戸市の工業都市としての発展は日清・日露の両戦争を経て目覚ましいものがあり、1912（大正元）年末には、工場数730、その就業人数は39,400人余となった。学院近隣では、1914（大正3）年頃までに土地開発が進み、かつては、一面の耕地であった春日野付近など学院正門西側の神戸市域が繁華街に一変した。

　それに伴って、交通機関も発達し、学院への通学・通勤は便利になった。創立当初、学院への交通機関は何もなく、神戸市からは徒歩か人力車という方法しかなかった。従って、学生や教職員は、学院周辺に居住することを余儀なくされ、キャンパス内の学生寮や教職員住宅が重要な意味を持っていた。

　交通機関が本格的に通勤・通学に利用されるようになるのは、1917（大正6）年12月1日に官営鉄道（現、JR）に灘駅が開業されて以後である。

※ 市販地図　1920年代の神戸市と関西学院（地図右側）

第二章　高等学部商科、1912 年開設

民間の交通機関としては、1905（明治38）年4月12日、摂津電気鉄道（現、阪神電気鉄道）が大阪・神戸間で営業を開始した。学院の最寄り駅となる岩屋駅が設置され、通勤・通学の便は飛躍的に増大した。

1910（明治43）年4月5日には、神戸電気鉄道（後の神戸市電）が開通した。当初の路線は葺合区春日野道から兵庫停車場までの8.5kmで、春日野道は摂津電気鉄道との連絡駅となった。1912（明治45）年には、布引線として三宮町・熊内橋通り間が開通して、より学院に近い電車停留所ができ、さらに1919（大正8）年4月15日には、布引線が上筒井まで延伸され、学院の通学路となった。

翌年1920（大正9）年7月16日には、もう一つの大阪と神戸をつなぐ私鉄として阪神急行電鉄（現、阪急電鉄）が開通し、神戸側のターミナルが上筒井に置かれた。このターミナルは、神戸電気鉄道との連絡駅となった。これは、学院にとって、画期的な出来事で、阪神間ならびに神戸市内から非常に便利な立地条件を獲得することとなった。

このように原田の森周辺の開発は大正期に活発となり、しだいに学院キャンパスの教育環境に影響を及ぼすこととなった。

原田の森キャンパスの充実

1902（明治35）年、普通学部上級課程の新設を熱望していたS. H. ウェンライト普通学部長は、アメリカ・ナッシュビルを訪れ、関西学院における高等教育部門設立のため、南メソヂスト監督教会の公認のもと5万ドルの募金活動を展開した。

こうして資金面の準備が整えられつつあった1905年頃、原田校地に隣接する松林の払い下げの可能性が学院に伝えられた。ここはもともと約7,000坪の「官林」であったが、その前年に西灘村に払い下げられたもので、売却されるのは建御名方尊神社（通称原田神社、現、王子神社）の境内区域を除いた部分5,023坪であった。学院は関係者および、当時の校地所有団体の在日本南メソヂスト教会宣教師団の同意、アメリカ・南メソヂスト監督教会の指示を得て、1906（明治39）年、その土地を購入した。購入金額は、2万3,000円であった。ちなみに「原田の森」という呼称は、この神社の神域の松林を意味しているが、結局、学院が所有することはなかった。

二度目の原田校地の拡張は、関西学院がさらに本格的な総合学園としての歩みを始めるための動きであった。1910年、カナダ・メソヂスト教会の経営参加により、経営体制が変わり、高等学部（文科・商科）が計画され、国の認定・指定獲得のためにふさわしい設備や体制の充実が求められていた。1910年から1913（大正2）年まで4度に渡り、合計9,410坪を、合計83,072円で購入することができた。土地獲得の財政負

※ 灘駅　1918 年高等学部商科卒業アルバム

※ 市電熊内駅終点　1918 年高等学部商科卒業アルバム

※ 元町　1917 年高等学部商科卒業アルバム

※ 阪神電車岩屋駅　1918 年高等学部商科卒業アルバム

担は、アメリカ・南メソヂスト監督教会とカナダ・メソヂスト教会からなる関西学院社団が行ったが、合同条項に従って両教会が折半する形で行われた。

こうして、原田校地の全体取得が完了し、いよいよ高等学部を擁する総合学園の建設を目指すことになる。

カナダ・メソヂスト教会との合同期の校舎建築

カナダ・メソヂスト教会の学院経営参加（1910年）以後、原田の森キャンパスでは、両教会による合同条項で決定された基本計画に従って高等教育機関としての学院の展開にふさわしいキャンパスの構築が進められた。その設計デザインを委ねられたのは1905年、滋賀県立商業学校英語教師として来日し、近江兄弟社を組織し、設計建築事業にも取り組んでいたW. M. ヴォーリズであった。この時期、ヴォーリズは、特に教会やキリスト教事業に関連する建築に多大な貢献を果たした。関西学院とヴォーリズとの出会いは、彼が近江八幡市に赴任した一ケ月後の1905年3月、神戸における学生YMCA活動の

※ 啓明寮　1918年高等学部商科卒業アルバム

一拠点であった関西学院を訪れた時であった。この後、ヴォーリズの設計によって、原田の森キャンパスの校舎群が設計されてゆくことになる。

校舎建築については、まず、1908（明治41）年に専門学校令で専門学校となっていた関西学院神学校の校舎が、1911（明治44）年9月27日に定礎式を行い、翌年3月に落成した。次に建設されたのが普通学部校舎であった。1912年1月25日に定礎式を行い、同3月に落成、4月の新学年から使用された。神学館の建設と同じ1912（大正元）年に拡張された松林の北側に神学校生用の「成全寮」が完成した。高等学部生用の「啓明寮」は1916（大正5）年5月に新しく建てられた。

また、外国人教員の子弟の教育機関として「マイゼニア・ホール」が1913年、原田校地のすぐ北側に隣接して建てられた。この学校は後にカナディアン・アカデミーとして独立することになった。

1914（大正3）年、校地の西側に沿って塀が設けられ、その道路と、ブランチ・メモリアル・チャペルと本館の間の道が交わる場所に、ヴォーリズ建築事務所によって、正門が建てられた。

※ ブランチ・チャペル内部　1919年高等学部商科卒業アルバム

※ 山から原田の森キャンパスを見下ろす　1916年高等学部商科卒業アルバム

2 専門学校令

関西の動きと関西学院

日清戦争以後、国力の充実が要請される中、一定の専門学科を修得した実践的人材の育成が強く求められ、私立学校においても人材の養成が急務とされていた。このような背景から、1903（明治36）年3月27日、「私人ハ専門学校ヲ設置スルコトヲ得」という規定を含む専門学校令が公布された。この公布によって、関西では関西法律学校（現、関西大学）が同年11月18日付で、キリスト教主義学校としては翌1904（明治37）年に私立同志社専門学校が認可されている。

関西学院では、学院が法的な根拠を伴って本格的に高等学部を設置する動きを見せる1904年までの15年間に、普通学部（普通科）内の上級課程の設置が何度か試みられた。その後、関西学院では幾度もの高等教育課程設置のための制度改正が行われた。めまぐるしく制度改正された背景としては、学院における文科系高等教育組織の不安定さと、社会的認知度の低さによる学生確保の困難さがあげられる。

1904年の高等科課程の再編成は、これまでの普通学部の枠内での高等科設置ではなく、専門学校令公布後の動きを踏まえ、その認可要件をできるだけ満たすことを考えてのものだった。しかし、この年に開設された高等部も、学生数の面からはそれほど活発な展開はできず、1908（明治41）年3月に2名を最初の卒業生として送り出した後、やがて消滅していった。

専門学校令による認定申請に関しては、関西学院では神学部において、同志社その他の先行している学校の制度を研究し、必要な改革を行った。その後、1908年7月21日、神学部が専門学校令による「私立関西学院神学校設立申請」を提出、9月4日に認可を受け、直ちに開校した。

1908年の専門学校設立が神学校だけにとどまったのは、経済的な問題が最も大きな理由であった。1910（明治43）年のカナダ・メソヂスト教会の経営参加で、ようやく高等学部開設への道が開かれた。

神学校と普通学部、認定申請への道

1906（明治39）年2月、いったんは認定拒否の「英断」を下していた吉岡

Commercial Course Established 2

院長は、様々な議論を経て、徴兵猶予の特典と高等学校や専門学校などの上級学校への進学資格を得るため、徴兵令十三条の認定を受けるための申請を決意する。未整備であった認定申請の諸条件は、専任の舎監の雇用、教練を含む体操教員の採用、不足している校舎を建てるためのキャンパス用地購入であった。1906年4月、必要な教員を採用し、普通学部の学則を改正し、制服を規定し、生徒に遵守させた。その結果、修身において聖書を併用することを除いて、カリキュラムは公立中学校の課程と同一となった。しかしながら、認定の申請は、キャンパス購入後、必要な建築物を得るまで待たねばならなかった。

1908年、神学部が私立関西学院神学校の認可を得たことに基づいて、9月28日付で、神学校と普通科は、ともに徴兵令十三条による認定申請を提出し、1909（明治42）年2月10日付で認定を受けることができた。こうして、関西学院は名実共に、日本の法律に基づく学校として社会に認知されることとなった。2月24日には、約200名が参加して祝賀会が催された。

カナダ・メソヂスト教会からの人員派遣

関西学院の経営にカナダ・メソヂスト教会が参加することとなり、同教会の宣教師と、同教会が日本で育てた人材が学院に加わることになった。

合同経営によって最初に送られたのは、甲府伝道を離れて1910年9月、2学期開講とともに神学部教授となったC. J. L. ベーツ（Bates, Cornelius John Lighthall 1877-1963）と、カナダ・ミッションの書記・会計を務めながら関西学院理事会・社団理事として着任したD. R. マッケンジーの2名である。C. J. L. ベーツは、その時、33歳の若さだった。

続いて、1912（明治45）年4月、10年間各地を伝道していたR. C. アームストロングが普通学部および高等学部教授として、9月には、H. W. アウターブリッジ（Outerbridge, Howard Wilkinson 1886-1976）が、英語教師として普通学部および神学部教授として着任した。翌1913（大正2）年には、H. F. ウッズウォースが普通学部および高等学部教授として就任した。同じ年、カナダ・メソヂスト教師として按手を受け、山梨県日下部教会牧師の小野善太郎が、学院最初の専任礼拝主事として着任した。

新しい理事会の発足

合同条項という新しい学院経営の基本方針によってはじまった関西学院の最初の具体的な歩みが、新理事会の発足と開催であった。理事会発足に先立って送付された開催通知によると、1911（明治44）年1月10日、ニューヨークで開催された本国の合同全権委員会において、南メソヂスト監督教会、日本メソヂスト教会、カナダ・メソヂスト

※1910年、来学間もないころのC. J. L. ベーツ（後列中央）　神学部アルバム

第二章　高等学部商科、1912年開設

教会の三つの選出母体から推薦のあった理事を承認し確定したことが記されていた。それに基づいて、日本の合同教育全権委員会は小委員会を組織し、理事会開催準備にあたった。

指名された理事は、南メソヂストからは、神学校教授T. H. ヘーデン、神戸部の宣教師S. E. ヘーガー、広島部の宣教師J. T. マイヤーズ、松山部の宣教師T. W. B. デマリーの4名。カナダ・メソヂストからは、1910（明治43）年に関西学院に赴任してきたD. R. マッケンジー教授とC. J. L. ベーツ教授、名古屋部の宣教師D. ノーマン、富山部の宣教師A. T. ウィルキンソンの4名。日本メソヂストからは、初代監督本多庸一、大阪東部教会牧師堀峰橘、本郷中央会堂牧師で伝道局長平岩愃保、参議院議員でカナダ・メソヂスト教会が経営を断念した麻布中学校を再建し、校長でもあった江原素六の4名だった。同年3月9日午後2時、関西学院構内ヘーデン宣教師宅に集まるように、2月28日、案内が送付された。

以上、12名の理事については、関西学院を創設した南メソヂスト監督教会からの陣容が手薄であるが、ニュートン教授については、休暇でアメリカに帰国中であったこと、吉岡院長も除外されているのは、健康状態を考慮したためであろう。

最初の理事会は、江原素六を除く全員が出席し、予定通り3月9日（木）に開催され、翌々日、11日（土）まで、延べ20時間以上に及ぶ長い会議が持たれた。第1回理事会は、合同の成果を具体化し、異なった歴史と背景を持つ教会間の融和・協調を図る重要な会議であり、民主的に議事が進められた。会議では、合同条項での理事会任務の再確認と、学院の新しい人事の決定が最大の課題であり、難問であったことが理事会記録からうかがわれる。院長以下の人事について、事前に十分協議されていた様子はなく、文字どおり会議の場で直接、懇談協議されており、そのために多くの時間を要したものと思われる。

院長には、江原素六が推薦されたが辞退したため、吉岡院長に院長代理を引き受けてもらう案が承認された。

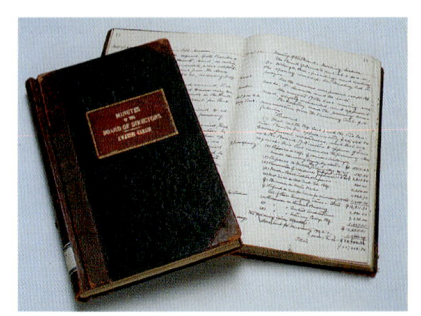

◇ 理事会記録

◇ 初期の理事会

3 関西学院神学校を改組し神学部・高等学部の設置

高等学部のカリキュラム

　高等学部開設の2年前、1910年に締結された「合同条項」第12条には、高等学部のカリキュラムは以下のように記されている。

　　二　高等学部
　　（a）文科
　　（b）商科
　　（c）英語国語師範科
　　（d）新聞科

　高等学部設立の構想は、当初は4科を擁するかなり大掛かりなものであったことがわかる。

　この条項に基づいて1911（明治44）年3月の第1回理事会で開設予定の高等学部長に選ばれたC.J.L.ベーツ教授と6名からなる常務委員会が、高等学部の学科内容に関して検討するように付託された。常務委員会の中で、主にベーツ教授とW.K.マシュース教授がその任にあたった。常務委員会での検討の結果と文部省との交渉過程が、ベーツ教授により第2回理事会で報告されている。

ベーツ教授、文部省を訪問

《ベーツ教授の報告》

　11月23日の常務委員会にマシュース教授との検討結果を提出し、27日引き続き委員会を開催して次の3点を決議した。

（1）高等学部を来年春（1912）文科・商科の2学科をもって開設し、他の学科は得策と思える時期に増設する。

（2）高等学部長が提出した文科と商科の教育課程を採用する。

※ C.J.L.ベーツ 1916年高等学部商科卒業アルバム

（3）専門学校の特典を有する高等学校開設のための文部省への認可申請の権限を高等学部長に与える。

　吉岡院長代理の協力も得て、この決議に沿って文部省へ申請の準備を進め、1月24日（月）に上京した。非公式に文部省に出向き、高等学部開設認可と在学生の徴兵延期の特典を得るのに特別な困難がないかどうかを確かめるためであった。

　1月25日（火）に、本多庸一監督（学院理事）を訪ねたところ、申請書類と学科内容を読んでいくつかの貴重な助言をもらった。次の日、江原素六衆議院議員（学院理事）を訪ねたが、彼は親切にもその日の午後、文部省に同行することを申し出てくれた。午後2時、二人で文部省に出かけ、福原鐐二郎文部次官（専門学務局長兼務）に面会した。彼（福原次官）は極めて礼儀正しく親切であり、専門学務局の三沢事務官のもとに書類を届け、一日置いて金曜日午前10時に再訪するように指示された。

　吉岡先生が同席することが好都合であると考え、水曜日の午後、その旨の電報を打った。先生は木曜日に到着、金曜日に文部省へ三沢事務官と会うために同道した。三沢は、わずかのごく小さい点を除いて、申請内容、学則、学科について何ら問題はないことを伝えた。ただ、今後専門学校を開設するすべての新しい学校は財団法人を持たねばならないという新しい基準ができたことが指摘され、財団を組織するつもりがあるかどうかを尋ねられたが、現在学院財産が社団によって所有されているので、他に方法があればそのつもりがないと答えた。

　そこで三沢は学院が専門学校の特典を持った高等学部を可能にするほかの方法を助言してくれた。それによると、既に社団によって専門学校を始めている神学校の名称の変更を申請して、一つの認可された学校に神学部と高等学部を含む形に改組するというものであった。

　いくらかの話し合いを持った後、午後にもう一度三沢に会う約束をし、しばらくの時を取って吉岡先生と二人で、関西学院理事会が受け入れるであろうと信じるにたる再組織化案を作成した。この

※ 吉岡美國 1916年高等学部商科卒業アルバム

第二章　高等学部商科、1912年開設

案を午後3時に三沢に提示した。三沢は、同内容の申請がなされるならば問題なく認可されるだろうし、今すぐ提出するならば、求めている認可は1月末にはなされるだろうという見通しを述べた。（以上報告）

この報告に続いて、予定されている申請書の概要が示され、理事会は正式の申請書を作成する権限を神学部長と高等学部長に託すことを承認した。南メソヂスト監督教会とカナダ・メソヂスト教会との合同経営の効果は、文部省との交渉においても鮮やかに現れている。江原素六の政治・社会力が発揮された上に、ベーツ自身も来日当初働いていた本郷中央会堂が東京帝国大学に近接していることから、時の中央官僚の中に様々な人脈を手にする個人的関係を持っていたことが推測できるからである。

文部省で接触を持った福原鐐二郎文部次官は、学院が申請しようとしている時期、1911（明治44）年9月から翌年4月まで、たまたま専門学校を審査する窓口である専門学務局長も兼ねており、後には東北大学総長や学習院院長、そして帝国美術院長となった学識豊かな人物であり、学院にとっても最も好都合な出会いであったといえる。

理事会の承認を得て申請書類を年内に整え、翌1912（明治45）年1月9日付で、専門学校の名称を関西学院神学校から関西学院に変更し、その中に神学部（本科5年、専攻科1年、別科3年、定員はそれぞれ50名、10名、20名、入学料・入学試験・授業料免除）と高等学部（文科4年、商科4年、定員は50名と150名、入学金3円、入学試験料2円、年間授業料30円）とする学則の変更と、神学

校に与えられていた徴兵延期の特典を高等学部へも付与することを文部省に申請した。その結果、同年3月4日付でまず規則および生徒定員の変更と校舎新築の許可が下り、実質的には高等学部開設が認められた。続いて、12日付で、高等学部商科の入学資格者は、甲種商業学校卒業生とされ、徴兵延期の認定がなされ、名称変更についても認可された。

関西学院高等学部の開設は、京阪神の他校や、同じキリスト教主義学校との間に見られた遅れを取り戻す形で、急ごしらえに校地の拡大や校舎の建築といった条件を整え、カナダ・メソヂスト系の人材の参加を得てなされた。しかし、たとえ名称だけとはいえ「大学」を名乗る私学があることは、学生たちが関西学院の大学昇格へ向けて強い希望を抱く素地となっていった。

4　高等学部商科、1912年開設

その理念と構想

高等学部開設に際して、学内外にPRのために配布されたと思われる「神戸関西学院高等学部要旨」には、高等学部設立の理念と構想は

「宗教道徳ニ基ク人格ノ鍛錬ヲ要義トシ　理想的教育ヲ施サムコトヲ期スルヲ以テ学生ノ数ノ多カランヨリハ寧ロ質ノ善カラムコトヲ望ム」

と謳われている。これまで普通学部に高等科を設けて奮わなかった経験からか、学生については量よりも質という姿勢を明確に打ち出している。ゼミナール制に近い少人数教育によるきめ細かい教育方針も

◇ 高等学部　募集要項

明らかにされている。

文科生の進路としては、文学界での活躍と語学を生かした貿易界への勧めを、商科生には経済学を専攻し学問の世界に進むことも期待された。文科の学科と授業数は、先行していたキリスト教主義学校を真似るのではなく、カナダもしくはアメリカ合衆国カレッジ制度に沿って整えら

※ 高等学部商科開設時の教員　高等商業学部アルバムⅡ

れた。商科は、初年度については官立神戸高商の卓越した２部教育制度をまねて、中学部出身者を甲部とし、商業学校出身者を乙部とし、各々の学力長短の補足をし、堅実均一な基礎を築いて、上級高等商業教育の効果を上げようとした。第４学年では、文科・商科ともに海外諸大学および東京高等商業学校専攻部の学科選択制を採用し、学生自身がそれぞれの志望に従い学科の枠を越えて自由に選択できるようにし、将来大成するための素地を養わせようと試みた。

開設時の教員

開設時の教員（文科・商科ともに）は、学部長のC.J.L.ベーツ（倫理学）、W.K.マシュース（英語、聖書）、R.C.アームストロング（英語、哲学）、H.F.ウッズウォース（英文学）の４宣教師、西山広栄（法律、経済、商業）、真鍋由郎（博物）、泉瑛（数学、物理、化学）、木村禎橘（商業算術、簿記）の日本人４名、神学部との兼任で曾木銀次郎（心理学）、村上博輔（和漢学）の２教授、嘱託教師で神戸高商の４教授、合わせて14名であった。他に後藤衛（体操）、パルモア英学院院長のJ.S.オックスフォード（英書法）が嘱託講師となっている。

以上の中で、西山、木村両教授はベーツ部長のゆかりの人物であり、設立時の高等学部の運営についてベーツをよく支え、助けた。西山広栄は、東京帝国大学法学部出身の判事で、本郷中央会堂の会員としてベーツ部長と親交があった。西山は、現職のまま1930（昭和5）年、死去した。

木村禎橘は東京高等商業学校の学生時代に本郷（組合）教会で後に海老名弾正（第８代同志社総長）より洗礼を受けた。東京高商卒業後、一時勤務した甲府商業学校にいたとき、甲府で伝道していたベーツと知り合った。

翌年には、金沢商業学校校長でメソヂスト信者の松村吉則（商業学）、東京帝大文学部出身でバプテスト信者の佐藤清（英文学）、東京帝大文学部出身でやはり海老名弾正より受洗した小山東助（哲学、心理学）、神戸高商から東京高商の専攻部を出た神戸メソヂスト教会員である松本潤治（商業学）といったキリスト者を迎えた。この年から小山が文科長を、松村が商科長を務めた。

設立から10年間ほどは、教員の定着率が悪く、学部創設の意気込みとは裏腹に、実際の運営には困難が付きまとっていた。

※ 西山広栄　1918年高等学部商科卒業アルバム

※ 松村吉則　1918年高等学部商科卒業アルバム

第二章　高等学部商科、1912年開設

※ 高等学部本館　1918年高等学部商科卒業アルバム

開設時の学生の状況

　学生募集定員として公表されたのは、文科30名、商科甲部（中学校卒業生）40名、乙部（甲種商業学校卒業生）20名。応募は合計50名で、1912（明治45）年4月11日、口頭試問のみが行われ、甚だしく不適切な者を除いて、文科3名、商科36名を受け入れた。

　授業が開始されたものの教室は、商科甲部は普通学部が主に使っていた本館礼拝堂隣室を、商科乙部と文科はその年竣工した神学部の2室を利用するといった兼用であった。礼拝も普通学部と合同、学生帽も同じ、専門図書の不備といった状況は新入生の不安と不満を募らせた。一学期末の試験に当たっても十分に対応できないという学生の申し出から、試験延期を余儀なくされた。ベーツ部長は、学生に「忍耐を持とう」、「大きなビジョンを持とう」と説得を続けた。当時は7月に各高等学校の入試があったことから、身の振り方を考え直す学生も出始めた。そこで1学期終了の7月6日、教職員、学生を一堂に集めて昼食会が開催された。この時の食事は、カレッジ・ディナーとして後々まで語られることになる。

　記録としては、カーネギーの青年訓が裏面に印刷された献立表が残っている。

　献立は、スープ、スズキのクリームソース、チキンのフリカッセ、子牛のパイ包み、カレーライス、デザート、コーヒーである。

　参加した学生がベーツ部長に届けた手紙が残されている。

　「自分は高等学部の施設がすこぶる不備で嫌気がさし、一学期限りで他校に移る気持ちになっていましたが、あの日の修了式後の会食の温かい空気に触れた後は、この温かさこそは、他のいかなる学校においても経験できないものであることを理解し、学院に留まることを決心しました。」

　『四十年史』は「英国の諸大学が社交を中心として学生の品性を養わんとすることを努めるが如く、学院は常に学生生活を享楽する中に、何ものかを与えんことを期するものなり。当時なお設備等に於て不充分なりしに拘らず、一般教育の欠陥を補ふものとして、一部の人々の心に映りぬ」と記している。

　校舎は、高等学部開設の翌年、普通学部校舎が新築され、本館が高等学部専用となり、続いて寄宿舎も普通学部専用が上野村に移り、従来のものが啓明寮として専用になった。これらにより学生の不満は徐々に解消された。これ

は、高等学部開設が経済的にも時間的にも余裕のないぎりぎりのスタートであったことを示している。一方でカレッジ・ディナーは、悪条件の下で少数の学生であっても、高い理想をもって教育しようというベーツ部長以下教授陣の懸命な姿勢とスピリットの表れであったといえよう。

商科の本格的なカリキュラム

高等学部開設に当たり、文部省に申請したカリキュラムは、官立神戸高商に倣って、第1学年を中学校卒業生の甲部と、商業学校卒業生の乙部とに2クラスに分けた。しかし、当時の法経商系統のほとんどの専門学校が持っていなかった文科をもっている利点を必ずしもいかせていなかった。また、自主・自立の教育を目指して選択制やゼミナール制を導入するとしたものの、選択制は第4学年に導入されただけであり、ゼミナール制はその精神を生かすのみにとどまっていた。

そこで、松村、木村の両教授が中心になり、1915（大正4）年、第1期生を送り出す1年前に、設立の理念に一層近い形のカリキュラムの大幅な改正がなされた。この改正により、商業および実践の時間数が増やされ、修養的科目と実践的科目を平均に重んじたカリキュラムとなり、さらに英語に重きを置くことが特色となった。上級においては、学科選択制を採用してできるかぎり選択科目を多くし、最上級では2部教育制を採用することによって、貿易界や実業界に進もうとする学生を甲部、外交界や経済学界に進もうとする学生を乙部に分けた。また研究演習（ゼミナール）制度を採用し、学生は希望や長所に応じて商業学各部門の特別専攻を選ぶようになった。研究演習制度が初めて実施されたのは、1916（大正5）年で、経理

※1915年カレッジ・ディナー　1912年以降夏の恒例行事となった

経営、保険海運、財政金融、経済学の4部門に分かれていた。演習の方法は、①実状調査報告、②各種学術研究報告、③閲覧図書内容報告、④以上の各報告に対する質問および討論となっており、卒業論文が課せられていた。

取得するべき最低時間数について、第1学年は33時間（1時間増）、第2学年は同じく33時間（3時間増）、第3学年は30時間（1時間増）とそれぞれ増やしているが、第4学年は逆に25時間（4時間減）としている。そして大きな特徴は、ベーツ教授の倫理学、マシュース教授の聖書、アームストロング教授の哲学など、語学以外の授業でも、かなりの数の授業が英語でなされていることである。「英語の関学」といわれた伝統が生まれたのは英語でなされる授業の比重が高いカリキュラムで培われた結果であろう。

原田の森キャンパスの拡大

1917（大正6）年7月の理事会常務会の場で、はじめての建築募金を5年間で総額70万円とする計画が立てられた。北米とカナダでそれぞれ25万円ずつ、20万円を国内で募金することになっ

※木村禎橘の授業　1918年高等学部商科卒業アルバム

第二章　高等学部商科、1912年開設

た。この募金運動のためのパンフレットは、有志に訴えかけるために学院の歴史と現状を説明し、当時の世相を背景として学院が占めつつあった立場と将来に対する遠大な教育上の抱負を、詳細に語っていた。この5年計画で特に急がれていたのは、1917（大正6）年2月に焼失した（原因不明）中学部校舎の再建であったが、他に高等学部（文科および商科）教室、大講堂、図書館の新築であった。

1918（大正7）年に竣工した中学部に続いて、1922（大正11）年4月20日、中央講堂の献堂式が挙行された。正面にペディメント（三角形の切妻破風）とドリス式の付柱を配した古典的な構成で、建坪は328坪、1,600席を持ち、院長室、秘書室、礼拝主事室も設けられた。それまでは、学院本館に置かれてきた学院行政の機能を中央講堂が担うことを期待されていた。また、当時の神戸市にはこの規模のホールがなかったため、一般神戸市民にも講演会場や音楽会場として利用された。

続いて、高等学部文科と商科の校舎建築が着手された。文科の校舎は中央講堂とほぼ同時期に着工された。商科の建物は、高等商業学部へと改組された時期の1923（大正12）年3月31日に落成された。

◇ 鍬入れ式

◇ 高等商業学部新校舎定礎式

※ 落成した高等商業学部　高等商業学部アルバムⅡ

5 C.J.L.ベーツ高等学部長とマスタリーフォーサービス

第3代院長にニュートン教授

1915（大正4）年12月16日の理事会で、第2代院長、吉岡美国は辞任を申し出た。理事会は熟慮の末、年度末に辞任を受け入れ吉岡美国に名誉院長の称号を授与することとし、第3代院長にJ.C.C.ニュートン（Newton, John Caldwell Calhoun 1848-1931）神学部長を選任した。

ニュートン教授は、1916（大正5）年4月、第3代院長に就任した。すでに67歳であり、W.R.ランバスよりも6歳、吉岡美国前院長よりも14歳年長であった。

※ ニュートン夫妻

後に中学部長となり学院に貢献した矢内正一が、入学した時のニュートン院長の印象を次のように語っている。

「私が関西学院に入った年の院長が、ニュートン先生だったわけです。先生はもう、晩年で、退任される直前でした。（南北戦争の）南軍の将校で後に宣教師になって日本に来られた人ですから、吉岡先生が明治の日本人の真髄のようなところを持っていらしたのと同じように、アメリカ南部の、野性的なものが残っているたくましい人が、神にとらえられて日本にやってきたというような印象が僕には非常に強かった。《中略》日本人に対してアメリカ人がもっているいちばんいいものを残さねばならないという暖かい気持ちが溢れていて、実に人間として大きいという感じがしました。」『大学とは何か』

ニュートン教授、帰国

ニュートン教授は、1848（嘉永元）年にサウスカロライナ州アンダーソン郡で生まれ、ケンタッキー兵学校を経て、1886（明治19）年ジョンズ・ホプキンズ大学を卒業した。南北戦争では南軍の大尉だった。その後、ケンタッキー州のメソヂスト監督教会で牧師を務め、1888（明治21）年に来日、メソヂスト系教会で設立した東京・青山のフィランデル・スミス・メソヂスト一致神学校の教授となり、翌年、関西学院が設立されると同時に、神学部教授として就任した。1897（明治30）年まで神学部長を務めた。健康上の理由で1897年から1903（明治36）年まで帰国した後、関西学院神学部に復帰した。1916年から1920（大正9）年までは第3代院長を務めた。1923年に引退し、夫人ともども75歳で帰国するまで関西学院にとどまった。

1923年、ニュートン教授は帰国した。その見送りは、教職員関係者と1,500名以上の学生が港に集い、ニュートン教授との別れを惜しんだ。

※ ニュートン前院長送別　1923年高等商業学部卒業アルバム

C.J.L.ベーツ、第4代院長に選出

ニュートン教授が院長に就任する1916年12月の理事会で、カナダ・メ

◇ ニュートン前院長（中央）を見送る　左から、ベーツ院長、吉岡先生

第二章　高等学部商科、1912年開設

ソヂスト教会からベーツ部長をあらためて本郷中央会堂に派遣したい旨の申し出があった。理事会はこれを受け入れ、ベーツ学部長は1917（大正6）年3月15日、いったん関西学院を退任し、一時帰国した。そして、12月に再来日し中央会堂に着任し、関西学院院長に選出されるまで働いた。

ニュートン院長は、休暇と募金運動を兼ねて1917年4月から翌1918（大正7）年10月19日まで帰国した。就任時が高齢であったことから予想されたことであるが、健康上の理由からこれ以上、院長の任に耐えられないということで、1920（大正9）年2月5日の理事会で辞任が受理された。後任の院長選挙はその年の4月21日理事会で行われ、投票総数11票、ベーツ7票、マッケンジー3票、松本1票で、ベーツ理事が第4代院長に選出され、9月から就任した。

ベーツ新院長の1921（大正10）年度の院長報告には、関西学院の教育に関するベーツの基本的理念が示されている。

第一の理念として「関西学院は、一つの使命（Mission）を持つミッション・スクールとして、教育を通して人々の知的・霊的な生活に貢献すべきである」と述べ、学院は「文化的教育センター」となるべきであると強調している。

第二の理念は、学院の国際的な性格の重視である。「関西学院は、アメリカ人、カナダ人、そして日本人が協力して形成する国際的な学校であり、ここにおけるわれわれの働きの中にこれら三つの要素が変わることなく最良の形で共存すべきである」と語っている。

第三の理念が、《Mastery for Service》である。

※ ベーツ院長　1924年高等商業学部卒業アルバム

このモットーは、ベーツ院長が、新設された高等学部長に就任した直後に校舎に掲げられたもので、その後、1915（大正4）年2月に発行された『商光』

◎講演鋭説

OUR COLLEGE MOTTO.
"MASTERY FOR SERVICE."

DEAN C. J. L. BATES, M.A.

Human nature has two sides, one individual and private, the other public and social. There is a life which each man must live alone, into which no one else can enter. That is his personal individual life. But a man's life is more than that. It has another side, which it shares with other men. And it is our duty and privilege to keep before our minds these two sides of our nature. There is an ideal of life corresponding to each side. One is self-culture, the other, self-sacrifice. These ideals are not contradictory, however but complementary. Neither is complete by itself, nor independent of the other. Self-culture pursued for its own sake produces selfishness. Self-sacrifice as the only rule of life leads to weakness. But self-culture as a basis for self-sacrifice is not only justifiable, but necessary. And self-sacrifice on such a basis is truly effective.

Now these two phases of our nature are implied in our college motto "Mastery for Service." We do not desire to be weaklings. We aim to be strong, to be masters—masters of knowledge, masters of opportunity, masters of ourselves, our desires, our ambitions, our appetites, our possessions. We will not be slaves whether to others, to circumstances, or to our own passions. But

※『商光』創刊号　図書館所蔵

創刊号に《Our College Motto》として掲載されたものである。

「人間の本性には二つの側面がある。一は個人的、私的なもの、他は公共的、社会的なもの……そして今やこの両面が我らのモットー"Mastery for Service"において統合される……我らは弱きを欲しない。強がらんこと……主たらんことを希う……しかし我らが主たらんとを希う目的は、己れ個人の富を積むことではなく、かえって世に仕えることでなくてはならない。我らは広義における人類の仕え人たらんことを目指すものである……」。

そのモットーでベーツ院長は、人間としての自立性と世に仕えて生きる在り方を表現している。その中心的内容は次のように述べられている。

「私達が主たらんと欲する真の意味は、自分一個の富を求めるためではなくて、それによって世に仕えるためなのである。私達は広い意味における人類の僕たらんことを期しているのである。」

このような人間の自由と愛を標榜する高等学部のモットーが、ベーツ院長の誕生とともに学院全体のスクール・モットーとなり、学院教育を貫く最も重要な理念となった。

6　1921年、高等商業学部への改組・発展

商科は1921年、高等商業学部へ

大正期半ば以降になると、商科の学生数の急増だけではなく、文科もようやく軌道に乗り、順調に学生の増加もみられた。商科では本館を専用校舎として使用できるようになったが、さらにあふれる学生に対応するため三つの木造平屋建ての教場を増築した。また、文科と商科はそれぞれ異なった個別の学科運営を迫られたこともあり、同年4月頃から、教授会もそれぞれに開催することになった。

両科の分離が始まったことを受けて、同学年末の1921年2月18日、文部省に対しての神学部および高等学部文科・商科を、専門学校としての神学部、文学部、高等商業学部の三学部とする学則変更の申請を行い、同3月28日付で認可された。

定員は、設立当初の文科・商科と変わらなかったが、学生数が増加していたことから、翌1922（大正11）年1月13日に文学部50人から200人に、高等商業学部を150人から一挙に600人にする定員増の申請がなされ、2月17日付で認可された。

高等商業学部の教室は、本館、木造第1、第2、第3のほかにバラックとよばれていた仮教場でしのいでいたこともあり、1923（大正12）年3月、建坪207坪、2階建て、スレート葺煉瓦造の瀟洒な新館が建設された。この建築計画を支援し促進するため、同学部の卒業生をはじめ在学生一同は、第一次世界大戦後の不況の中にもかかわらず、寄付金事業に着手し、総工費15万円のうち約5万円を学院に寄附した。

その後も、定員の増加が図られ、1926（大正15）年には、高等商業学部の定員は、750人に引き上げる申請が出され、翌1927（昭和2）年から実施された。

神崎驥一氏、高等商業学部長就任

高等商業学部長に就任したのは後に学院の経営の中核を担うことになる学院生え抜きの神崎驥一であった。神崎は1901（明治34）年、普通学部を卒業し、しばらく英語専修科に在学した後、カリフォルニア大学に留学した。さらに同大学院に進学、歴史学と政治学を学んだあと、在米日本人会書記長に就任。その後、吉岡美国第2代院長の長女美津子と結婚、1921年、高等商業学部長に就任するために帰国した。

※ 高等商業学部長となった神崎驥一　1924年高等商業学部卒業アルバム

第二章　高等学部商科、1912 年開設

7　創立者ランバス博士、横浜で天に召される

I shall be constantly watching

　関西学院の創立者ランバス博士は、1921（大正 10）年、南メソヂスト監督教会監督として宣教師会議の議長を務めるため日本を訪れた。そして、軽井沢で宣教師会議を取り仕切っている最中に倒れ、1921 年 9 月 26 日、横浜万国病院で天に召された。会議後に関西学院を訪問することを楽しみにしておられたが、それはかなわなかった。その病室で、ニュートンとタウソンに最後に語った言葉がこの一文である。

　「わたしはいつも見守っていよう。（I shall be constantly watching.）」

　1921 年 10 月 31 日、ランバスの遺骨は神戸に運ばれ、関西学院原田の森のブランチ・メモリアル・チャペルで礼拝が行われた。そして、関西学院関係者は遺骨を携え、ランバスの父 J. W. ランバスが眠る神戸市の外国人墓地を訪ねた。遺骨は妻デイジーの希望で、母が眠る上海に送られメアリーの墓の隣に葬られた。

　『ニューヨーク・タイムズ』（1921 年 9 月 28 日付）が W. R. ランバスの訃報を伝えた朝、南部の諸教会はその死を悼み、一斉に弔いの鐘を打ち鳴らした。

※ 晩年のランバス博士

※ W. R. ランバスの訃報を伝える「ニューヨークタイムズ」1921 年 9 月 28 日号

Commercial Course Established 2

学生会の誕生

※ 学生会館　1918年高等学部商科卒業アルバム

学生会設立

　1912(明治45)年6月29日、神学部と高等学部学生が合同して関西学院専門部学生会が設立された。その背景には、学生に責任を持たせ、自治実践の場を作りたいというC.J.L.ベーツ高等学部長の強い後押しがあった。日本の学校には馴染まないという反対意見に対し、責任感を持たせる最善の方法は、学生を信頼し、責任を与えることだと主張し譲らなかった。

　当初の学生会は、第一部宗教部、第二部学芸部、第三部運動部、第四部音楽社交会の四部で構成され、第一部には、基督教青年会（YMCA）が生まれ、活動の中心となった。第二部には、後に生まれた商科会もここに属し、『関西文学』を編集する文学会も属した。

　会費は、毎学期1円で、集金額の2分の1を運動部、4分の1を学芸部、8分の1ずつを宗教部並びに音楽社交部に割り当てた。

　その後、高等学部商科の入学生数が増大し発展するにつれ、高等学部商科生にとっては、多大の不便さを感じることとなり、1917（大正6）年2月23日の学生会臨時総会で分離の可否を論じ、賛成者多数で分離案が承認された。

※ 学生会館内部、コーヒーが一杯5銭で提供されていた　1918年高等学部商科卒業アルバム

※ 学生会館二階　1919年高等学部商科卒業アルバム

45

関東大震災への救済活動

　1923（大正12）年9月1日に発生した関東大震災における学生会の活動は目覚ましいものがあった。学院基督教青年会は学院救済団を組織し、医薬・食糧品等の準備を整えた専門部学生7名による第1班を9月5日、関東へと送り出した。一行は万難を排して7日、東京入りし、東京府社会課の指揮する救援事業に参加した。

　東京帝国大学出身で学院に赴任間もない松澤兼人（戦後、衆参両院議員を務めた）は、余震収まらぬ東京にすぐさま学生を派遣した学生会の活動を目の当たりにし、「私は恐ろしく活動的な学生の姿にびっくりしてしまった。官立の学校ではこうはいかないだろう」との感想を、1937（昭和12）年に発行された『学生会抄史』で述べている。

　学生会は、第2班、第3班と救護班を送り出す計画だったが、関東近隣からの支援が次第に多くなり、派遣を中止し、阪神方面への避難者の救済に力を注いだ。

　学院内では、救済団本部を設け、9月4日より13日間全力を注いで救済事業に努めた。4～7日まで連日義捐金を募集し、市内から郊外まで全員で巡回した。京橋（神戸市）、居留地、三ノ宮の三ケ所に支部を置き、数百の学生が、三ノ宮駅と神戸港に避難民を送迎し、救護に従事した。救援活動を開始し、約2週間、神戸埠頭の秩序も整ったので、9月16日、救援活動を打ち切り、学業に戻った。

　「実に永年培われ来た犠牲、奉仕、人類愛の学院精神がその真価を現したものである。」

　『学生会抄史』にはこのように記されている。

◇ 船で神戸に避難してきた関東大震災の被災者を支援する関西学院救援団テント

※ 船で神戸に上陸してきた関東大震災の被災者たち

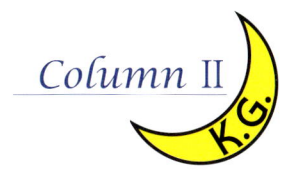

Commercial Course Established 2

Column II 商科会と木村禎橘教授

※ 木村禎橘教授　1918年高等学部商科卒業アルバム

木村禎橘（ていきつ）教授について

　商科構想のグランドデザインを引き、教育環境が未整備のなかで心を砕いて商科の基礎を築いた人物は、商科創設1年目に着任した木村禎橘であった。
　「神戸高商に名校長水島鉄也あり、大阪高商に交通論の大家関一（後に大阪市長）あり、そして関西学院商科に我が国の公認会計士制度の唱道者木村禎橘あり」といっても過言ではないと思われる。
　1931（昭和6）年11月3日に発行された『関西学院高等商業学部二十年史』には、「創業時代の我が商科の恩人といえば、ベーツ高等学部長、木村教授、故西山教授の三氏を挙げることができる」と記されている。
　木村禎橘教授については、本文でも触れているが、商科創設から、「商科会」の立ち上げ、学生主体による「消費組合」の設立のいずれも、木村教授の働きかけがなければなしえなかったことである。
　木村禎橘は、1884（明治17）年1月27日、宮城県本吉郡気仙沼に生まれた。1903（明治36）年仙台第二中学校、1907（明治40）年東京高等商業学校を卒業。同校在学中に熱心なキリスト教者となり、東京高商基督教青年会の幹事として活躍する。同校専攻部商工経営科に在学中は、澤柳政太郎に乞うて商業道徳を専攻した。

　山梨県甲府市での教員時代に、ベーツと知り合う。ベーツ部長より学院教授として招聘されるや、キリスト教的商業教育の理想を懐いて職務に邁進し、高等学部商科の創設と発展に尽力した。木村禎橘教授は、ミッション・スクールにおける「人格主義的教育」の使命を痛感し、それを"human culture"という言葉で表現し、学生に説いた。ある学生は入学願書を受け取りにいったときから木村教授から"human culture"を説明されたという。
　また、人格教育を強調しただけでなく、1915（大正4）年の学制の大改正では最も貢献し、英語を重視し、学生の選択肢を増やし、貿易界や実業界に進もうとする実務者養成に資する二部制度や、ゼミナール制を採用することに力を尽くした。商業教育の実際化を計るために「商科会」を生み、「消費組合」を起こし、これを育てた。また、その多忙な中、1916（大正5）年6月には、独創的大著『簿記計理学綱要』を著わした。木村教授の性格は、直情径行で、信じることはあくまでもこれを成し遂げるという傾向があった。そのため、一部の学生から反感を買うこともあったが、木村教授の学生に対する誠心、誠意は皆の学生が認めるところだった。木村教授は、卒業生のための同窓組織「商友会」を作り、学院を辞してからは、「地塩会」を組織し、学院同窓生との変わりなき交わりを結び続けた。木村教授は、ベーツ部長が、カナダ教会の要請で本郷中央会堂へと転出するため辞職した一年後、1918（大正7）年3月、学院を辞した。
　その後、木村禎橘は、計理士として、大阪、神戸、京都、名古屋に事務所を構え、活躍した。『高等商業学部二十年史』には、「教授は実に我が商科の良き生みの親であった。商科の栄ゆくところ、木村教授の名は永遠に記念されるべきである」と記されている。
　現在の税理士および公認会計士の制度設計の基本的な理念は、戦前、戦中の彼の税理士純化運動の粘り強い努力が実を結んだといえよう。

第二章　高等学部商科、1912年開設

商科会

　商業教育の実践の場と、学生相互の親睦をはかるために商科だけの倶楽部を作りたいという希望は、木村教授だけの考えではなく、多くの学生の希望でもあった。しかし、ベーツ部長は、専門部の学生会がようやく発展し始めたところで、商科だけの強固な団体を作ることは、全関西学院専門部が歩調を合わせて発展していく上で、支障をきたすのではないかと懸念し、商科会の設立を容易に許さなかった。

　商科の全学生が明石でクラス会を開いたとき、学生たちは同行した木村教授に商科会設立が遅滞している理由を尋ねた。木村教授は、学生にベーツ部長の意向を伝え「僕が運動するよりも、君等が運動した方が効果が早い。ベーツ部長は絶対に学生を信頼しているから」と答えたという。

　木村教授の協力を得て、石本徳三、佐野始朗らは、すぐさま商科会規則を作り上げた。学生の商科会設立促進運動の盛り上がりを見て、学院総務会は、商科会の設立を承認し、1913（大正2）年2月23日、神学館図書室にて第1回例会が開催された。講演者は、オルムステッド商会主にして、神戸青年会理事長の松村吉太郎氏だった。

　商科会が、高等学部商科創設年度の1912年度内に設立されたことは、その後の商科会の発展に大いに資することとなった。

※ 高等学部商科最初の卒業生　1916年高等学部商科卒業アルバム

※ 1916年の商科会メンバー　1917年高等学部商科卒業アルバム

Commercial Course Established 2

消費組合

　商科会の目的にある、商業教育の実際化を徹底させるためには、例会を開催して実業家の話を聞くだけでは不十分だと考えた木村教授は、学生の実習機関として消費組合の必要性を提唱した。1913年の夏休み前の6月8日、この消費組合案は、修正を条件として学院総務会に承認された。炎天下の中、学生創立委員の小寺敬一（後の教員）、柴田享一（後の職員）らが尽力して、9月から消費組合が設立されることとなった。

※ 小寺敬一（左）　柴田享一（右）　1916年高等学部商科卒業アルバム

※ 消費組合　1919年高等学部商科卒業アルバム

※ 消費組合　1918年高等学部商科卒業アルバム

　創業当時の資本金は、僅か100余円で、備え付けられた商品もノートやインクといった限られたものだった。仕入れから販売、帳簿記入から決算にいたるまで一切の経営は、学生常議員の手によってなされた。

　1937（昭和12）年に出された『関西学院学生会抄史』によると、当時（1913年）は、葺合一帯は、熊内大根の産地で、今（1937年）は、繁華を極めている上筒井通は、玉蜀黍や茄子の畑であったと云うほど、不便であったので、この「消費組合」の存在は学院関係者にとって、甚だ便利なものだった。

　創業当時1円内外だった売り上げは、1914（大正3）年末には、平均10円に増加し、資本金は780円に積立金は200円に達した。やがて、専任の事務員を雇うようになり、ますます事業は拡大していき、学生の手には余るようになり、1917（大正6）年6月をもって、「消費組合」は学院当局に経営を譲渡することとなった。

※ 正門からすぐに建てられた「消費組合」の建物　1919年高等学部商科卒業アルバム

第二章　高等学部商科、1912年開設

商科会のその後と『商光』の創刊

　商科会は、1913（大正2）年2月の創設以来、1914（大正3）年末に至る2年間の間に実業家招待講演会を開くこと7回、消費組合の創設・経営、学生の研究報告会、会員名簿、絵葉書の発行など、事業を拡張していった。

　また、1914年末には、機関雑誌の発行計画が持ち上がり、柴田享一、森田歳一、片野久地、岡本仲次郎の4名の編集委員で作業が進められた。1915（大正4）年2月11日（紀元節）に合わせて、スクール・モットーが掲載されている『商光』創刊号が発行された。表紙の文字は、吉岡院長の筆で、命名したのは木村禎橘だった。『商光』の意味するところは、「汝らは世の光なり…」で始まるマタイ伝第5章第14節から16節に基づくもので、高等学部商科の理想と使命を表していて、その節は、『商光』創刊号の扉に掲げられた。

※「商光」編集部　1918年高等学部商科卒業アルバム

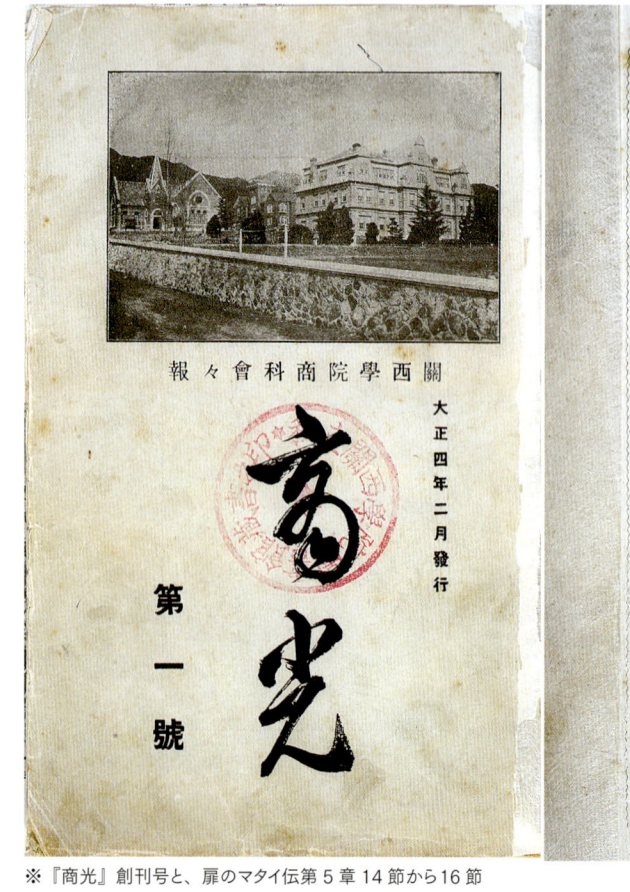

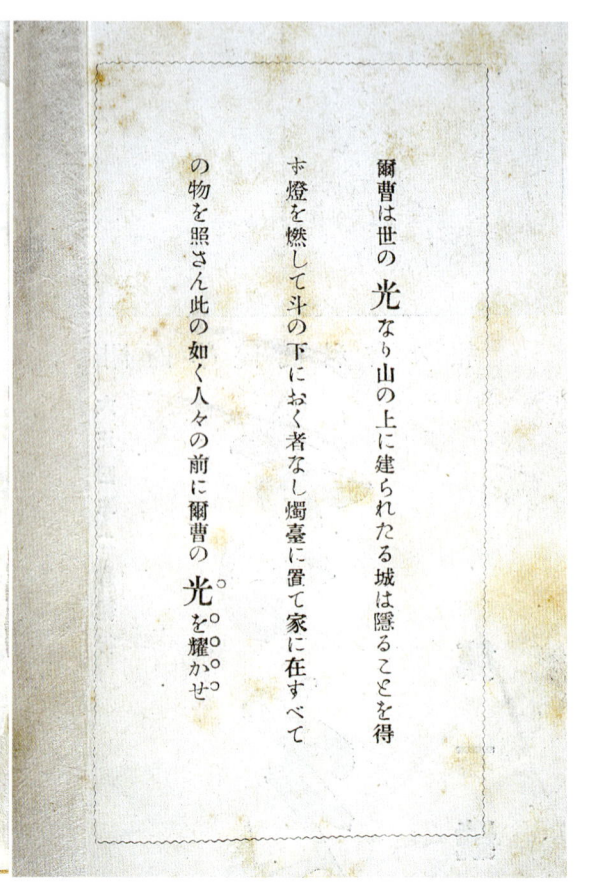

※『商光』創刊号と、扉のマタイ伝第5章14節から16節

第三章
上ケ原移転と大学昇格、1934年
1929～1934

年	月日	事項	月日	事項
1929（昭和4）年	2.下旬	上ケ原へ移転準備開始。3月31日移転完了	4.1	官立神戸高商、神戸商業大学となる
	2.-	自修寮解散	10.24	世界恐慌、始まる。ニューヨーク株式相場大暴落
	3.9	高等商業学部研究科卒業生式（8名）	11.21	金解禁
	4.-	神・高等商業学部両学生会、上ケ原移転とともに合同		
	5.4	学生会館完成。学生大会において共済会設立		
	6.-	校旗制定 9.28　創立40周年記念式典。『開校四十年記念　関西学院史』刊行		
1930（昭和5）年	1.3	田中義弘中学部長（最初の卒業生）永眠	4.11	東京神学社と明治学院神学部が統合し、日本神学校開校
	5.-	原田校地の正門門柱、上ケ原校地に移設		
	6.5	同窓会有志の寄付による学院正門の献門式	4.22	ロンドン海軍軍縮条約
	10.17	移転後、第1回記念祭大運動会		
	12.16	臨時学生総会、大学昇格問題解決のためC.J.L.ベーツ院長の渡米を要望		
	12.17	C.J.L.ベーツ院長、渡米の旨を学生会に発表		
	12.29	C.J.L.ベーツ院長渡米		
1931（昭和6）年	1.17	アメリカ・カナダ両協会、関西学院連合教育委員会において大学昇格案承認	9.18	満州事変
	4.-	カナダ合同教会伝道局総会において大学昇格承認	12.13	金輸出再禁止を決定
	5.-	アメリカ・南メソヂスト監督教会伝道局総会において大学昇格承認		
	9.11	C.J.L.ベーツ院長帰院		
	9.17	財団法人関西学院設立認可		
	10.6	臨時理事会において大学設立を決議。C.J.L.ベーツ院長、学長に選出		
	11.3	高等商業学部創立20周年記念式。記念論文集および『関西学院高等商業学部20年史』刊行		
	11.10	J.C.C.ニュートン元院長永眠		
	12.3	大学昇格資金の一部（20万円）募集開始		
1932（昭和7）年	3.7	大学令による関西学院大学設立認可	3.1	満州国建国を宣言
	3.7	専門学校「関西学院」の名称を「関西学院専門部」に変更認可	5.15	5.15事件
	4.1	大学予科開設。菊池七郎、大学予科長に就任	12.-	靖国神社参拝拒否事件で上智大学配属の教練教官引き揚げ
	-.-	専門部文学部・高等商業学部、4年制を3年制に学制変更		
1933（昭和8）年	3.-	時計台の大時計設置	3.27	国際連盟脱退
	9.18	山田耕筰来院。校歌「空の翼」発表	5.26	滝川事件
	-.-	学生会規約改正（学部学生も学生会に参加）		
1934（昭和9）年	3.1	『商学評論』廃刊	3.14	三上参次、貴族院で中等教育における英語の授業時間数、削減論展開
	3.20	高等商業学部校舎増築竣工		
	3.23	専門部生徒定員変更認可（大学設立に伴い文学部・高等商業学部の定員減）	12.-	陸軍、大学における徴兵忌避の不在学籍者について警告
	4.1	大学法文学部、商経学部開設。法文学部長にH.F.ウッズウォース、商経学部長に神崎驥一が就任		
	4.-	高等商業学部調査部を改め産業研究所設置		
	6.28	『商業経済時報』創刊		
	12.21	『商学論究』創刊		

第三章　上ケ原移転と大学昇格、1934年

Move and Expansion 3

※1930年　高等商業学部卒業アルバム

1 大学昇格運動

　高等商業学部は順調に発展を遂げつつあったが、学院関係者の悲願であった大学設置はさまざまな障害から延期を余儀なくされた。学院の移転という大事業と大学昇格は密接に絡み、ベーツ院長のリーダーシップの下、ついに大学設立を実現するのである。

キリスト教主義大学設立の動き

　明治末から日本のキリスト教界の課題となっていたことの一つはキリスト教主義大学の設立であった。キリスト教主義学校の多くは中等教育を行っていたが、高等教育を行うことによって、そのキリスト教主義教育の拡充を図ろうとして、かねてより教派を越えた大学の設立を目指していた。この動きは、1909（明治42）年10月6日に開かれたアメリカ・長老派教会の宣教50年記念講演会で明治学院の井深梶之助総理が「基督教教育の前途」と題して講演を行ったことに端を発したとされる。教派の立場を越えてキリスト教指導者を養成する大学を作る必要性を説いたこの提案は、翌年のエディンバラの世界宣教大会においても受け入れられ、まず東京で高等教育機関を合併し、超教派的大学の設立を目指すことになった。

　この動きを推進しようとした明治学院（長老派）、東京学院（現、関東学院、バプテスト派）、聖学院（ディサイプルス派）は、高等科を廃し、新設するいくつかの学科を各学校で分担することにして中央に統轄する機関を設置することによって実現しようとした。しかし、青山学院はこれまでの歴史と伝統を重視し、合同管理の困難さからこの構想には反対の立場をとっていた。

　この間に立教学院や同志社が単独で大学設立の意向を持っていることが伝えられ、歩調をそろえることの困難さが明らかになってきた。そして、1917（大正6）年3月をもってこの構想は実質的に消滅した。

※ 西南から見た学院　1916年高等学部商科卒業アルバム

大学設立の胎動

　高等学部を設立して高等教育に乗り出した関西学院は、すでに東京や関西のいくつかの専門学校が大学と自称していたことに刺激され、1914（大正3）年以来、委員会を設けて専門学校令による大学設置の検討を重ねていた。

　学院は、焼失した中学部校舎の再建、高等学部文科・商科教室、大講堂、図書館を新築する拡張案を1917年10月、発表した。必要な資金70万円のうち、アメリカとカナダからは25万円ずつ、残りの20万円を日本において寄附で集めることとして、直ちに募金運動を開始した。日本で募金運動をすることは初めてであったが、その結果は、目標額の20万円には及ばなかったものの、600名から約5万円が集まった。

　1918（大正7）年1月21日、学院理事会は、関西学院将来教育政策委員会の報告を受けて、高等学部の充実を図り、近い将来、専門学校令による大学とする方針を決定した。

「大学令」の制定

　第一次世界大戦時の好景気を背景に、1917年9月21日、内閣直属の諮問機関として学制改革を検討する「臨時教育会議」が設置された。この会議では、小学校教育、男子の高等普通教育、大学教育および専門教育、女子教育、学位制度など9項目についての改善方策が諮問された。そのうち大学教育および専門教育の改善に関しては、1918年6月22日、答申が行われ、分科大学を改めて学部制の総合大学を原則とすることや、官立の他に財団法人による設立も認めることなどが主な内容であった。

　同年12月26日、文部省より「高等諸学校創設及拡張計画」が提出された。これは、今後の6年間で、官立高等学校10校、高等工業学校6校、高等商業学校7校、外国語学校1校、薬学専門学校1校、帝国大学の4学部を新設し、医科大学5校と商科大学1校の昇格、実業専門学校2校と帝国大学6学部の拡張を行うという組織的かつ大規模な拡張計画であった。

　このように中等教育および高等教育の著しい拡張傾向が表れたこの時期、1918年12月6日、「大学令」が公布された。この「大学令」の第一条では、「大学ハ国家ニ須要ナル学術ノ理論及応用ヲ教授シ　並其ノ蘊奥ヲ攻究スルヲ以テ目的トシ　兼テ人格ノ陶冶及国家思想ノ涵養ニ留意スヘキモノトス」と規定された。これまでの官立の帝国大学のみであった大学の制度が改められ、官立の総合大学のほかに公立・私立の大学および単科大学の設置を認めることになった。私立大学の設立・維持にはその財政的基盤整備が必要とされたため、財団法人による経営が求められ、大学に必要な設備と資金と大学の維持に必要な収入を生む基本財産の供託が課せられた。

　これまで専門学校令によっていた私立の大学は、この「大学令」による大学に「昇格」した。1920（大正9）年2月に慶應義塾大学・早稲田大学、同年4月に明治大学・法政大学・日本大学・中央大学・国学院大学・同志社大学、1921（大正10）年10月に東京慈恵会医科大学、1922（大正11）年5月に龍谷大学・大谷大学・専修大学・立教

第三章　上ケ原移転と大学昇格、1934年

※ 神学部校舎と六甲の山並み　1930年高等商業学部卒業アルバム

大学、同年6月に立命館大学・関西大学・東洋大学と次々に「大学令」に基づく大学の設立が許可された。

大学昇格を熱望する高等商業学部生

「大学令」第二一条では、この「大学令」によらない学校を大学と称することはできないと規定されたため、専門学校令によって大学を新たに設置することはできなくなった。関西学院は、この「大学令」による大学を設置するか、あるいは大学の設立計画をまったく放棄するかの岐路に立たされることとなった。

大学設立の基本財産の供託金は最低でも50万円、一学部増えるごとに10万円が必要であった。これは当時の私学にとって極めて厳しい条件だった。また、大学予科を従来の1年半程度から3年に延長するだけではなく、一定数の専任教員を置き、施設・設備・カリキュラム・生徒定員などいずれも高等学校と同等水準に引き上げる必要があった。

1919（大正8）年1月20日、高等学部臨時学生総会において、第3学年と第2学年の学生による動議によって、大学昇格促進の決議案が上程され、満場一致でこれを通過させ、同月29日の臨時総会で、次の決議文をまとめ、ニュートン院長に届けている。

学院は「大学委員会」を設置

学院は2月、大学昇格に関する文部省への事前調査を行った。そこで、大

決議

関西学院学生生徒一同ハ学院当局力大正九年四月一日ヲ以テ本学部ヲ大正七年十二月六日制定ノ大学令ニ拠ル総合大学ニ昇格セシメン事ヲ期シ是カタメニ最善ノ努力ヲ致サレン事ヲ切望ス

大正八年一月二十九日

◇ 決議文　1919年1月29日

学昇格にあたって明らかになったことは、現在の専門学校（高等学部）を運営する社団法人を財団法人としなければならないこと、基本財産として少なくとも50万円が必要とされること、大学予科の修了生と現在の高等学部商科の卒業生は全く同じ立場となり大学には少なくとも3年間は在学しなければならないこと、授業時間内での宗教的な礼拝・授業は正規のカリキュラムでは認められないがキリスト教哲学・倫理学としてカリキュラムに載るのは構わない、などなどであった。

1919年4月23日、高等学部学生の大学昇格実行委員会一同は学院理事に対して、一日も早く高等学部を予科2年、本科3年に改正して大学とする決議を発表するように切望した「嘆願書」を提出した。

その三日後、4月26日の学院理事会では、ニュートン院長とアームストロング高等学部長による調査報告書が提出された。学院理事会は、「大学委員会」を設置し、これらの報告と当日の質疑全体を、その委員会での調査検討に委ねることとした。「大学委員会」の委員は、ニュートン院長、ヘーデン神学部長、アームストロング高等学部長の他、S.E. ヘーガー、D.R. マッケンジー、C.J.L. ベーツ、平岩愃保、中村平三郎、野々村戒三、松本益吉、池田多助が任命された。5月2日、ニュートン院長は全高等学部学生に対し、理事会が高等学部を大学令による大学に昇格させる決議をしたことを発表した。

「大学委員会」は、さらに4つの小委員会を任命し、礼拝ならびに宗教教育の問題、財団法人問題、財政問題、学部ならびに学制の問題の調査・研究を行わせ、その結果が、6月26日開催の理事会で報告された。

1）神学部と中学部のほかに、商科大学と大学予科、3年制の高等商業学部を設置すること。

2）その後、大学文科に進むことを望む予科卒業生のために他の満足な進路を提供できない場合には、できるだけ早く大学の文科を設立すること。

3）毎年10万円ずつの分割払いによる総額60万円の日本政府への供託金の提供をアメリカとカナダの母教会に要望すること。

4）学院を健全な財政基盤の上に置くために、100万ドルの基金（政府への供託金60万円に相当する30万ドルを含む）をできるだけ早く募集するように要請すること。

アメリカとカナダの母教会が「連合大学委員会」を設置

理事会はこの報告を審議し、財団法人への組織化と宗教教育の問題に関して十分な準備ができることを条件に報告の内容を承認し、「大学委員会」に編集を命じ、南メソヂスト監督協会とカナダ・メソヂスト協会に送付した。

両教会は、学院のキリスト教的な特色を永久に保証することを条件に学院の方針を承認した。さらに南メソヂスト監督教会は、商科大学と同時に哲学・歴史・文学といったコースを持つ文科大学の開設を要望した。

両教会は「連合大学委員会」を設置し、関西学院の「大学委員会」が作成した要請を修正し、新しい報告書を作成し、1920（大正9）年2月の理事会に報告した。修正箇所は、商科と同時に文科の大学も設立すること、大学予科の開設時期を1922（大正11）年と明記したこと、などであった。この報告書は、財団法人への組織化と宗教教育の問題に関して十分な用意がなされ得るという条件で、この時の理事会で承認され、本国の「連合教育委員会」に返送された。同委員会では、1920年4月、オハイオで開催した会議において、予科開設を1923（大正12）年以前と改正してこれを承認した。

大学昇格の延期

こうして大学昇格運動は実を結び、1923年をもって大学昇格が実現するはずだった。しかし、その前年の1922年1月、「連合教育委員会」は財政的な理由から大学開設を1925（大正14）年以後とするよう勧告を発表した。1920年代初頭の世界経済は、まだ第一次世界大戦後の混乱期にあった。1922年

※ 啓明寮　1924年高等商業学部卒業アルバム

第三章　上ケ原移転と大学昇格、1934年

4月19日の関西学院理事会は「連合教育委員会」の決定を受け入れたが、1923（大正12）年春、学院理事会は再び「大学委員会」を作り、より一層実現可能な案を練らせ、その秋の理事会で、次の三条件を含む修正案を作成し、「連合教育委員会」に送った。

1）1925年春に大学昇格を行い、予科を開設すること。
2）文部省への大学昇格認可申請権限を学院理事会に与えること。
3）60万円の供託金を支給されること。

しかし、「連合教育委員会」は、現在の財政状況の中で、この事柄を延期することを決めた。関西学院は、外国からの援助金に依存する限り、当分は大学昇格を実現できないという思いがけない壁に突き当たったのだった。

2　上ケ原移転への動き

※ 河鰭 節　1929年高等商業学部卒業アルバム

ベーツ院長の決意

関西学院の教職員・学生の悲願であった大学昇格は資金調達で行き詰っていた。その間、1920（大正9）年、ニュートン院長は健康を害して退任し、C.J.L.ベーツが新院長に就任していた。

1924（大正13）年4月24日の理事会でベーツ院長は、大学開設をいつまでも延期しているのは、地域社会、卒業生、教員、学生たちの学院に対する信頼を弱めることになり、文部省や兵庫県からは学院の真意を問われることになると報告した。これは、大事業であり、関西学院の発展において避けることのできないものと確信すると述べた。

学院移転のアイディア

創立当初は1万坪であったキャンパスは、二度の拡張によって2万6,700坪となっていたが、大学を設置する場合には、10万坪が必要であった。1925（大正14）年の夏、キャンパス南の岩屋に住む高等商業学部教授菊池七郎は、隣家のアメリカ帰りの実業家、河鰭節に学院の窮状を相談した。すると、河鰭は現在のキャンパスを売却、郊外に移転し、大学昇格の費用を捻出するアイディアを菊池教授に伝えた。当時の武庫郡甲東村上ケ原に絶好の敷地があることも合わせて伝えられた。菊池七郎は、神崎驥一高等商業学部長とH.F.ウッズウォース文学部長に伝えた。

この件が、ウッズウォースから、学院理事のH.W.アウターブリッジとW.K.マシュースに伝えられ、この3人と菊池は、河鰭と一緒に土地の下見を行った。

1926（大正15）年4月30日、学院の財政委員会は、基本財産をつくるためには、現在の所有地を最終的に売却し、ほかに学院の敷地を獲得できる可能性とその適否を検討すべきであると理事会に提言した。その結果、同年11月18日の理事会で11名から成る特別委員会が構成され、新しい校地への移転問題と財団法人設置の問題とを検討することになった。

「原田の森」教育環境の悪化

学院の移転が俎上に上がってきたのは、大学昇格に伴う経済事情からだけではなかった。学院付近が急激に繁華街となり、教育環境が著しく悪化したことがあげられる。

創立者W.R.ランバスが校地として原田の森を選択したのは、この地が喧騒の市街から離れており、教育に適していたからだった。創立当時から大正時代に至るまで、閑静な学院の教育環境は交通の不便さを補って余りあるものだった。

20世紀はじめの神戸市の急成長は、大正期に、三井・三菱両財閥をしのぐ活躍を見せた鈴木商店に負う所が大きかった。神戸製鋼所の親会社も、鈴木商店だった。その『神鋼五十年史』に1905（明治38）年頃の灘駅周辺の様子が綴られている。

「そのころは工場の北側に牧場があり、それから北へ摩耶山麓までは有名な熊内大根の畠が連なり、至極のんびりとした田園の中に赤煉瓦の関西学院の近代調が目立っていた」

ところが大正時代になると、神戸市の市街地は東方へ膨張し、これは、神戸市電気鉄道上筒井線の敷設や阪神急行電鉄（現、阪急電鉄）神戸線の開通により一層促進されることとなり、学院の四方は住宅と店舗が立ち並ぶ繁華街

Move and Expansion 3

となっていった。また、学院キャンパスを斜めに通る道路は近くの市民が上筒井駅までの近道として利用し、その数が激増した。さらに学院の真南には神戸製鋼所やダンロップ極東工場、鈴木商店の樟脳工場など大規模な工場が続々と建設され、工場地帯からの煤煙により、校内の松林が枯死するに及んだ。このように往年の恵まれた原田の森の環境はほとんど失われ、限界に来ていた。

※ 学院本部から南の神戸製鋼所などの工業地帯を望む　1929年高等商業学部卒業アルバム

発祥の地への愛着とようやく整備された原田キャンパス

　学院発祥の地であり、40年の歴史を有する校地と、ようやく整備の整った美しいキャンパスを手放し、移転することは容易ではなかった。とりわけ、神戸市に基礎をおいて発展してきた中学部にとっては、郊外への移転は経営上も大きなリスクを伴い、かつ生徒の質に低下をもたらすと懸念された。

　学院最初の卒業生でもあった当時の中学部長、田中義弘は、神の啓示によって建てられた学院の教育事業は単なる経営体の問題ではなく、いたずらに時流に身を投じて大きくなることを図るべきではない。創立者の建学の精神とその発祥の地を守るべきであり、中学部だけでも原田の森にとどまって神の御旨に従うべきであると主張した。

　このように、移転案をどう処置するかは学院の運命に極めて重大な影響を及ぼすものであることから、その検討は慎重に運ぶべきであり、早急な決着は見られないと思われていた。

※「正門から西方を見る」　1922年高等商業学部卒業アルバム

小金丸勝次（旧中T13卒）作「原田乃森　関学時代　思ひ出の地図」

57

3 上ケ原への移転事業

小林一三と神崎驥一会談

本当にキャンパスの移転を実現するためには、移転用地の買収、施設の建設と整備、大学設置のための供託金の準備などを合わせると巨額な事業が必要であった。この大事業ができる相手として河鰭節が狙いを定めたのは、合理主義による堅実商法と大胆な経営戦略で知られた阪神急行電鉄の専務、小林一三だった。関西学院とは直接の関係がなかった河鰭であったが、自ら下交渉に乗り出し、様々な障害を乗り越え、神崎驥一高等商業学部長と、小林一三との直接交渉にまでこぎつけた。この両者の会見で、10万坪の土地と大学施設としての建物および大学昇格への差し当たりの60万円が必要であるという神崎に対して、最後に小林は320万円と書かれたメモを示した。320万円は、当時の阪神急行電鉄株式会社（現、阪急電鉄）の半期の売り上げと同額であった。

◇ 小林一三　公益財団法人阪急文化財団所蔵

上ケ原移転案の決定

移転案が学院緊急の懸案事項となると、甲東村上ケ原以外にも、西は明石から東は京都付近の山崎まで10数ケ所が移転の候補地として挙げられた。このうち上ケ原以外で有力な候補地とされたのは、現在の神戸大学が建っている六甲台であった。当時の神戸市長、黒瀬弘志は、関西学院の神戸市への引きとめに熱心であり六甲台への移転を強く勧誘していた。中学部が上ケ原への移転に難色を示していたこともあり、理事会としても六甲台への移転の可能性を検討している。

しかし、六甲台へ移転するのであれば、小林一三には、旧校地を購入する意思がないということが確認されていたこともあり、大勢は上ケ原案に傾いていった。この間、1927（昭和2）年3月17日の大阪毎日新聞は、「関西学院の移転地、上ケ原新田とほぼ決める」とのスクープ記事を掲載した。そして、1927年5月26、27日の両日に召集された臨時理事会では、武庫郡甲東村上ケ原への移転案を原案として、審議を行い承認された。ただし、中学部については結論がでず、9月22日の理事会まで持越し、移転が決定した。

この決議を含めた5月の理事会報告書が7月1日付で、本国の連合教育委員会に送られ、同委員会の決議を得て、学院の上ケ原移転が進められることとなった。

土地売買契約の成立

学院が上ケ原への移転案を決定した翌年の1928（昭和3）年2月20日、学院の敷地および家屋保管の任務を有する関西学院社団理事兼院長、ベーツと阪神急行電鉄（株）取締役社長の小林一三との間に土地売買にかかる正式契約が交わされた。

契約の内容は、学院発祥の地の校地27,000余坪を、建物42棟とともに320万円をもって、阪神急行電鉄株式会社へ譲渡し、一方、同社がすでに買収契約を締結していた兵庫県武庫郡甲東村上ケ原の新校地7万坪を55万円で譲り受けるというものだった。

学院との売買契約に先立ち、1927年3月15日に、小林一三は、上ケ原の土地をその所有者（北村吉右衛門、北村伊三郎、芝川又右衛門、平場嘉右衛門）より購入し保有していたのである。

移転後にベーツ院長から理事会になされた報告によると、先に320万円で売却した旧校地の時価は、おそらくその後の景気後退の影響もあって、100万円以上は下落していた。阪急電鉄とのこの契約は、関西学院にとって極めて恵まれたものであったといえる。

小林一三は、原田の森キャンパスを神戸市に寄贈した。高架線とすることで宿願の三宮までの乗り入れを果たした。

上ケ原移転を成功に導いたのは、院長をはじめ学院教職員の功績であるが、河鰭節と小林一三の尽力と学院の将来に対する深い理解によるものであった。学院は謝意を表すため、小林一三には、

※ 1929年高等商業学部卒業アルバム

※ 仁川から甲山を望む　1928年高等商業学部卒業アルバム

第三章　上ケ原移転と大学昇格、1934年

カナダの著名な肖像画家 J. W. フォスターに委嘱して、その肖像画を作製し、1929（昭和4）年9月28日に執り行われた創立40周年記念式典においてこれを贈呈した。河鰭節には、1929年5月2日の理事会の決議において、ベーツ院長とヘーデン理事の署名を持って、感謝状および金一封を贈った。

◇ W. M. ヴォーリズ　公益財団法人近江兄弟社所蔵

新キャンパスの設計

新校地の設計監督は、すでに明治期末より原田の森キャンパスにおいて学院校舎の設計を担当してきた W. M. ヴォーリズの主宰するヴォーリズ建築事務所に、建築施工は竹中工務店に委ねられることになった。

起工式は工事契約締結とほぼ同時の2月29日に行われ、同年3月3日付で文部大臣に専門学部「校舎移転建築認可申請書」および中学部「校地移転認可申請書」を提出し、5月18日に認可を得た。

ヴォーリズによる上ケ原キャンパスの設計構想は、甲山山麓の上ケ原台地におけるキャンパスの立地を含めた全体的なキャンパス設計において、また、その建築物の統一的デザインにおいて、大学キャンパスとして日本を代表するものといえる。

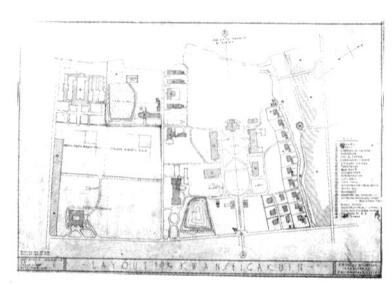

そのレイアウトは、甲山山頂からキャンパス前に広がる芝川農園（果樹園）を抜ける道路を結ぶ直線をキャンパスの基本軸線と設定し、その左右に対称的に学園機能を振り分けて配置するという特徴的なアイディアを採用している。その軸線上に、キャンパスの入り口としての正門と学問のかなめとなる図書館が配置され、その間に広がる中央芝生が学ぶ者に空間的豊かさを与えている。図書館には等しく同じ時を刻むことを象徴して時計台が置かれた。このキャンパスに足を踏み入れたものは、正門にたたずみ、自らの前に広がる豊かな緑から時計台、そしてその背景となる甲山山頂へと自然に自らの視線を巡らせることになる。

※ ヴォーリズによるキャンパス基本配置設計図

※ The view of New Kwansei　1929年高等商業学部卒業アルバム

Move and Expansion 3

※1928年2月29日　上ケ原キャンパス起工式

スパニッシュ・ミッション・スタイル

この新キャンパス独自の主張と雰囲気は、建物に統一的に採用された「スパニッシュ・ミッション・スタイル」と呼ばれる基本デザインによって醸し出されているといえよう。このデザインは、19世紀初頭にスペインのフランシスコ派が宣教活動の拠点としてカリフォルニアの太平洋沿岸各地に建てた修道院のスタイルに起源があり、20世紀初頭にあらためてアメリカにおける近代建築様式として採用され始めたものであった。基本的には、赤瓦屋根と白色のスコッタ壁（石灰と砂を主とした塗壁材）に玄関部などのディテールに意匠を凝らしたレリーフを配する形式である。

1929年に竣工した建物の中で、中央芝生を囲む7棟（右手から、宗教館、神学部、文学部、時計台、高等商業学部、中央講堂、総務館）と高等商業学部別館（現、商学部棟）、中学部校舎に特徴的なデザインが施されている。

上ケ原キャンパスのレイアウトは、総合的にみるとその源流をアメリカにおけるキャンパス・デザインに求めることができる。校歌『OLD　KWANSEI』のオリジナル曲を持つプリンストン大学をはじめ、ヴァージニア大学、サウスカロライナ大学、コーネル大学、同じくスパニッシュ・

※完成記念絵はがき（正門から時計台を望む）

第三章　上ケ原移転と大学昇格、1934年

※ 原田キャンパス最後の運動会　1929年高等商業学部卒業アルバム

※ 1929年3月9日、原田校地最後の卒業式　1929年高等商業学部卒業アルバム　※ 最後の卒業式後、正門での別れ　1929年高等商業学部卒業アルバム

ミッション・スタイルを持つスタンフォード大学などと共通要素を持っている。

原田校地との決別

1926（昭和元）年12月25日、大正天皇の崩御により、元号は昭和と改元され、1928（昭和3）年11月に昭和天皇の即位礼が挙行された。

この年は40年の歴史を持つ原田の森キャンパスでの最後の秋であったので、学院は、学生会、中学部学友会、各学部同窓会と協議して、11月3日より17日まで15日間、学業を休止して3日の大運動会をはじめとして、10日の昭和天皇即位式当日の奉祝の式典のほか、各種の運動競技会、記念講演、宗教音楽会、邦楽演奏会、劇および映画会、語学大会などの記念の催しを開催した。

例年、10月17日に開催してきた創立記念運動会は神戸市の年中行事の一つに数えられるほどに市民に親しまれていたので、この年で最後の開催となった11月3日の運動会は快晴にも恵まれ、約5万人の市民が集い、学院との別れを惜しんだ。

※ 引っ越し風景　1930年高等商業学部卒業アルバム

移転完了と創立40周年記念式典

1929（昭和4）年2月、新校舎の施設もおおむね整ったので、移転が開始された。図書館の荷物から始めて、中学部、高等商業学部、文学部、神学部、総務部、構内住宅に至るまで、一ケ月半の日数をかけ、トラック、牛馬車を使って輸送を行い、予定通り3月31日に移転を完了し、4月1日より新校地での第一歩を踏み出した。

創立40周年式典は、1929年9月28日の創立記念日に移転祝賀と建築物の落成式を兼ねて開催された。午前10時より、中央講堂にてベーツ院長の司式により執り行われた。奏楽、讃美歌、祈祷、式辞、教育勅語の朗読、小林一三への謝辞と油絵肖像画の除幕、アメリカ・カナダの連合教育委員会から小林一三への感謝状の贈呈、吉岡名誉委員長の40年回顧の辞と続き、この日のために招聘した外務政務次官、永井柳太郎から講演があった。普通学部第10回生として学院に学んだ永井の講演は、吉岡名誉院長の言葉を用いた「敬天愛人敬神興国」という主張で、満場の会衆から大拍手で讃えられた。

また、この記念式典に併せて、学院初の通史『開校四十年記念関西学院史』が刊行された。

▲ ◇ 開校四十年記念関西学院史

◀ ※ 関西学院設立40周年記念式典
1930年高等商業学部卒業アルバム

4 悲願の大学昇格

大学昇格決議

学院が上ケ原への移転を敢行したのは、積年の大学昇格を実現させたいからにほかならなかった。当面の問題となっていた大学昇格のための基金の調達は、旧校地・校舎売却の収入から新校地購入費および新校舎建築費を差し引いた残額から96万6,000円余りの債券を購入し、それに充てることで解決し、広い校地も確保できたのである。あとは、連合教育委員会とアメリカ・カナダ両国の伝道局の承諾を得るだけとなっていた。

しかしながら、連合教育委員会は、基金が150万円になるまで大学昇格を延期することをすでに決定していたので、1929年1月の委員会でも、基金が150万円に達した後、改めてその当時の日本の状況に基づいて大学昇格を決定するべきであるという条件を付加し、容易に承諾を与える気配を見せなかった。

このような状況で学院理事会は、5月2日に、再度、大学委員会（University Committee）を設置して大学昇格への検討をはじめ、改めて必要最小限の費用を積算した。

早期の大学昇格実現に不安を感じた学生は、1929年5月17日の学生総会で、「何年後に昇格する予定か、またその準備はどの程度できているか、9月10日までに回答してほしい」との決議を学院理事会に届けた。理事会の回答がどうであったのか、資料がないが、12月

※ 1930年12月16日　大学昇格問題臨時学生大会　1930年高等商業学部卒業アルバム

※ 1930年12月16日学生総会での決議文

は理事会は、大学委員会が提案した「1932（昭和7）年に昇格する案」を承認し、連合教育委員会に対して大学開

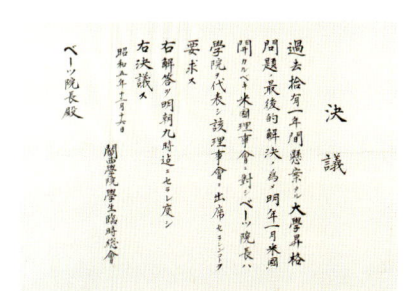

第三章　上ケ原移転と大学昇格、1934年

設の時期を再度、考慮するように求めた。同年12月2日、学生は総会を開き、1932（昭和7）年度の大学昇格を実現するためにアメリカ・カナダの両伝道局に要請するように学院理事会に切望すると決議した。

翌年の1930（昭和5）年4月25日の理事会は、3年制の大学予科と、法文学部、商経学部を持つ大学の設立を決議し、大学予科は1932年4月に、大学学部は1935（昭和10）年4月にそれぞれ開設することに決め、この決議を連合教育委員会に送ることにした。5月16日に学生総会が開催され、理事会に対して財政案を含む大学昇格案の具体的な説明を求めた。また、最後の決定権を持つ連合教育委員会に対して長文の決議を可決し、英訳して同委員会に送った。

学生たちは、年が明けた1931（昭和6）年1月に開催される予定の連合教育委員会において関西学院の大学昇格問題が最終決定されることを知り、臨時学生総会を1930年12月16日に開催し、ベーツ院長がアメリカとカナダに出向いて昇格案の通過を促進するよう求めることを決議した。その当時、学生会の役員だった小泉又三氏（1932年高等商業学部卒業）が書いた文章が『関西学院学生会抄史』（1937年）に掲載されている。

「この決議文の手交委員として増田学生会長以下3名が選ばれた。その中に（翌年の学生会長を務めた）私も加わっていた。（中略）ベーツ院長に右の決議文を手交した。そうしてその意味を敷衍して伝達したまではよかったが、暫し室内に冷たい空気が流れて長い沈黙の後、終にベーツ院長は次のごとく云われた。『若しも私が米国に渡ってこの事が成功しなければ再び学院に帰って来られない訳ですね』と。実をいえば私たちにもそういう心持はさらさらない。ベーツ院長の日頃の恩恵を、学院に対する熱意をよく熟知している。従ってどうしてそんな薄情なことが考えられよう。（中略）今この時期は学院にとっては正に危機である。この好機を逸すれば大学昇格はいたずらに遷延するのみである。若しかすると此のまま永遠に葬られるかもしれない。血と涙で彩られた多年にわたる先輩方の猛運動を顧みるとき、私たちは義理と人情をこの際峻別して考えなければならない。ベーツ先生には実に申訳ない、すまないと思ったが、私は涙を呑んで『正に然り』と単独で答えてあとは穴でも入りたい気持ちで頭を下げた。（中略）

その日の理事会がどういう事を決議したのか、わからなかったので増田会長と私ともう一人の3人で、当時、副院長であった曾木先生のお宅へ理事会の結果を伺いに行った。玄関先で曾木副院長から『ベーツ院長は大学昇格問題をひっさげて、本月末渡米されることに理事会で決まったから安心したまえ』と聞かされた時、やれやれと思ったためであろうか、3人は玄関先でわあわあと大声を上げ、涙を流した泣いたもので、曾木先生ももらい泣きしてくださった。続くその足で、ベーツ先生宅を訪問し、今朝来のご無礼を段々と詫びた。『いよいよアメリカ行きの腹を決めました』と語られたこの時ほど、ベーツ先生が強く我々の手を握ってくださったことはない。」

12月17日の学院理事会で、ベーツ院長が連合教育委員会の会議とカナダ合同教会、および南メソヂスト監督教会のミッション理事会に出席することが決定された。16〜18日まで3日間、引き続き開催されていた学生総会の場で、このことをベーツ院長が自ら発表した。

大学昇格案の承認

ベーツ院長は、12月29日にカナダへと出発した。翌1931年1月21日付で学院のH.W.アウターブリッジとW.K.マシュース両理事に宛てた手紙で、ベーツ院長は17日、アトランティック・シティで開催された連合教育委員会の会議において、関西学院の大学昇格案が承認された旨を伝えてきた。次いでカナダ合同教会伝道局総会、およびアメリカ・南メソヂスト監督教会伝道局総会も、同年の4月と5月にそれぞれ大学昇格案を承認した。9月11日、重い使命を全うしてベーツ院長は日本に帰ってきた。そして、翌月の10月8日、学院は大学設立認可申請書を文部大臣に提出した。

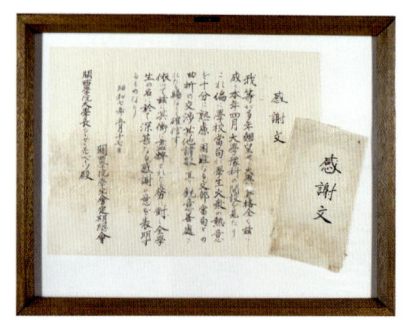

※ 学生会からベーツ院長への感謝状

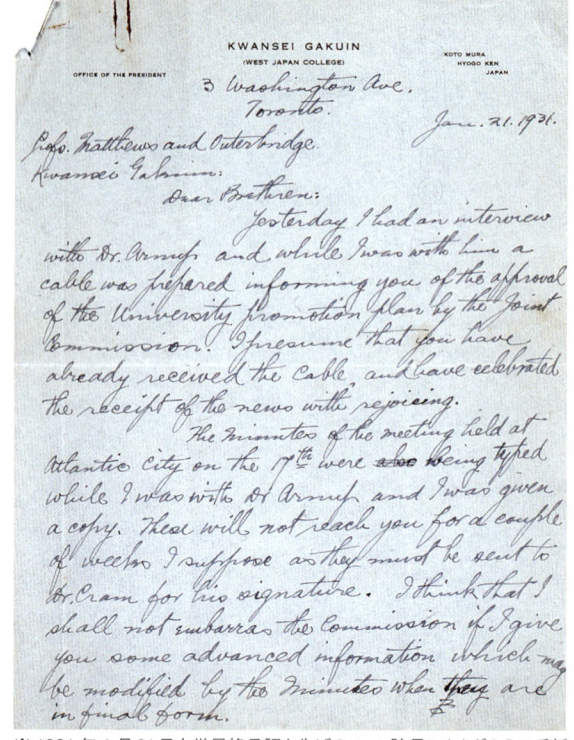

※ 1931年1月21日大学昇格承認を告げるベーツ院長のカナダからの手紙

5 商経学部、1934年開設

財団法人の設立

　関西学院社団は、アメリカ・南メソヂスト監督教会とカナダ・メソヂスト教会に属する宣教師12名から構成されていたのに対し、財団法人の理事には12名の外国人宣教師に加えて、6名の日本人が含まれることになっていた。さらに、同窓生6名が加わることになり、財団法人の理事構成は最終的には24名となった。

　財団法人設立の申請は、1931年に行った。当初からのあらゆる議決に対してアメリカ・カナダの連合教育委員会の承認を必要としていた条項は文部省の指導により、重要事項以外は財団法人理事会の4分の3以上を持って議決できるように修正した。そして、1931年9月17日、財団法人の設置が認可された。

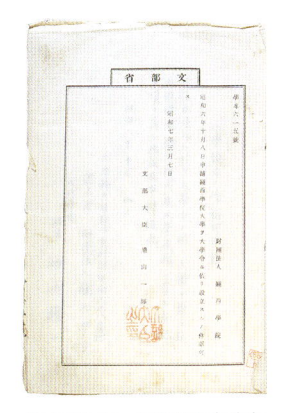

※1931年　大学設立申請書

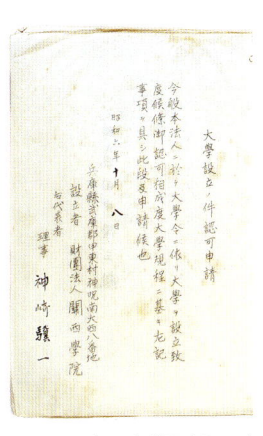

※1932年　大学設立認可書

『高等商業学部二十年史』

　大学予科開設の前年1931年は、高等学部開設20周年に当たり、高等商業学部も阪神間に位置する有力な私学としての社会的認知を得つつあった。また、大学開設の意気にも燃え、同年11月3日に記念式典を挙行し、同時に教授陣の執筆による『二十周年記念論文集』と、高等商業学部同窓会および商学会の後援により、『高等商業学部二十年史』を刊行した。

※ 高等商業学部二十年史

◇ 高等商業学部二十年祝賀会

予科を2ケ年に変更して開設

　1932年に大学予科を開設するにあたり、予科長を選任しなければならず、学内外から中村賢二郎、今田恵、菊池七郎ら候補者が推薦された。1931年10月6日、財団法人関西学院の最初の理事会で投票の結果、菊池高等商業学部教授が選出された。当初は、予科長就任を辞退するつもりだった菊池であったが、翌日7日、ベーツ院長および神崎高等商業学部長との対談で、予科長就任を懇願され、就任を承諾した。

　大学予科は、甲類（法文学部進学希望者）と乙類（商経学部進学希望者）に分けられた。入学志願者は、甲類100名、乙類372名で、合格者は甲類76名、乙類118名の合計194名だった。

　甲類、乙類ともに英語の時間数は多く、8時間から10時間となり全体に占める割合も25～30％となっている。甲類では、「国語および漢文」と「心理および倫理」に重きが置かれ、乙類では「数学」に重きが置かれ、「商学通論」

第三章　上ケ原移転と大学昇格、1934年

と「簿記」も設けられた。

予科のキリスト教主義教育は、甲類・乙類ともに学科目の中に「基督教概説」を週一時間設け、河辺満甕が担当した。チャペル・サービスは予科開校当初から実施された。初年度は「毎日ほとんど必修として実施され、チャペル・サービスを受けない学生がまったくいないことは喜ばしいことである」と報告された。

校歌『空の翼』

関西学院の校歌としては、1900（明治33）年秋の英語会において歌われた『OLD KWANSEI』が最初のものであるが、この歌はプリンストン大学の『OLD NASSAU』の替え歌であって、借り物ではない校歌をもちたいという願いがあった。

1933（昭和8）年、学生会長菅沼安人は、吉岡美国名誉院長の紹介状を携え、当時、大阪に滞在していた作曲家の山田耕筰を訪ね、校歌作曲を依頼した。山田は1902（明治35）年から1904（明治37）年まで普通学部で学んでおり、この依頼に対し無料で作曲することを快諾し、作詞者に北原白秋を推薦した。

6月27日、山田は北原白秋を伴い、晴天の上ケ原を訪ねた。当時は、ポプラの木は植えられたばかりであったが、その光景が校歌に読み込まれたのである。

山田は出来上がった校歌『空の翼』を携え、9月18日に上ケ原を訪れた。

新校歌はまずグリークラブによって歌われ、山田自身が全学生に歌唱指導をした。北原白秋からは、「……ヒカレアタマヤマダ」と末尾に記されたユーモアたっぷりの祝電が寄せられた。当時の関西学院新聞は「待望幾年、今ぞ我等の校歌生れる！"若きは力ぞ"声高らかに　山田氏感激の指揮」とつづった。

『学生会抄史』には玉乃井庸氏（昭

◇ 1933年6月27日　山田耕筰と北原白秋学院来訪

◇ 1933年9月18日　山田耕筰による新校歌発表会

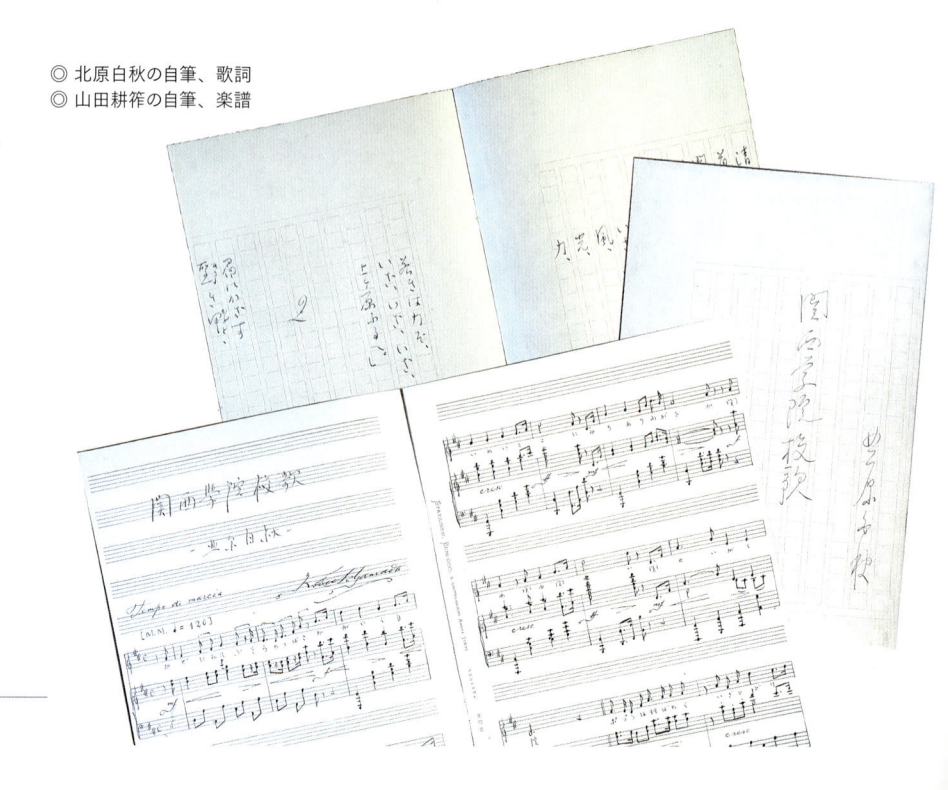

◎ 北原白秋の自筆、歌詞
◎ 山田耕筰の自筆、楽譜

和9年卒業）の筆で、その夜、学生たちと宝塚で痛飲した山田耕筰の姿が記されている。

商経学部、1934年開設

1934（昭和9）年4月の商経学部開設にあたり、準備委員会が組織され、1933年10月21日に第1回の会議が開催された。出席者は、神崎驥一、石井卓爾、原田脩一、池内信行、青木倫太郎、田村市郎であり、いずれも高等商業学部教授であった。この委員会では、既存の学部の模倣ではなく、独自の大学を作るという意欲から、アメリカ、ドイツなどの有名大学のブレティンなどを集めて学部構想を練り、カリキュラムはもちろん、学生の指導方針にまで慎重に審議した。

商経学部長を務めることになった神崎驥一は、実務教育を主とした専門学校とは異なった、アカデミックな教育と研究の場として新しい大学を位置づけようとした。

1934年3月、予科の第1回修了生は180名であった。そのうち法文学部に進んだもの67名だった。専門部文学部卒業生や3年修了生など34名と合わせて、法文学部の入学者は101名だった。

商経学部には、予科乙類からは101名が進学した。4月2日に実施された入学試験には、高等商業学部卒業生や甲類からの受験者などが臨み、合計22名が合格した。商経学部の入学者は、商業学科95名、経済学科28名で合計123名となった。

1937（昭和12）年3月、商経学部は最初の卒業生を送り出した。経済学士の称号を得たもの30名、商学士の称号を得たもの83名の合計113名だった。これらの卒業生の中には、本学の中学部出身者が数十名あり、まさに関西学院が創立当初から望んだ中等教育から高等教育に至る一貫教育がここに完成したのである。

その中の一人、小寺武四郎は京都帝国大学の小島昌太郎のもとで研究を続け、1939（昭和14）年に商経学部の助手として採用された。

大学長は、ベーツ院長が兼任した。

◇ 大学創設時の教員

大学の設置と専門部

関西学院大学開設によって専門学校である「私立関西学院」は、名称を「関西学院専門部」とした。大学開設は、専門部の方向にも決定的な意味を持っていた。

1912（明治45）年開設の高等学部は発展的に大学に引き継ぐものと考えられていた。しかし、1930（昭和5）年4月2日に理事会に提出された資料には、予科（文科・商科）3年制、文科系専門部4年制のカリキュラムが提案されている。つまり、理事会は大学と従来の専門部を併存させることとしており、大正期に学生会などが期待していた高等学部の大学昇格という方向とは異なる考え方が進められていた。その理由の一つに、大学予科開設年次においても、専門部への入学志願者の減少が見られなかったように、大学進学よりも専門部への入学希望者が多かったことが挙げられる。

※ 1934年　落成した現在の商学部校舎

第三章　上ケ原移転と大学昇格、1934年

実業学校令による高等商業学校への移行

　大学予科設立時の生徒定員減により、高等商業学部では生徒定員を1932（昭和7）年度に850名を645名に、さらに商経学部開設時の1934（昭和9）年度からは、300名とした。しかし、高等商業学部の人気は依然として高く、入学志願者も増える中で、大学設立は悲願であったとはいえ、大学定員確保のために高等商業学部の定員を削減することは忍びがたいことだった。同時に海外ミッションからの援助は漸減してきており、大学開設後の学校経営上からも学生数を安定的に確保することは焦眉の課題となった。

　この問題を打破するため、文部省からの示唆もあり、高等商業学部は実業学校令に基づく学校として再出発することで、生徒定員増加の道を開くことになった。1935（昭和10）年2月27日、急遽、関西学院高等商業学部を実業学校令に基づく高等商業学校として専門部から独立させ、財団法人関西学院が経営する一つの学校とする申請がなされ、3月30日に認可され、4月から法的には新学校としてスタートを切ることになった。

　この結果、3年制に変更した時点の600名の定員を確保し、さらに1939（昭和14）年12月には、翌年からの定員増加を申請し、高等商業学校の定員は750名が認められた。

　神崎驥一は、商経学部長と高等商業学校長を兼務した。

※ 全て1939年商経学部卒業アルバム

Column III

高等学部商科と商経学部の課外活動

Move and Expansion 3

　高等学部商科は、設立時から運動部は華々しい活躍を遂げた。1917年、高等学部商科卒業アルバムには、優勝年度は異なるものの剣道部、瑞艇部、相撲部、野球部が優勝カップや優勝旗を囲む姿が残されている。

※ 全て1917年高等学部商科卒業アルバム

Members of the Lawn Tennis Team.　庭球部選手

　今日、関西学院大学体育会のモットーとして知られている"NOBLE STUBBORNNESS"は、この時代の庭球部顧問、畑歓三がテニス・コートに掲げたものだ。「高貴なる粘り強さ」とでも訳される勝負を諦めない精神は、ライバルである神戸高商テニス部になかなか勝利できなかったテニス部を鼓舞するためのモットーであり、それが運動部全体のモットーとなったのである。

　その後、畑歓三の指導もあり、他校に先がけていちはやく硬式球を取り入れた関学庭球部は、ライバル神戸高商を下し、華々しい活躍を遂げることになる。その一例として1931（昭和6）年4月1日に発表された全日本のランキングを挙げてみる。シングルス20名中、3名のOBと3名の現役生が名を連ねていたのである。慶應の現役4名と共に「天下を二分する勢い」、ダブルスにおいては、早慶とともに2組がランキング入りし、関西支部の順位では1位から10位までを独占していたという。

　1920（大正9）年8月19日、朝日新聞社主催の第6回全国中等学校野球大会の鳴尾運動場で開催された決勝戦で、関西学院中学部は慶應義塾を17対0で破り、優勝した。

　翌年春高等学部野球部は、選抜大会優勝バッテリーのアンダーハンドの澤投手、三輪捕手等を迎えて意気軒昂たるものがあったが、澤投手は、病を押しての連投からか、1922（大正11）年一月、この世を去った。

◇ 対慶應戦スコアボード（決勝戦）　1920年

◇ 第6回全国中等学校野球大会で優勝　1920年

69

第三章　上ケ原移転と大学昇格、1934年

※ 英語劇　1917年高等学部商科卒業アルバム

※ 独語劇　1917年高等学部商科卒業アルバム

　ベーツ院長は、スポーツにも力を入れていたが、文化部の活動も奨励していた。学園祭で演じられた英語劇や、独語劇も、評価が高く、後に「英語の関学」と呼ばれる評価を得る下地となっていった。

◇ サッカー部初の全国優勝　1929年

◇ グリークラブ初の全国優勝　1933年

　グリークラブも1933（昭和8）年から全国合唱コンクールで連続1位に選ばれた。関西学院のクラブ活動は、黄金期を迎えた。

◇ 1920年の運動部の選手たち

　上ケ原移転から大学昇格への時期は、関学スポーツの隆盛期といえる。1929（昭和4）年には、蹴球（サッカー）部が全国制覇を遂げたのに続き、相撲部も1931（昭和6）年秋、堺市大濱相撲場において念願の全国制覇の夢を団体優勝で遂げた。その他、庭球、野球、陸上競技、剣道、柔道、弓道、水上競技、山岳、卓球、籠球（バスケット）、ラグビーと運動部の大部分が全国あるいは関西の王者として活躍し、学生の課外活動は一つの黄金期を迎えた。その隆盛に、高等商業学校と商経学部は大いに貢献した。

第四章
戦争に巻き込まれる関西学院
1935 ～ 1945

年				
1935（昭和10）年	3.9	文学部、高等商業学部、旧制度の最終年度卒業生	4.10	文部省、国体明徴を訓示
	3.31	高等商業学部を廃止		
	4.1	関西学院高等商業学校設立		
1936（昭和11）年			2.26	2.26事件
			4.1	阪神急行電鉄、神戸へ高架乗り入れ
1937（昭和12）年	2.3	天皇皇后両陛下御真影の下付	5.1	西宮球場開場
	3.15	大学第1回卒業式	7.7	日華事変勃発（盧溝橋事件）
	3.-	高等商業学校別館竣工		
	4.1	大学院開設		
	5.14	ヘレン・ケラー来院講演		
	7.20	『関西学院学生会二十五年抄史』発行		
	12.21	同窓戦死者7名の慰霊祭（第1回）		
1938（昭和13）年	3.31	女子入学に伴う大学学則変更認可	4.1	国家総動員法公布
	3.31	教職員定年制施行	6.9	文部省通牒による勤労動員開始
	9.6-9	大学・専門部・高等商業学校全学生職員、仁川における水害復旧作業の勤労奉仕を行う		
	10.11	第1回合同同窓会総会		
	11.29	学生会共済部設立		
1939（昭和14）年	1.20	学生会と関西学院新聞部、治安維持法違反で検挙者を出す	3.30	文部省、大学でも軍事教練を必修とする
	7.-	大学・予科・専門部・高等商業学校の35名の学生、5人の教授に付き添われ興亜青年報国隊に参加し、中国各地における勤労作業に従事	4.12	米穀配給統制法公布 7.8 国民徴用令公布
			9.3	第二次世界大戦（-45.8.15）
	9.16	日慰霊祭	-.-	この年、米合同メソヂスト教会設立
	10.14	創立50周年記念式典挙行		
1940（昭和15）年	2.28	旌忠碑除幕式	9.27	日独伊三国同盟締結
	6.11	『関西学院五十年史』刊行	10.12	大政翼賛会結成
	9.11	宣教師の学院要職一斉退任。日本人教授が後任	10.17	皇紀二千六百年奉祝全国基督教信徒大会、青山学院で開催
	9.11	院長兼、学長兼、専門部長に神崎驥一就任		
	9.11	商経学部長に原田修一、高等商業学校長事務取扱に鈴木吉満就任		
	12.30	C.J.L.ベーツ元院長、帰国		
1941（昭和16）年	2.11	学生会解散式。報告団結団式	4.1	小学校を国民学校と改称
	4.1	初代学監に礼拝主事、亀徳一男、礼拝主事に鮫島盛隆が就任	6.24	日本基督教団創立総会を富士見町教会（東京）で開催
	7.22	基本金募集の認可を受け募金開始	10.16	大学・専門学校・実業学校などの修業年限を臨時短縮（3ケ月）
	9.24	財団法人寄附行為変更認可（アメリカ.カナダ両教会との関係変更、かつ財政の独立）	12.8	太平洋戦争始まる
	12.26	卒業式繰り上げ措置による最初の卒業式		
	-.-	関西学院維持会を組織		
1942（昭和17）年	9.19	修業年限6ケ月短縮による繰り上げ卒業式（大学・専門部・高等商業学校）	2.23	翼賛政治体制協議会成立
			6.26	日本基督教団第六部（旧日本聖教会）、第九部（旧きよめ教会）、および東洋宣教会きよめ教会の96人検挙
1943（昭和18）年	3.31	専門部神学部閉鎖	5.17	賀川豊彦、反戦・社会主義思想のため、神戸の相生橋署に留置
	5.19	日本西武神学校設置認可		
	11.18	商経学部学徒出陣壮行式	6.25	勤労動員命令
	11.19	大学予科学徒出陣壮行式	10.2	学生・生徒の徴兵猶予停止
	11.-	『商学論究』休刊	10.21	文部省と学校報告団本部による出陣学徒壮行式
	12.-	『関西学院新聞』休刊	12.10	学童の縁故疎開を促進
1944（昭和19）年	2.1	大学予科、中学部校舎、校地施設を海軍に徴用供出	3.29	各高等商業学校を経済専門学校と改称
	2.17	教職員の整理・配置転換のため全員の辞表提出を要望	6.26	第七日基督再臨団、解散を命じられる
	3.31	高等商業学校と専門部文学部廃止	9.27	神戸商大を神戸経済大と改称
	4.1	専門学校政経科、理工科を新設		
	4.1	今田恵法文学部長が教務部長、原田脩一商経学部長が政経科長に転任神崎驥一院長が、学長、法文学部長、専門学校長を兼任		
	5.1	国民生活科学研究所開所（神学部校舎）		
	-.-	大学商経学部学生募集停止		
1945（昭和20）年	1.-	法文学部、高等商業学部講堂校舎、教授研究室、中央講堂等、川西航空機会社に供出	4.1	米軍、沖縄本島に上陸開始
			8.6,9	広島、長崎に原子爆弾投下
	4.10	関西学院防衛隊結成式	8.15	ポツダム宣言受諾、無条件降伏
	4.10	在郷軍人会連合分会発足式	8.28	GHQ、横浜に設置
	7.24	勤労動員出動中の川西航空機宝塚工場爆撃を受け、鈴木吉満、学生3名が犠牲となる	10.24	国際連合成立
			10.-	文部省、私立学校でのキリスト教教育を容認
	8.6	空襲のため音楽室、予科食堂、その他若干の被害発生		GHQ、軍事教育的.超国家主義的教育を禁止
	9.17	大学予科、政経科、理工科、中学部、授業再開	12.22	労働組合法公布
	10.-	大学授業再開	12.22	第1次農地改革
	11.15	報国団解散		
	11.25	学生会結成式		

71

第四章　戦争に巻き込まれる関西学院

Into the War

1 戦争への道

1938年4月「国家総動員法」が発令され、日本は戦争に向かっていった。1940年には、ベーツ院長をはじめ、すべての外国人宣教師が帰国することとなった。学生も教職員も戦乱の渦に巻き込まれていった。

内外情勢の緊迫

1929（昭和4）年の上ケ原移転、1932（昭和7）年の大学設立認可、そして1934（昭和9）年の大学の商経学部と法文学部開設と、昭和に入って学院は順調に発展を続け、その間、学生数も増加を続けた。教授陣も充実し、学術研究も盛んになり、学生会の活動も活発となり、運動部各部の活躍は目覚ましかった。しかし、学院を取り巻く内外の情勢は厳しさを増し、学院の経営や教育・研究に多大な影響を及ぼすようになっていった。

1931（昭和6）年9月、柳条湖事件が勃発し、日本軍の中国侵略が本格化しはじめた。翌年3月、満州国建設を宣言し、中国と国際社会からの激しい非難を浴びたが、日本政府は1933（昭和8）年3月、国際連盟を脱退し、国際的孤立化の道を選んだ。1937（昭和12）年7月には盧溝橋事件が発生し、日中両軍の全面衝突に発展した。この年の11月、日独伊防共協定が調印され、米英との関係は悪化していった。そして、1939（昭和14）年、ドイツ軍はポーランドに侵攻し、第二次世界大戦が始まった。1940（昭和15）年には日独伊三国同盟が締結され、日本は独伊側に立つことを鮮明にした。

国内でも軍国主義の風潮が高まり、ファシズムが台頭した。それとともに言論・思想に対する統制が強化された。

※1938年商経学部卒業アルバム

Into the War 4

1932年、五.一五事件が起こり政党内閣は終わりを告げた。1934年には、文部省に思想局が設置され、以後、国家主義教育がいっそう強調されるようになった。その前年、1933年、京大滝川事件が起こり、続いて1935（昭和10）年には美濃部達吉の天皇機関説が問題となるなど、研究や教育に厳しい制約が加えられた。1936（昭和11）年には、二.二六事件が起こり、軍が政治の実権を握った。1938（昭和13）年には、国家総動員法が制定され、生活物資の切符制や配給制、賃金・価格統制など戦時経済体制も強化され、国民生活のあらゆる分野で戦時色が強まって行った。

軍事教練の強化

キリスト教に基づく私学としての関西学院はリベラルな校風を特徴としてきたが、軍国主義とファシズムの台頭の中、次第にその影響を受けざるをえなくなってきた。最初にその影響として現れてきたのが軍事教練である。

第1次世界大戦後、国家総力戦がこれからの戦争であるとして、総力戦に備えるための国民軍事教育が求められるようになった。軍事教練はその一環であり、1925（大正14）年4月13日、勅令第135号「陸軍現役将校学校配属令」が公布され、学校への現役将校の派遣として具体化された。

大学学部や私立学校については、将校の配属は申請によって行われることになっていた。高等教育機関における軍事教練には、当初反対論もみられたが、結果的には急速に導入され、定着することになった。それは、教練課程の合格者には兵役年限の短縮という特典が与えられ、このことは、とくに私学の高等教育機関にとって学生募集に寄与し、経営安定の基盤ともなったからである。

配属将校の中には、学院着任後校風に馴染み、洗礼を受けてクリスチャンとなり、軍籍を離れてからも職員として学院に残り、同僚・学生からその人柄を慕われた成川博大佐のような人物もあったが、戦局の悪化とともに軍の立場や方針を主張して学院当局を困惑させた例もあった。敵国スポーツだと野球やボクシングの廃止を主張したり、学院のシンボルであるポプラは外国の木であるから伐採せよなどと主張した将校もいた。しかし、全般的には、学院当局と配属将校の関係は比較的平穏であり、決定的な対立や衝突にはいたらなかった。

戦時中、高等商業学校教授を務めていた加藤秀次郎（後の第8代院長）は当時を回想して「学院に配属されいわば学院教育を批判的に見る立場にあった配属将校の方々も、ベーツ院長をはじめ学院当局に対しては概して敬意をいだいていたのではないかと思う。学院の教育に対して法外な無理難題を出したということは聞いていない。」

御真影の奉戴と教育勅語

天皇と皇后の写真を御真影として崇拝の対象とすることは、公立の小学校ではすでに明治中期より始まっていた。当初から個々の学校側からの御真影下賜申請を待って、下賜する形式をとっていた。申

※ 査閲　1930年高等商業学部卒業アルバム

※ 軍事教官　1939年商経学部卒業アルバム

※ 1942年商経学部卒業アルバム

73

第四章　戦争に巻き込まれる関西学院

請は道府県知事を通じて文部大臣から宮内大臣に提出された。その際、御真影の奉安設備や奉護規定の整備が要求された。高等教育機関への下賜は昭和に入ってからで、帝国大学、官立高等学校、高等師範学校などには、1928（昭和3）年10月9日、一斉に下付された。

文部省は私立の高等教育機関に対して下付申請するように繰り返し求めた。その結果、1935（昭和10）年12月、同志社、1936（昭和11）年2月、大谷、龍谷、10月に早稲田、立教、関西、高野山、大正の各大学に下賜された。関西学院には1936年8月26日付で文部省専門学務局長より御真影奉戴に関して出頭命令があり、ベーツ院長と岸波常蔵庶務主事が出頭し、翌年に明治、法政、中央、日本、専修、上智の各大学などと共に下賜された。

学院の奉安庫は院長室内金庫に設けられた。『関西学院週報』は、2月3日の下賜の模様を次のように記している。

「午前11時、兵庫県正庁に於いて岡田知事閣下司式の下に奉戴し、全校教職員学生生徒門前に堵列奉迎し、12時10分、奉安所に奉安す。（ベーツ院長、第一日奉護宿直をなす）」

また、教職員・学生全員が集まる元日、紀元節、天長節、明治節のいわゆる4大節の式典の際に御真影奉拝と教育勅語奉読が厳粛に行われた。

「この式にはあたかもベーツ院長を支えるように吉岡美国名誉院長がいつも参加された。御真影に一同最敬礼をした後、教育勅語の朗読は吉岡先生によって行われた。静まり返った場内には吉岡先生の張りのある落ち着いた力のこもった声が響きわたり、教育勅語は吉岡先生の朗読によってはじめてその内面的な真価が表出されたような印象を与えられた。」とは加藤秀次郎の言葉だ。

2　同窓会と学生会

関西学院同窓会の発足

1938（昭和13）年10月11日、宝塚ホテルにて関西学院同窓会の第1回総会が開催された。学院創立50周年記念を前に学校および同窓生の長年の願いであった各学部同窓会の一元化が行われたのである。この試みは、大学昇格基金募集に際し、同窓会の分立という欠点を補うために同窓会連盟の発足として現れたのであるが、その団結力の弱さ故に、新たに「全学院の卒業生が、部の差別なく弦月旗の下に大同団結」する必要が叫ばれ、創立50周年の記念すべき時を得て関西学院同窓会が発足したのであった。

学生会の活躍

1929（昭和4）年4月の上ケ原移転とともに神学部学生会と高等学部学生会は合同した。5月4日には、学生会館が完成し、その地を拠点に活動を始め、予算・決算会議、学生の利益を擁護する役員会、記念祭の準備などを

※ 第2回同窓会総会　宝塚ホテル　1939年

※ 関西学院学生会二十五年抄史

続けてきた。1932（昭和7）年大学予科の設置、1934（昭和9）年大学学部開設に伴い、予科生も大学学部生も学生会に加入し活発な活動が行われた。1933（昭和8）年の山田耕筰と北原白秋による校歌『空の翼』の制定もそうした学生会活動の一環だった。

　1932年5月には、学生食堂問題が浮上した。本学の学生食堂が質・量・価格等の面で他校と比べて劣っているとの調査を受け、不食同盟をかけての交渉の結果、値下げを獲得した。

　1934年9月には、室戸台風によって近畿圏に大きな被害がもたらされた。そこで学生会は45周年記念祭を中止して、その費用650円を大阪朝日、大阪毎日新聞社へ寄託した。また、予科でも予科祭中止による費用100円を大阪朝日新聞社へ寄託した。さらに前期試験中であったが、10月5日から学生たちは、大阪大正区や兵庫鳴尾など被害各地で慰問品の配給、手紙・はがきの無料代筆などの活動や、被害調査を行った。

　このような活動を経て、1937（昭和12）年、学生会は結成25周年を祝うに当たって『関西学院学生会二十五年抄史』を発行した。

学院創立50周年

　1939（昭和14）年、創立50周年記念行事委員会が設置された。委員会はベーツ院長、神崎驥一、W. K. マシュース、大石兵太郎、岸波常蔵、今田恵などによって構成され、実行委員、忠魂碑委員、記念品委員、案内状委員、記念式委員がそれぞれ指名された。この委員会は、10月14日の記念式典および晩餐会、15日の記念礼拝式、物故教職員追悼式、16・17日の展覧会、17日の運動会からなる全学挙げての行動計画を立てた。記念式は、14日午前10時、中央講堂において多数の来賓、学生、生徒が参加し、盛大に開催された。

　ベーツ院長は式辞の中で「この50年は、学校の設立せらるる基礎が据えられ、方向が示され、将来を決定する積極的感化が最も強く働く大切な時期」であると評した。その上で、ここに「過去半世紀に亘る関西学院の歴史におけ

る教育を大成」させることができたと指摘した。そして「学校の偉大性は、敷地の広大さや、校舎の壮麗、基本金の多額、もしくは学生・生徒数に依って測定されるべきものではありません。それは、人材を養成し、学生に及ぼす影響の深さ」にあると強調した。さらに「日本には古来幾多の大なる伝統があります。これらの伝統は飽くまでも保存せられ、国家後世の基礎とならなければなりません。今や日本は天の思召しに依って、単に東亜の盟主としてのみならず全世界に対して偉大なる使命に当面しております。私たちは我が関西学院がこの大使命の達成のために、知的、道徳的、はたまた精神的貢献をなすべき義務ありと思います。今日世界の最も要求せるところのものは、あらゆる人間の関係と活動に於いて、倫理の卓越性を回復するということです。人生の唯一の基礎は、利己心を離れたる奉仕と、正直とにあります」と結んだ。

※ ヘレン・ケラー氏（中央）来院講演　1937年5月14日　1939年商経学部卒業アルバム

第四章　戦争に巻き込まれる関西学院

3　全外国人宣教師の帰国

戦時下の日本のキリスト教

　1939（昭和14）年9月、ドイツ軍がポーランドを侵略し、これに対してイギリス、フランスがドイツに宣戦、第二次世界大戦が勃発した。アメリカのフランクリン・ルーズベルト大統領はイギリス、中国を支援する姿勢を明確にした。日本と英米の関係は急速に悪化した。

　国際情勢の緊迫化の中で日本のキリスト教を取り巻く状況も厳しさを増していった。キリスト教諸派、諸団体、関係ミッションの協力組織である日本基督教連盟は1930年代にキリスト教界を代表する組織となっていたが、軍国主義化やファシズムの台頭に抵抗するのではなく、むしろ順応したり、軍事化を弁護する方向をたどっていった。日中戦争が本格化するや、同連盟は国民精神総動員運動に参加したり、皇軍慰問事業を開始するなど政府に協力し、戦争目的に奉仕する姿勢を示した。

　このような国際情勢の悪化と日本国内キリスト教代表機関の動向は、アメリカ、カナダ、日本三国のメソヂスト教会合同経営の関西学院に重大な影響を及ぼした。ことにベーツ院長以下の外国人宣教師の立場は苦しいものになっていった。警察当局はアメリカ人やイギリス人宣教師をスパイ視し、絶えず監視していた。さらに、アメリカ人やイギリス人と親しく付き合う日本人にも疑いの目が向けられる事態となった。

ベーツ院長の辞任

　1940（昭和15）年5月26日、ベーツ院長は、院長、学長、専門部長職からの辞任を理事会に申し出た。学院在任

※ベーツ院長　1939年商経学部卒業アルバム

30年間、そして、院長として20年間学院を育て導き、学生・教職員に深く敬愛されていたベーツ院長の突然の辞任申し出は学院内外に大きなショックを与えた。

　同年7月20日付『関西学院新聞』はベーツ院長とアウターブリッジ法文学部長の辞表提出を大きく報じた。ベーツ院長は同紙上で理由と経緯を語った。

　「私は既に学院に働くこと30年、その職から退かして戴いてもよき時期である。又昨今とみに国際情勢が逼迫してきたように考えられるが、私としても今辞任して、将来学院及び学生に私の存在の故を以て迷惑を及ぼしたくない。この際高等学府の最重要な院長、学長の如き職は日本の先生に譲るのが至当だと考えて誰にも相談せず自発的にこれを提出したので皆驚いたことでしょう。」

　学生たちの間では留任を求める声が強く出されたが、一方で辞任やむなしという見方もあった。『関西学院新聞』は次のように伝えている。

　「ベーツ院長、アウターブリッジ部長は、突如、先月理事会に辞表を提出した。

吾々学生にとってはあまりに突然であったとはいえ客観的情勢の発展と国内政治意識の反映を巡って辞任を早めるのではないかという予感を感じないわけではなかった。《中略》翻って学生大衆は如何なる意図の下に氏の留任運動を全学一致で起こしたのであろうか。それは論ずるまでもなく氏の人格を慕ふ熱望であると共に氏の功績からおして当然であり氏の円満なる退職こそ学院生のひとしく切望してやまない点である。」

　ベーツ院長の辞表提出を受けた理事会は、7月4日に臨時理事会を開催し決定することにした。ベーツ院長が自ら辞表提出の理由を述べ、理事会は種々討議したが、結局ベーツ院長の意思を受け入れることにした。アウターブリッジ部長の辞表も、同様に審議し、承認された。ただ、両氏とも後任が決まるまではその職にとどまることが確認された。

新院長の選任

　ベーツ院長の辞任承認にともない、理事会は早急に後任を決定することを迫られた。9月11日、臨時理事会が開催され、直ちに院長選出手続きに入った。まず、阿部義宗議長が8名の選考委員を指名し、続いて選考委員から神崎驥一商経学部長兼高等商業学校長を院長に推薦するとの報告がなされた。選挙の結果、満場一致で神崎驥一が第5代院長に選出された。学長、専門部長においても同じく神崎驥一が選任された。法文学部長には今田恵教授が、J.J.ミックルJr.会計課長の後任には小寺敬一高等商業学部教授が選任された。神崎驥一の院長、学長、専門部長就任に伴い、後任の商経学部長には、原田脩一

ベーツ院長と外国人宣教師の帰国

1940年12月2日、理事会はベーツ前院長を名誉院長に推戴することを議決し、阿部義宗議長より送辞が述べられ、同窓会は謝恩記念金を贈呈した。

ベーツ院長夫妻は12月30日、神戸港より海路帰国の途についた。当日、神戸埠頭には多くの教職員、学生、同窓生が集まり、ベーツ先生との別れを惜しんだ。ベーツ院長の帰国と前後して、翌年春にかけて、H. W. アウターブリッジ、S. M. ヒルバーン、A. P. マッケンジー、J. J. ミックル Jr.、H. P. ジョーンズ、L. S. オールブライト、D. C. スタッブズ、W. K. マシュース、M. M. ホワイティング、N. S. オグバーン、R. C. ライトら11人のアメリカおよびカナダの宣教師教授が相次いで帰国していった。

ベーツ名誉院長の学院への深い愛と祈りが込められた惜別の言葉は、帰国を控えて多くの教職員と学生に語ったといわれる "Keep this holy fire burning." だった。ベーツ院長の惜別の言葉は学院関係者に深く刻みつけられることになった。

4 神崎新院長体制

神崎新院長

神崎驥一新院長は、1884（明治17）年8月10日、岡山県に生まれ、1901（明治34）年、関西学院普通学部を卒業、学院の高等科でしばらく学んだ後、渡米し、カリフォルニア大学に進学した。卒業後、カリフォルニア州で農園経営に携わり、排日運動のさなかに推されて在米日本人会書記長を務めた後、1921（大正10）年帰国、高等商業学部長に就任した。部長として高等商業学部の充実、発展に尽力したが、さらに学院の上ケ原移転、大学開設に際してはその中心人物として手腕をふるった。時局が緊迫化し、ベーツ院長辞任、外国人宣教師教授帰国という非常事態に、神崎院長は学院の最高責任者として難局に立ち向かうことになった。

寄附行為の改正

外国人宣教師教授が学院のすべての役職から辞任し、帰国するという非常事態に対応して、財団法人寄附行為の改正が行われた。これまで学院の最高機関である理事会は24名の理事で構成されていたが、これを改め、理事の総数を16名とし、同窓・校友は従来通り6名、他の10名のうち6名は日本基督教団において推薦された者の中から選び、カナダ合同教会およびアメリカ・メソヂスト教会に属する日本在住宣教師の中からは各2名を選出することとなった。日本在住宣教師から選べない場合は、日本基督教団の中から選ぶことができるとされた。また、連合教育委員会に関する項目はすべて削除された。こうした内容の寄附行為改正は1941（昭和16）年8月8日に申請され、同年9月24日、文部省より認可された。

そして太平洋戦争勃発後の1942（昭和17）年1月17日の定期理事会において理事会を全員日本人で構成することを決定したが、これは創立以来初めてのことであった。

財政上の独立

1940年、9月には基督教教育同盟加入の諸学校の会議でミッションからの財政的独立の方針が申し合わされた。関西学院においても、アメリカとカナダの

※ 神崎驥一　1939年商経学部卒業アルバム

教会からの援助金を辞退することになり、財政上の自立が要請された。

学院は上ケ原移転当時は、経常費の3割ほどをミッションからの援助金に依存していた。だが、その後の順調な発展と学生数の増加により、経常費総額が年々増加し、海外ミッションからの援助金が占める割合は年々小さくなっていた。本国協会から俸給を支給されていた外国人宣教師教授辞任による欠員補充には多額の費用が必要となり、学院財政の安定が求められた。すなわち、援助金額4万円と帰国した宣教師教授の後任として日本人教授を採用した場合

第四章　戦争に巻き込まれる関西学院

の人件費相当額1万3,500円の合計5万3,500円が新たに補填されなければならなかった。

理事会はその方策として、1941（昭和16）年度より授業料を20円増額して、大学学部は160円、予科は130円、専門学校は120円とした。しかし、新たな所要額にはまだ不足し、さらに諸物価騰貴に伴う手当増額の必要もあり、授業料増徴だけでは対処できなかった。

そのため基本金募集ならびに維持会設置を決定した。1940（昭和15）年11月2日に臨時理事会が開催され、200万円の基本金を募集することと、学院の経常費に充てるため維持会員制を設けることが決定された。柳原正義高等商業学校教授が、新たに設置された参事の職に就き、基本金募集と維持会組織化に専任として当たることになった。募金運動を開始するに当たり、中央委員会を設置することになり、神崎院長以下、阿部義宗、北浜留松、山本五郎、中村賢二郎、釘宮辰生、堀峰橘、曾木銀次郎各理事および学部長・課長10名、教授7名が中央委員となった。中央委員会の他に、後援会を設置し、円滑な募金活動を目指すことになった。後援会には、永井柳太郎、皆川治広、竹中藤右衛門、小林一三など財界官界方面で著名な学院同窓、父母、あるいは学院に理解の深い人物を神崎院長が推薦した。

基本金募集は5年を期限とし、学院に縁故ある有力者並びに同窓生に呼びかけることになり、1941年7月より開始された。幸い、上記後援会の協力もあり、順調に進んだ。維持会は経常費に対して毎年カナダとアメリカの教会より送金されていた援助金を補うもので、月額を定めて寄附を継続的に行ってくれる有志を同窓から募るものだった。

日本基督教団の創設と神学部の閉鎖

1939（昭和14）年、宗教団体を国家管理のもとに置き、統制しようという宗教団体法が成立し、1941年、主としてプロテスタント諸教派が合同し日本基督教団が成立した。長年の協議によって、下からの合同を成立させたカナダ合同教会とは異なり、日本基督教団の場合は、国家の要請で上から成立した合同教会ということができる。

日本基督教団は、第1回総会において、教師の養成機関を東西二つの神学校に再編することを決議した。この後、関西学院理事会は、日本基督教団から次の三つの要請を受けた。

- 日本西部神学校校舎として、関西学院神学部校舎を使用させてほしい。
- 其の期間は5ケ年
- 昭和18年度予算に関しては既に教団総会終了後であるので、今年、予算計上することはできないので、関西学院財団には特別な便宜と好意を考慮していただきたく、最大限の援助を与えていただきたい。

この教団からの要請に対して1943（昭和18）年1月26日の定期理事会では、「教団側の委員と折衝に当たることに決めた」という表現ではあるが、実質的には神学部の閉鎖が決議されたのである。

5　戦時非常措置と人員整理

太平洋戦争の勃発と戦時教育体制

1941年12月8日、日本はアメリカ、イギリス両国に宣戦を布告、太平洋戦争に突入した。すでに日中戦争は長期化し、戦時色は強まっていたものの、国民生活には余裕が見られた。

関西学院においても、外国人宣教師は帰国したものの、学内は比較的平穏で、入学志願者は増加を続け、また、軍需景気もあって卒業生の就職状況は好調だった。しかし、米・英国との開戦は、アメリカ、カナダと関係の深い学院にとって、重大な事態の到来だった。

12月8日、チャペルの時間に全教職員、学生、生徒が図書館前に集まり、神

※ 軍事教練　1942年商経学部卒業アルバム

Into the War 4

崎院長より訓示を受け、ハワイ真珠湾攻撃のニュース、東条英機首相の大詔奉読のラジオを拡声器で聞かされた。

米国との開戦の危機が迫った1941年後半、文部省は次々と指令を発し、高等教育機関を戦時体制下に巻き込んでいった。9月には修業年限の短縮、卒業期繰り上げ措置に関する指令が出され、この指令は10月16日には、勅令924号によって法制化された。

◇ 関西学院報国団結成式

報国団の結成と学生会の解散

学生の自治組織として長年の伝統を誇った学院の学生会も、文部省の学生組織に対する指令を受けて改組されることになった。これまで、学院の学生会は、会長以下役員は学生の選挙によって選任され、院長、部長、教職員は名誉会長あるいは、顧問であって、会の運営の全権と責任は学生にあった。この学生自治の制度が全面的に改められ、名称は報告団となり、団長には院長が就任し、副団長以下部長、科長、班長は、すべて教職員から団長が任命することになった。

そして1941年2月11日、報告団結成式が行われた。

在学生徴集猶予の特典が停止

すでに前年の1942（昭和17）年9月、臨時措置で半年繰り上げ卒業はなされていたが、1943年10月2日、文部次官通牒で、「戦力の急速なる増強をもって、大東亜戦争の完勝を期せんがため、学徒に対する徴集の延期は当分の内は之を行わざることとし」と通達してきた。

そして、学業を急遽中断して徴集を受けることになった学生について文部省は次のような措置を指示した。

「兵役期間中は、休学の取り扱いをし、休学中の授業料はこれを免除すること。大学、大学予科、高等学校、専門学校の学生生徒で明年9月卒業の見込みがあるものについては、本年11月において仮の卒業証書と修了書を授与し、明年9月において卒業または修了させること。」

学徒出陣

文科系学生は、徴兵猶予の特典を停止され、満20歳に達したものはすべて徴兵されることになった。

1943年11月19日、神戸旧居留地の東遊園地で、学院の出陣学生は神戸高等商業学校の学生らとともに壮行式に参加した。翌日、20日、学院では中央講堂で壮行会を行い、神崎院長は以下のように激励の辞を述べた。

「今や戦局は学徒の出陣をすら要請するほどの苛烈なものであります。（中略）我々が出征した後の学校はどうなるのか、こんな質問をしばしば学生から受けるが、永い伝統と歴史を誇り、一万数千の同窓を有する学院である、難局に直面しても最善の努力をして国家の要請に応じる学校教育を続けていきたい、諸君の心の故郷である母校を失ったりはしない、心配せずに出陣してほしい、これが諸君に送る何よりのはなむけである。」
『神戸新聞』1943年11月21日付

◇ 1942年　神戸地方学校報国団結成式　神戸東遊園地

第四章　戦争に巻き込まれる関西学院

繰り上げ卒業となったOB 橋野昭（現、斉藤昭）氏の声

◇ 興亜勤労報国隊

　私はとくに関学に行きたかったわけではなかったのですが、友人に付き添って関西学院を訪ねたとき、美しいキャンパスを見てKGに行きたい、ここで学びたいと思いました。高等商業学校の入試で面接官はベーツ院長でした。ベーツ院長は「ご両親はお元気ですか」と問いかけてくれました。

※ 右から二人目が橋野（現、斉藤昭）氏　1942年商経学部卒業アルバム

　1938（昭和13）年に高等商業学校に入学し、翌年、1939（昭和14）年7月、高等商業学校、予科、専門部、商経学部などから5人ずつ選抜された35人が「興亜勤労青年報国隊」を結成し、北支・満州各地で勤労奉仕をしたのですが、高等商業学校からは私も選ばれたのです。ちょうどモンゴルと満州国の国境でノモンハン事件が起こった年でした。引率の5人の先生の一人が矢内正一先生で、矢内先生とはたいへん親しくなりました。

　もう、日華事変は始まっていましたが、太平洋戦争はまだで、徴兵は嫌だったので、商経学部に進んだのですが、大学に入るとしばらくして、太平洋戦争が始まりました。そして、4年生の途中で、徴兵延期の特典が臨時措置で停止され、半年、繰り上げて1942（昭和17）年9月17日に卒業となり、西宮で徴兵検査を受け、甲種合格となりました。甲種合格は、100名中20人くらいでした。10月1日に本籍地の徳島の33連隊に入隊し、さらに3ケ月ごとに試験を受け、北京の南の北支士官学校に入りました。ここには、商経学部の同級生で関学の教授となった増谷裕久くんも来ていました。増谷くんは、姫路の11連隊からの入営でした。

◎ 斉藤昭氏

　それから最初は通信士官として船にのっていたのですが、空が大事だということで、転科となり、南京航空通信学校に入り、航空隊の通信兵となりました。毎月、通信の乱数表が変更され、飛行機だといつ撃ち落とされるかわからないので、いつもは通信兵が陸路で届けるのですが、半年に一度は私も中国南部の各部隊を回りました。

　終戦となり、帰国してから、流通業をしている親類に養子に行き、苗字が斉藤となりました。元々の橋野家の財産を散逸させないため、5人兄弟が兄を残して、皆、親類縁者の養子となったのです。流通業を選んだのは、小泉貞三先生の「交通論」の授業が印象的だったからで、授業の最初での「交通とは人と物と思想を運ぶ」という定義が面白かった。手紙、新聞、書籍などは、思想・考えを運ぶものというところが新鮮に感じたのです。それで、トラック輸送と倉庫業、タクシー業をやっていた親類を選びました。その後、90歳になるまで、ずっと流通業をしています。まあ、そんなところです。

※ 左から3人目が増谷裕久氏　1942年商経学部卒業アルバム

学院機構の改組

1943(昭和18)年10月に発令された在学徴集延期の停止は、文科系学生を対象としており、理科系および師範学校生徒に対しては徴収延期の特典は維持された。そのため、理系学部を有しない学院にとっては、兵役に服さないごく少数の在学者を残すのみとなり、大学の存廃にかかわる局面に立たされた。

さらに文部省は、私立大学は極力専門学校に転換する、専門学校の入学定員は従前の2分の1程度とする、専門学校についても理科系への転換を図ること、を求め、各大学に具体策の返答を求めた。

学院当局は、この難局に対処するために協議を重ね、11月1日の理事会において次のような基本方針を決定した。

1) 大学は学院将来のため存続を目指す
2) 政府の方針が厳しい場合、総合研究所を設置し、研究の維持を図る
3) 専門部と高等商業学校を併合し、理工系を含む学部へと改組する

このような基本方針のもと、文部省と折衝を重ね、文部省は学院に大学の存続を認めたが、大幅な改組、縮小を求めた。神崎院長は、この文部省との折衝への永井柳太郎理事の尽力に対して、深い感謝の意を表明している。

1944(昭和19)年2月26日の理事会で神崎院長は、新学年度の募集人員について次のように報告している。

1) 大学法文学部80名
   大学商経学部募集停止
2) 専門部文学部と高等商業学校は統合して政経科とし、新設の理工科を併設する
   政経科・理工科の定員は200名とする
3) 国民生活科学研究所を設置する

募集停止となった商経学部の教育は法文学部に委託された。しかし、商経学部教授は依然、学院に在席しており、阪神間という地理的特徴から商経学部を志望する者が多いことから、11月30日、法文学部に経済学科を設置する申請を行ったが認可されなかった。

全教職員の辞表提出

学部の再編と学院機構の改組の決定事項は、1944年2月、図書館に集合した全教職員に、曾木理事会副議長から発表された。同時に、教職員の配置転換・整理のために全員に辞表提出の要請がなされた。学院当局は、全教職員の辞表を預り、そのうちの32名(20%)の辞表を受理した。

結果的には、廃校となった高等商業学校教員の退職が目立つ。高等商業学校の廃校には、教職員、学生、同窓生がこぞって存続を切望したが、希望は受け入れられなかった。極度の戦時統制経済により対外通商貿易が全く行われない時代に商業教育は無意味であるというのが政府の方針であり、時代は高等商業学校に極めて厳しいものであった。

神崎院長は、勤続年数に応じて休職期間を設け、特別退職手当を支払うこととした。

◇法文学部生　学徒出陣　1943年

第四章　戦争に巻き込まれる関西学院

6 校地・校舎の徴用

※ チャペル風景　1939年商経学部卒業アルバム／戦局が厳しさを増していく中で、宗教館における礼拝も次第に困難になり、1944年4月には中止せざるをえなくなった。

海軍への施設の供出

　戦時教育非常措置により学部・学科の縮小と統廃合が進められた結果、校地・校舎に余裕があるとして、軍部はその供出を求めてきた。

　神崎院長は交渉の結果、中学部と大学予科校舎およびその付属建物ならびに寄宿舎、教授食堂、学生会館等13棟と3万坪の敷地を1944（昭和19）年4月以降貸与することとした。早期の貸与を求めた海軍と、頭越しの交渉に難色を示す文部省との折衝を経て、1944年2月に三重海軍航空隊（予科練）西宮分遣隊への引き渡しがなされた。

川西航空機への供出

　戦局の悪化によりさらなる供出が学院に求められた。1944年後半、空襲が激化し、市街地にある官庁や重要軍需工場の分散疎開が行われ、学院にも川西航空機（現、新明和工業）と大阪機工株式会社より申し入れがなされた。

　結局、1945（昭和20）年1月、中央講堂、高等商業学校講堂、法文学部校舎、教授研究館を川西航空機に供出貸与することになった。川西航空機は中央講堂を工場化し、動力機械を据え付けた。

　外国人住宅の譲渡は、取りやめになったが、7月には海軍施設部より、高等商業学校校舎本館の供出をもとめられた。その結果、中学部は高等商業学校別館に、他の文科系学部のすべては理工科が使用していた商経学部校舎（現、経済学部校舎）に移って同居することになった。

　なお、1944年5月開設の国民生活科学研究所は神学部校舎を使用した。

　当時、決断を迫られた神崎院長は『70年史』の回想で述べている。

　「軍は学院をつぶす計画をしておったのである。せっかく、ここまで育て上げた関西学院が風前の灯火の如き有様となった。事態は如何ともしがたい。私は意を決して、特に海軍に学院の一部を貸与した。これは、いろいろな意味で、良策であったと思う。」

学院財政状況

　相次ぐ海軍や川西航空機への施設の供出は、学院関係者には極めて厳しい事態であったが、反面、窮迫の度を強めていた学院財政には救いの材料となった。1944年度、院長報告において、神崎院長は学院財政について、授業料収入は激減し、教職員の俸給、手当、賞与は増加したにもかかわらず、財政状況は健全であると記した。その原因は、供出した賃貸料収入の増加と、政府補助金がにわかに増加したことであった。

学院における長期勤労奉仕

　学院各部の長期勤労動員は高等商業学校第1学年が、1943（昭和18）年11・12月、続いて第2学年が1944年1・2月、川西航空機鳴尾工場（現、武庫川団地）に出動したのを皮切りに、多方面にわたって行われた。

時計台も黒く塗りつぶされた

　1945年春になると、白亜の校舎と時計台は防空対策のために黒く塗りつぶされた。徴兵年齢の引き下げや、志願兵の徴募

◇ 勤労奉仕で麦の収穫　1942年

※ 1943年商経学部卒業アルバム

のために学生数はさらに減少していた。

それでも、入学志願者数は、1945年度では、専門学校政経科2,382名、理工科1,946名、予科808名に達した。ただ、正規の入学試験を実施することは不可能だったので出身高校の内申書によって選考し、政経科369名、理工科300名、予科135名に入学を許可した。しかし、新入生は、その勤務中の工場で勤労作業に従事しなければならないという規定のために、書類上の入学のみで、月に一回の登校日を決めて招集し、講話等を行うにとどまった。

川西航空機宝塚工場の空襲

※ 鈴木吉満　1928年高等商業学部卒業アルバム

1945年3月頃より、大阪、神戸への空襲が激化した。軍需工場が爆撃対象となっていた。出勤学生・生徒の安全を重視し、退避訓練をしていたが、中学部と理工科を除く全学院生が出勤していた川西航空機宝塚工場（現、阪神競馬場と現、新明和工業宝塚工場）は7月24日に空襲を受けて全壊し、出勤中の学生3名が犠牲となった。また、1944年の学院機構改組により退職した元高等商業学校長の鈴木吉満が川西航空機に再就職し、勤労学生の指導に当たっていたが、この日、逃げ遅れた教え子を庇い、自らは爆死した。

そして、学院は敗戦の日を迎えた。

◇ 神戸市の空襲

◇ 黒く塗りつぶされた時計台

◇ 川西航空機宝塚工場への空襲　1945年7月24日

第四章　戦争に巻き込まれる関西学院

Column Ⅳ

ベーツ院長の原点

　誰もが認めるリーダーであるベーツ院長の存在がなければ、関西学院の発展はなかった。

　学生を信頼し、学生会に完全なる自治を認め、学生の求めに応じて大学昇格のため、アメリカとカナダの母教会の大学設立先送りの方針を覆す旅に出たベーツ院長。そのようなベーツ院長の人格はどのように形成されたのであろうか。

　ベーツ院長がどのような生い立ちで、見事な調整能力を身に付けたかについての記述が、学院史編纂室、池田裕子さんの『K. G. TODAY』の裏表紙「学院探訪 Vol.2　ベーツ先生の原点」に見られる。

　「ベーツの見事な調整能力は、少年時代を過ごした故郷ロリニャルで培われたようです。ロリニャルは、カナダの首都オタワとモントリオールのちょうど真ん中に位置する人口千人程の小さな村で、住民の4分の3はフランス語を話しました。当時、この地域はフランス語人口が増加しつつあったのです。村には、大きなカトリック教会と3つの小さなプロテスタント教会がありました。少年時代のベーツは、日曜の朝は長老派、午後は英国国教会、夕方はメソヂスト教会に通っていました。この3つの異なる教会での祈り、礼拝、讃美の経験が、自分のライフワークの原点だったと晩年のベーツは振り返っています。村人たちは、自分の文化と言葉と教会こそが一番だと信じていました。と同時に、寛容な精神と善意と互いを敬う気持ちにより、様々な問題を友好的に解決する術を身につけていました。ベーツたちが小さなメソヂスト教会を建てた時、カトリックの神父からさえも援助を受けることができたのです。」

　1910（明治43）年のカナダ・メソヂスト教会の経営参加は、関西学院発展の契機となったが、同時に南メソヂスト監督教会派とカナダ・メソヂスト教会派とが対立するかもしれない構造を内包することとなった。そこでも、ベーツ院長の調整能力とリーダーシップが大いに発揮され、大きな対立はみられず、関西学院は大きく発展することとなった。

　また、現在の関西学院の上ケ原キャンパスをデザインしたW. M. ヴォーリズも、ベーツ院長とのつながりを持っている。ベーツとヴォーリズが、ともに海外宣教活動を志す重要な契機となったのは、1902（明治35）年、カナダ・トロントのマッセイ・ホールで開催された海外伝道学生奉仕団の大会だった。J. R. モットーと中国に派遣されていた宣教師の講演は聴衆である学生たちの魂を揺さぶり、当時の学生を海外宣教に向かわせる多大な影響を与えるものであった。ヴォーリズはこの大会にコロラド州を代表して参加していた。同じ大会に出席し、同じ夢を懐いた若きヴォーリズとベーツが、日本で出会い、原田の森キャンパスを作り上げた。そして移転先である上ケ原キャンパスのグランドデザインも生み出したのである。

　ベーツ院長の教え子の一人、高等部長をつとめた河辺満甕によると、ベーツ院長は、カナダへ帰国し、太平洋戦争終戦後、駐日大使就任への打診もあったという。

　1959（昭和34）年、関西学院創立70年記念祭に82歳となったベーツ先生が来日、ランバス記念チャペルの献堂式に参列した。

※ ベーツ部長　1916年高等学部商科卒業アルバム

※ ベーツ教授とその家族

※ 1959年に来院したベーツ元院長

第五章
新制大学の設立と商学部の開設、1951年
1946～1962

年				
1946（昭和21）年	1.19	神崎驥一、院長・学長・専門学校長辞任。新機構の院長に再選され就任	1.4	軍国主義者等の公職追放
	1.30	原田脩一政経科長、専門学校長に就任	8.-	兵庫県に教員適格審査委設置
	3.21	『関西学院新聞』復刊第1号（202号）発行	10.8	文部省、教育勅語捧読みの廃止通達
	4.1	大学の機構を改め、法、文、経済（商経学部を改称）の3学部とする。法学部長に石本雅男、文学部長に今田恵、経済学部長に池内信行	10.21	第2次農地改革
			11.3	日本国憲法公布
	4.1	専門学校政経科を高等商業学部、理工科を理工専門部と改称		
	4.1	大学予科3年制となる		
	12.12	教職員組合結成、初代組合長に小宮孝選出		
1947（昭和22）年	2.12	関西学院後援父兄会発足	3.31	教育基本法・学校教育法公布　6.3制実施
	4.1	H.W. アウターブリッジ帰院、学長に就任	4.20	第1回参議院選挙
	5.23	加藤秀次郎、高等商業学部長に就任	4.29	米国8教派、日本基督教団に協力する連合委員会（IBC）を組織
	7.18	第1回関西四大学長懇談会（ベーツ館）	7.8	大学基準協会発足
1948（昭和23）年	1.20	（旧制）大学4学部設置認可（商学部は翌、1949年募集予定だった）	5.4	日本基督教協議会結成
	4.1	新制大学（文、法、経済学部）、新制高等部設置		
	4.1	H.W. アウターブリッジ、学長に就任。文学部長に今田恵、法学部長に大石兵太郎、経済学部長に池内信行		
	4.-	旧制大学、文学専門部の新入生募集禁止	3.18	大学設置委員会、12公私立新制大学設置認可
1949（昭和24）年	10.29	創立60周年記念行事	10.1	中華人民共和国成立
			12.5	私立学校法公布
1950（昭和25）年	2.1	公選制による最初の院長選挙で今田恵選出	3.14	関西学院大学、同志社大学、関西大学、立命館大学にはじめて新制大学院修士課程設置認可
	2.3	今田恵、院長に就任		
	2.23	H.W. アウターブリッジ、理事長に就任	6.25	朝鮮戦争
	2.28	大学院設置認可申請（3.14 認可）	7.24	レッドパージ始まる
	3.20	新制大学第1回卒業式		
	4.1	短期大学（商科、英文科、応用化学科）設置		
	4.1	大学院修士課程文学研究科（哲学専攻、心理学専攻、英文学専攻）、法学研究科（政治学専攻）、経済学研究科（経済学専攻、経営学専攻）設置		
	4.1	加藤秀次郎高等商業学部長、商科・英文科長兼任		
	6.19	宗教活動委員会発足。小宮孝、委員長に就任		
	8.25	池内信行、旧学位令による博士号第1号授与		
	10.-	産業研究所再開		
	11.3	高等商業学部40周年記念式典		
1951（昭和26）年	3.31	専門学校廃止	5.23	日本基督教会設立
	4.1	商学部設置。青木倫太郎、商学部長に就任	9.8	連合国対日平和条約、日米安全保障条約
	4.1	大石兵太郎（法学部）、学長就任		
	4.1	学部学科ごとに入学定員を設定		
	12.-	商学研究会『商学論究』復刊		
1952（昭和27）年	5.17	大学3号館（商経合併教室）竣工	7.21	破壊活動防止法
			12.1	口語訳『新訳聖書』
1953（昭和28）年	3.31	大学院最初の修士学位証書授与式	4.1	国際基督教大学創設
	4.1	大学院修士課程商学研究科経営学専攻設置（経済学研究科経営学専攻廃止）	7.27	朝鮮戦争休戦協定調印
	4.1	短期大学専攻科設置	8.21	私立学校教職員共済組合法公布
			8.23	日本育英会法公布
1954（昭和29）年	2.25	院長選挙、H.W. アウターブリッジ選出	1.18	中教審、教育の中立性維持に関する答申
	3.23	学長選挙、大石兵太郎選出		
	4.1	理事長に今田恵、就任		
1955（昭和30）年	1.27	堀経夫、学長に就任	1.11	文部省、私学振興方策大綱決定
	4.1	産業研究所長に池内信行、就任	8.6	原水爆禁止世界大会広島大会開催
	6.13	院長選挙で加藤秀次郎選出		
	9.28	創立記念日を休日とする		
1956（昭和31）年	3.20	短期大学最後の卒業式	10.22	「大学設置基準」制定
	4.1	商学部長に椎名幾三郎就任	12.12	日ソ国交回復
			12.18	日本国連加盟
1957（昭和32）年	9.24	産業研究所改築	11.5	文部省、60年代末までに大学理工系学生8000人増の方針
1958（昭和33）年	3.31	短期大学廃止		
	4.1	小宮孝、院長に就任		
	5.1	経商教授研究館（第2教授研究館）新築落成		
1959（昭和34）年	10.1	生活協同組合設立総会	11.27	安保反対デモ隊、国会に突入
	10.30	創立70周年記念式典。C.J.L. ベーツ元院長、H.W. アウターブリッジ元院長の名誉学位贈呈式。『関西学院七十年史』刊行		
	11.1	ランバス記念礼拝堂献堂式		
1960（昭和35）年	2.25	学長選挙、堀経夫当選	6.23	新安保条約批准書交換発効
	3.31	旧制大学廃止	12.27	政府（池田内閣）、国民所得倍増計画を決定（高度成長政策）
	6.16	木村蓬伍、理事長に就任		
	11.15	授業料値上げ問題に関する公聴会		
1961（昭和36）年	4.1	商学部長に小泉貞三が就任	8.25	経団連・日経連、大学理工系増員計画くり上げ要望
	9.13	第1教授研究館竣工式		
1962（昭和37）年	10.26	新学制による学位規定定める	3.-	米国、ベトナムで戦闘に参加

◇ 復員兵　朝日新聞

Out of the War　5

1　戦後の混乱からの立て直し

終戦を迎えた関西学院

　日本政府はポツダム宣言を受け入れ、無条件降伏した。1945（昭和20）年8月15日、昭和天皇は、国民に終戦の詔勅を、ラジオ放送を通じて伝えた。

　関西学院でも、当日正午、教職員、学生が中央芝生に集まり、総務部より流される「玉音放送」を聞き、神崎驥一院長は終戦を伝えた。学生もその多くは学徒出陣と勤労動員で学院に来ているものは少なかった。また、夏期休暇中のことでもあり、勤労動員を解除された学生たちは自宅待機とし、大学は10月から授業を再開する旨が伝えられた。

　終戦時、校舎の大半は海軍や軍需工場に徴用されていて、校舎には迷彩柄が施され、中央芝生には雑草が繁茂していた。建物間の空き地は掘り返され、芋畑となっていた。

　戦争による学院卒業生と在学生の戦没者は、卒業生212名、在学生5名であった。学生・生徒の空襲による被害は、学徒動員中の死亡もふくめて死者6名、傷害2名、家屋被災348名と文部省に報告されている。教職員の家屋被災者は37名であった。

　学院の校舎等の空襲による被害は、中央講堂付属施設と予科食堂の焼失のみにとどまった。主要な建物は焼失を免れたものの、海軍施設や軍需工場として使用されたため、授業に使用するためには復旧工事が必要であった。

学生の復員

　学徒出陣により学院を去った学生をはじめ、在籍のまま召集に応じた学生たち

Out of the War 5

は、召集解除とともにぞくぞくと学院に戻ってきた。中学部、専門学校、大学予科は9月から、大学は10月からそれぞれ可能な範囲で授業を再開した。

学生の状況では、まず、報国団は解散し学生会が復活した。しかし、長期にわたる戦時体制から急速に平時の状態に戻るにはさまざまな困難があり、再出発は容易ではなかった。10月初めに学院に帰任し、寄宿舎の舎監となった長久清は「終戦直後の寄宿舎」と題して、特に寮生の生活状況について次のように回想している。

「寄宿舎に行ってみると、窓ガラスは破れ、部屋の壁は取り除かれて3部屋が一つの大きな部屋になっていて、廊下側の壁はすきまの多い板囲いであった。畳はぼろぼろに破れ、踏み込んだ足に痩せて跳ぶ力もないような蚤の群れが這い上がってきた。それでも戦地でも生き残ってきた者としては、雨露が凌げれば十分だという気構えで、可能な限りの応急補修をしてもらって、寄宿舎再建を始めたのであった。その後、数回の改修を重ねて、元通りの寄宿舎に回復するのには、4、5年を要した。

この頃の寮生活の問題は、冬の寒さをしのぐことと食糧難とたたかうことの二つであった。若い学生は元気であるから寒さには強かった。それでもバラックの板壁をはぎとってきて焚火をしたり、ひどいのになると部屋の中で七輪に木切れを投げ込んで燃やしているものもあった。〈中略〉食堂で出される一杯の雑炊や一皿の野菜や玉蜀黍のまじったためしでは、とうてい空腹をみたすことはできなかった。寮生たちの多くは週末に家に帰り、米や芋をリュックに入れて運んできては飢えを凌いだ。」（『同窓会小史』）

在学徴集猶予の停止を受け、召集された当時の法文学部生、田中俊一は『七十年史』の中で次のように回想している。

※ 神崎驥一院長　1953年商学部卒業アルバム

「昭和廿年戦争が終わり生き残った私達は先ず我が家へと戻って来た。或る者は帰るべき家と彼等を迎えるべき家族とを共に失っていた。だから復員したといっても総べての学生が大学に復学したのではなかった。戦死を免れ終戦後の混沌たる状勢の中で復学し得た者は、今から思えば恵まれた者達ばかりであったのだろう。何れにしても約二年の歳月を隔てて、その間各人が生死の境をさまよう乍ら辛うじて生きて帰り、再び大学に於て顔を会わせることが出来た時の感激は筆舌に尽し難いものがあった。二十一年の春には応召されていた先生方もほぼ帰って来られ、復学し得る学生はほとんど復学した。そして応召中の年数を修学年数に加算するという特例を適用せられ同年9月に卒業したのである。」

9月10日に旧高等商業学校講堂に参集した復員学徒は約200名であり、全員復員した場合には3,000名になる見込みであることが、9月13日の常務理事会で報告された。

学院の財政状況

1941（昭和16）年、国際情勢の緊迫による宣教師の全員帰国を機に、アメリカ、カナダのミッション・ボードからの財政的自立を図った学院は、授業料の増額と維持会員の募集により、財政危機を乗り切ろうとした。しかし、戦局の悪化は、徴兵猶予措置を停止した学徒動員により学生数の激減をもたらし、文部省の方針で実施された文系学部・学科の統合と縮小もあわせて、収入を学生の授業料に頼る私立学校には大きな打撃となった。さらに大幅な物価上昇が続き、教職員の生活を維持するためには給料の増額や手当の支給を図らねばならなかったことから、学院財政は極めて厳しい状況に陥った。

関西学院を復活させたい！

学院では神崎院長を中心に、常務理事会において関西学院の将来に向かっ

第五章　新制大学の設立と商学部の開設、1951年

て種々、討議がなされた。戦後最初の常務理事会は1945（昭和20）年8月28日に開催された。ベーツ館でのこの会議に出席したのは、神崎驥一、副院長を務めていた曾木銀次郎、同窓で鈴木商店から日商岩井の重役も務めた北浜留松、やはり同窓生で日本基督教団の牧師であり近畿教区長であった木村蓬伍だった。その他の理事は、同窓で日本メソヂスト教会第5代監督も務めた釘宮辰生、理事就任時は予科長で退職していた菊池七郎、大阪帝国大学医学部長を務め、1940（昭和15）年に退官し名誉教授となっていた生化学界の重鎮、古武弥四郎だった。この時話し合われたのは、「終戦と進駐軍の駐屯の中、学院の教育は継続可能か不可能か」、「可能とすれば戦後の学院教育方針をどうするべきか」、であった。神崎院長は、時代の情勢および社会人、学院関係者、経済界の意見を参考とし、また私立大学全体の動向を踏まえて方針を確立する必要があるとし、各理事の意見を併せまとめることとした。具体的には、法文学部・商経学部の存続形態、専門学校理工科3科の中の航空機科を廃止し建築科とすること、専門学校の文科に英文科を置き、アメリカ研究を促進すること、などであった。これらの構想はミッション・スクールなるが故に戦時下の圧力のもとで忍従してきた関西学院において、日本の再建とともに、キリスト教主義教育を再開できる状況が整いはじめたことを示す。この時期、常務理事会が開催されるたびにさまざまな将来構想案が発議検討され、関西において学院が高等教育に果たす役割の重要性が強調された。アメリカの占領下にあって、ミッション・スクールが注目される客観的情勢が高まっていたのである。

施設を取り戻す

海軍に貸与した中学部・高等商業学校・大学予科校舎については、10月に返還予定であり、川西航空機株式会社に貸与した法文学部校舎、教授研究館、中央講堂等については、9月15日に返還予定であると報告された。これらの返還予定と賃貸料に関して以後交渉が行われた。その結果、海軍からは賃貸料4万円と海軍施設部から7,000円の支払いを受け、10月26日に学院に返還された。川西航空機の賃貸料は8万円であった。返還に際しては原形復旧が条件であったが、借主による工事が不可能であるため、工事費を計上して学院が行うこととなった。その費用については、川西航空機からは約15万円、海軍からは9万5,000円と仮設建物を譲りうけることとなった。

2　GHQによる教育改革の指導

正常な教育機関への回帰

戦後の学院における教育正常化への作業は、いくつかの面から展開されていった。すでに述べられたように施設面での回復と、教職員・学生の学院への復帰であった。これと並行して、大学、専門学校、中学部などの教育体制の再編成が、新学制導入までの期間に行われた。さらに、戦時下では強い制限を受けていたキリスト教主義教育再開のための努力と、学院財政の再建のための方策も打ち出された。そして、最も重要な意味を有したのは連合国軍総司令部（GHQ）および文部省の指導による軍国主義的な色彩と超国家主義の払拭そして民主的教育体制の導入であった。民主主義体制が日本社会全体における教育の在り方、さらには新しい時代の関西学院を導き出すこととなった。

終戦直後の1945年8月21日、「戦時教育令」の廃止が決定され、学生・生徒の勤労動員が解除された。さらに、28日には文部省から学校授業再開の通達が出された。

積年の願い、宗教教育の自由化

戦後の民主主義化への大きな転換を可能にしたのは、GHQによる政策、特に教育関係の方針が明確に打ち出されてからであった。1945年10月2日、連合国軍最高司令官総司令部（GHQ/SCAP）が発足し、その中の民間情報教育局（CIE）が教育関係事項を担当することとなった。最高司令官ダグラス・マッカーサーによる五大指示のうちの第三項であった「学校教育民主化」の基本方針が、10月11日、幣原喜重郎首相に口頭で示された。その後、CIEは四大教育指令（教育制度の管理方針、不適格教員の教職追放、国家神道の禁止、修身・日本歴史・地理の停止）を発表し、具体的な施策を実施した。

そのようなGHQの方針が示されつつあった1945年10月1日から10日の間、神崎驥一院長は上京し、GHQ教育担当のH. G. ヘンダーソンと1時間半にわたり面談した。その際の様子は当時の常務理事会で報告され、その記録が残されている。その記録では神崎院長は「基督教主義学校においては基督教礼拝、その他宗教訓練をなすことは問題ではない、

※ 1950年頃の甲山とキャンパス

Out of the War 5

第五章　新制大学の設立と商学部の開設、1951年

速やかに実施するべきである」との了解があったと述べている。

神崎院長は、その後、1時間半、田中耕太郎文部大臣と会見し、田中大臣は「訓令第十二号は、明治32年に出されたもので、この問題に関して文部省において処理するか、基督教教育同盟において建議書を提出するか、いずれかの方法によって早晩解決可能」と述べた。明治以来積年の問題であった宗教教育の自由な展開が公式に認められる可能性が示されたのだった。

この直後、10月12日、文部省は「学校に於ける宗教教育の取扱方改正要領」を閣議決定し、さらに10月15日には訓令第八号および「学校教育における宗教教育の取扱法改正に関する件」という通達を発表している。その中で、明治32年の「文部省訓令第十二号」以来法令の定めによって学校における宗教教育および儀式の実施を禁じてきた方針を全面的に改めることになった。これによって生徒の信教の自由を妨害することなく、生徒の心身に負担を強いるような形での方法を避け、「特定の宗派教派等の教育を施し、または儀式を行う旨学則に明示」することが求められた。これによって「課程外において」という条件が付きながらも、キリスト教主義学校の特色を十二分に発揮し得る社会的な条件が46年ぶりに回復したのであった。

外国人宣教師の再赴任

このような社会的背景の中で学院内においても、キリスト教主義教育の特色を打ち出し、キリスト教による人格教育の徹底のために宗教・英語・国際事情などを担当する教員として宣教師を積極的に学院に迎えるべきことが、GHQ、文部省、日本基督教団などの意向を受けて提案された。

※ アウターブリッジ理事長　1953年商学部卒業アルバム

1945（昭和20）年10月27日の常務理事会では、曾木銀次郎からキリスト教活動復興に関して、学院に宗教主事を置き、学部礼拝を復興すること、宗教部を強化し学生会の中心としたいとの提案があり、具体的な検討が始められた。

さらに、アメリカ・メソヂスト監督教会のA.J.ムーア監督に手紙を送り、学院の戦時中の状況および戦後においてもキリスト教主義を堅持していく方針であることを報告し、そのために学院は積極的な方策を採用し、アメリカ研究所・農科・医科・食品研究所・病院などを設立する希望を持っていることを伝えている。

また、宣教師の復帰についてもムーア監督やカナダのベーツ前院長を通じて然るべき人物の派遣の可能性が打診された。他方、12名の宣教師をGHQおよび文部省を通じて希望し、その後の折衝を通じて、1946（昭和21）年にはJ.B.カップ夫妻、1947（昭和22）年にはH.W.アウターブリッジ、A.P.マッケンジー、R.スミス、E.M.クラーク、W.H.H.ノルマンなどの宣教師が学院に赴任している。

6・3・3・4年制の実施

GHQによる日本の教育への指針を決定するための重要な役割を果たしたのは、1946年3月に日本に派遣された米国教育使節団であった。この使節団に対する日本側からの情報提供および調査協力のための日本側教育委員会が構成された。

この教育使節団は、3月5日に来日、4月1日に離日、同7日には、マッカーサー司令官の声明を付して、報告書が公表されるという過密スケジュールであった。その報告書の内容は、日本の教育全般に及び、その中で注目を集めたのは、日本の国語改革におけるローマ字の導入提案や、教育現場における教育勅語等の扱いについてだった。勅語勅諭を儀式に用い御真影に敬礼させることは、生徒の思想や感情を統制する強力な方法であって、国家主義の目的に沿うものであった点を指摘し、それらの要素を教育現場から排除することを求めた。また、6・3・3・4年制、学校教育制度の導入を提唱し、生徒の個人差を認識し、可能性の発達を重視する民主主義的教育の教授法を紹介した。さらに、高等教育では専門教育偏重を打破し一般教育を重視すること、公立私立間の学校格差の是正などを求めた。この使節団とその報告書が日本の戦後教育の方向性を確定するものとなっていった。

米国教育使節団帰米後、1946年8月、使節団に協力した日本側教育家によって構成される教育刷新委員会が組織され、報告書内容の実施のための検討を重ねた。その報告書の内容であった民主主義的教育体制を実現するための諸施策は新しい日本国憲法にある、能力に応じて等しく教育を受ける権利を根底に置く「教育基本法」の制定、さらには1947年3月31日に公布された「学校教育法」という形で実施された。

新しい学制は、小中学校は1947年度から、高等学校と大学は、1948（昭和23）年度から実施されることとなった。

3 学院民主化への動き

神崎院長体制への批判と民主化（戦中）

　神崎院長に権限が集中することへの批判は、戦時中にもみられた。事の起こりは、神戸の一部の同窓生が学内教授と語らい、神崎院長の親米的発言を取り上げ、「反省善処をしない限り司直の手を煩わす」と談判したことであった。しかし、神崎院長が取り合わなかったことから、これを神戸憲兵分隊に申し出た結果、1943（昭和18）年7月分の『特高月報』に記録されることになったが、憲兵隊や特高（特別高等警察）が関与した模様はなく、排斥運動は不発に終わった。キリスト教という「敵性」宗教を理由に、神崎院長を追い落とそうという動きであったとみられる。神崎院長個人への批判であれ、権限を集中していた神崎院長体制への批判であれ、これは戦後に起こる神崎院長批判への伏線となった。

神崎院長体制への批判と民主化（戦後）

　終戦によって、日本全体は「民主化」という大波にさらされることになった。学院も例外ではなかったが、元来、自由な気風を尊重してきたキリスト教主義学校として、学内の民主化の動きは活発化していった。

　戦時下には、報国団に改組されていた学生会は、報国団が解散されると、すぐに再結成され、1945年12月7日に学生大会が開催された。大会では、主として院長が他に兼職しないことを主張した決議文が院長に提出された。常務理事会が対応したものの、納得のいく回答がないとした学生会は、次回の学生大会を流会とし、その直後に院長退陣の嘆願書を提出した。

　こうした対応を経て、1946年1月19日の臨時理事会記録に見られる結末となった。

　神崎院長より辞表提出。長時間の議論が必要との曾木議長の判断から理事会を懇談会として議論し、辞表に対してこれを受理し、改めて新機構から神崎院長を選任した。但し、学長と専門学校長については、後任が選任されるまでは継続のこととした。神崎院長は、再任を受けるか否か考慮したうえで返答したいとの発言があったが、この場での決断を求められ、神崎院長は再任を受け入れた。

　次回の1月30日の理事会において、再任された神崎院長から、学長事務取扱に古武弥四郎理事、学監の職と政経科長と専門学校長を原田脩一教授、文学専門部長に寿岳文章教授が推薦され、承認された。

教職員組合の結成

　学生側と並んで教職員からの民主化要求の核となったのは、教職員組合だった。1945年12月に労働組合法が公布され、翌年3月から施行された。学院では1946年10月頃から、教職員が大学、予科、高等商業学部、理工専門部、文学専門部、中学部と順次、待遇改善の要求を学院に申し出ていたが、これらの総意を結集する形で、同年12月12日、組合結成大会を開催、同月25日の組合総会で、労働組合法に基づく組合を結成することが決められた。組合長には、小宮孝経済学部教授が選出された。

　経済状況が悪化する時期に学院との交渉の正式な窓口として、教職員がその必要性を認めた結果での組合結成であった。

　組合総会直後の27日には理事会に労働協約締結の申し入れがなされ、1947年9月26日の組合総会で協約

◇ 院長公選、交代式　神崎院長から今田院長へ

第五章　新制大学の設立と商学部の開設、1951年

が受け入れられ、理事会と組合との正常な関係がスタートした。

組合長として学院教職員の総意をまとめ、リーダーシップを発揮した小宮孝は、キリスト教主義学校の在り方を自覚して、学院にふさわしい組合結成を目指していた。さらに小宮は、1950（昭和25）年には、キリスト教主義学校にふさわしい信徒活動のために設立された宗教活動委員会の委員長に就任し、後に学院全体をリードする素地を築いた。

神崎院長の退任

学院民主化は、制度的には、神崎院長退任時の院長公選制に始まるが、具体的な表れとして、役職者公選制度の実施がある。1946（昭和21）年2月28日の常務理事会記録には、「（大学全体の）大学教授会にて各学部長を選挙」として、今田恵文学部長、石本雅男法学部長、池内信行経済学部長の3氏の氏名が挙がり、「常務理事会において承認」と記録されている。しかし、1年後の1947（昭和22）年4月に開催された臨時理事会の記録には「各学部教授会互選に基き各学部長候補を挙げ学長より院長に推薦」とされている。この1年の間に、学部長選任の手続きが大学全体の教授会から各学部教授会に移行し、今日のものとほぼ変わらない形で行われるようになったことがわかる。制度的には確立した形をとらないものの、実質的には神崎院長時代から公選制への道を歩みつつあったのである。

神崎は、関西学院の経営に参画するためにアメリカから帰国し、1921（大正10）年、高等商業学部開設時に学部長に就任し、上ケ原移転、大学の開設という大事業を、ベーツ院長をサポートし成し遂げた。また宣教師全員帰国後の困難な学院経営を一手に担ってきた経歴は、キリスト教界はもとより、文部省や私学関係者、政界、官界、財界などの広い人的ネットワークに支えられていた。戦争中の指導者が、戦後はその立場を失った中で、学内の批判はあるものの、関西における私学のリーダーとして活動することになったのも当然といえる。

神崎院長は、戦後の学院内の整備、新学制度移行への対応、新時代への計画立案実行などのために、理事会内に次々と委員会を作って問題の対処に当たっていた。56歳から激動期の10年間、院長を務めた神崎驥一は、65歳の定年を迎える直前の1949（昭和24）年7月14日に辞表を提出、9月24日の臨時理事会で受理されたが、公選制の次期院長が選出されるまで院長職にとどまり、次期院長選出を見届け退任した。

「民主化」の波が押し寄せ「ワンマン独裁体制」といった批判によって、一つ間違えば、教職員、学生、同窓を巻き込んだ学内紛争も懸念される中、神崎は巧みな舵取りを行い、民主化された学院を残して去ったのであると、『百年史』は評価している。学院を去った神崎驥一は、帝塚山学院院長として教育事業に関わり続けた。

院長公選制で今田院長就任

神崎院長が退任した1949年度は、学院創設60周年であり、新制の中学部を開設して3年目、新制の高等部と新制の大学に移行して2年目であり、次年度に専門学校の短期大学への改編や新制大学院の開設を目前にした時期だった。神崎院長の退任が決まり、学院民主化のシンボルでもあった院長公

※ 今田恵院長　1953年商学部卒業アルバム

選制の具体案が検討されていた時期に、神崎院長は最後の仕事として60周年記念事業に当たった。

院長公選制は、当時の財団法人の規定に基づいてなされるものであったが、法人組織が学校法人へと移行されることが確定し、1950年1月には理事会において寄附行為の確定も終えており、その過程で院長公選制の規定も定まり、公選制実施準備は整っていた。

院長は、「福音主義の基督教信者でなければならない」とし、理事、評議員、教職員の有資格者の4分の3以上が投票し、その過半数を得た者を当選者とすると決められた。候補者は3名以上を詮衡（せんこう）委員会が選出しなければならないとされた。その任期は4年であった。

1950年2月1日、院長選挙が行われ、今田恵、河辺満甕、H. W. アウターブリッジの候補者から今田恵文学部長が選出された。

院長選挙をモデルにして、学長選挙規定も検討され、1951（昭和26）年4月、大石兵太郎法学部長が、アウターブリッジ学長に代わって学長に就任した。

学校法人関西学院の設立

　GHQ の統制の下、公的な過剰な介入を牽制する私学側と文部省側の関係について、先述の教育刷新委員会で討議がなされ、1949 年 12 月 15 日「私立学校法」が成立、翌年 3 月 15 日に施行された。「私学の自主性の確立、公共性の保持、私学への国と地方自治体の助成三つが柱となり、その他は私立学校の自主性に任せる」というのが、法の趣旨であった。この「私立学校法」によって、私立学校の設置者は「学校法人」となった。「学校法人」は民法に定める私法人であり、公益法人である財団法人の特別法人と位置付けられている。

　財団法人関西学院は、すでに理事会で「学校法人」としての寄附行為と細則の学内審議を終えており、1950 年 12 月 7 日の理事会で正式に決定し、この議事録を添えて同年 12 月 28 日付で文部大臣に、組織変更認可申請書を提出し、翌年 2 月 24 日に認可された。

4 専門学校と短期大学

旧専門学校の復帰

　戦前の学院では、大学設立後も、在学生の大半は専門部生であった。この状況は、終戦後もしばらく続いた。

　専門学校政経科は、1944（昭和 19）年に旧文学部を包摂する形で旧高等商業学校を改組し、経済科、東亜科、法政科を設けたものであるが、終戦後、旧学部への復帰の声が高まった。学部の名称も元の高等商業学部に戻り、新たに文学専門部を復興させることになった。

　専門学校長には、院長を補佐する学監に就任した原田脩一経済学部教授が兼任した。理事会は、当初、高等商業学部長は、新任者をと考えていたが早急には適任者が見つからず、当面、政経科長であった原田を兼任として、新体制をスタートさせた。その後、1947 年度始めには、役職公選制が取り入れられ、加藤秀次郎が就任した。加藤は、その後、短期大学商科長、さらには短期大学長となって、関西学院専門学校教育の伝統を担う中心となっていく。

　戦後の専門学校教育は、再建が十分されないままに、戦後の学制改革を前に、急速な変化を迫られ、高等商業学部の在り方も揺れ動いた。

戦後の高等商業学部

　新制大学出発の 1948（昭和 23）年 4 月には、戦後最初に入学した 1946 年度生が、そのまま高等商業学部 3 年生になるか、新制大学の 2 年生に編入するか、1947 年度生は、高等商業学部 2 年生か新制大学 1 年生に編入するかの選択をすることとなった。その結果、合計 162 名の在学生が新制大学へ編入し、高等商業学部 3 年生に 147 名、2 年生に 111 名が残ることを選択した。

　当初は、新制大学のスタートとともに、高等商業学部の新入生募集を停止する予定であったが、ジュニア・カレッジという制度での継続が最終的に決定した。当時はまだ短期大学という名称がなかったのである。廃止予定から、急遽、変更されて将来のジュニア・カレッジへの移行を前提に入学生募集を決めたのは、当時の神崎院長の主張と見通しによったものであった。そして、学院は 1950 年度に短期大学を発足させ、専門学校を廃止する手続きに入った。

　高等商業学部が幕を閉じた 1951 年 3 月は、高等学部商科を開設した 1912（明治 45）年から 40 年目を迎えた。高

※ 短期大学教員　1952 年短期大学商科卒業アルバム

第五章　新制大学の設立と商学部の開設、1951年

等商業学部最後の年度は、40周年記念の年に当たっていたため、高等商業学部最後の1950（昭和25）年度には、高等商業学部講堂において記念行事を行うとともに『関西学院高等商業学部論叢』創設四十周年記念特別号を発刊し、高等商業学部の終幕を飾った。

関西学院短期大学商科

短期大学が発足した1950年度の要綱の中で「複雑化していく社会生活、経済機構の要請に応へて4年制大学と高等学校との中間を目指して、いわゆるセミ・プロフェッショナル教育を授くるのがジュニア・カレッジの使命である」と記している。短期大学商科の教育の特色は、実務家として商科学生に会社、銀行、商店、工場などにおける経営面ならびに経理面の実際的知識と技術を習得させることと、英語の実用的知識を習得させることであった。

短期大学の教員構成は、短期大学長を今田恵院長が兼任し、商科長に加藤秀次郎元高等商業学部長、応用化学科長に中田秀雄元理工専門部長が就任し、英文科長は加藤商科長の兼任となった。各科に教務課・学生課主任を置き、教授15名、助教授9名、専任講師10名、嘱託講師24名の体制でスタートした。

商科・英文科については、当初、順調な歩みが展開されたが、応用化学科は、1950年9月のジェーン台風により応用化学科校舎が倒壊し、襲来日が日曜日であったため人的被害は免れたものの、同学科の廃止が決定された。

商科・英文科についても、やがて、4年制大学の増加、充実に伴い、卒業生の実社会への進出が盛んになるにつれ、短期大学卒業後の進路選択の幅が狭められる状況が生じた。関西学院でも短期大学生は、2年課程終了後、大学の3年度への編入学が許されたこともあって、特に男子学生の場合、大学への編入を希望する者が主流となっていった。この結果、短期大学の特色は薄れていき、独自の存在理由と目的は曖昧になって行った。

こうして、1954（昭和29）年、短期大学の将来への検討作業が開始され、短期大学廃止の方針が出され、1956（昭和31）年度から学生募集を停止した。こうして、1957（昭和32）年3月、短期大学は最後の学生を送り出し、開設からわずか8年にして閉鎖された。

※ 短期大学チャペル　1952年短期大学商科卒業アルバム

5 新制大学の設立と商学部の開設、1951年

※ 青木倫太郎初代学部長　1953年商学部卒業アルバム

新制大学設置の経過

　旧制大学商経学部は、1946（昭和21）年4月から経済学部に改称して再建の第一歩を踏み出した。1947（昭和22）年10月9日に開催された臨時理事会では、文部省が新しい学制による大学設置を予定していることから、新制度での関西学院大学を文学部、法学部、経済学部、商学部の4学部として申請することが決定された。そこで、未申請のままであった旧制大学3学部（文学部、法学部、経済学部）の設置認可申請案を、商学部を加えた4学部案に修正し、12月15日文部省に提出し、翌年の1948（昭和23）年1月20日に文部大臣より認可された。これは、新制大学を4学部でスタートさせるための準備の意味を持つものであった。関西学院は、新制大学を1948年4月に開校する方針を決め、具体策を進めていた。

　ところが、文部省の方針は、学校教育法と大学基準に基づく新制大学は、一斉に1949（昭和24）年に発足させるというものであった。

　同志社大学、立命館大学、関西大学、関西学院大学は、1947年から「関西四大学学長懇談会」を開催し、情報や意見を交換し、変動期を乗り切ろうとした。4大学はいずれも1948年度に新制大学を設立する方針を決めた。大学設置認可委員会のメンバーであった神崎院長は、CIE（民間情報教育局）のアドバイザーのL.ホームズ（戦前に神戸女学院の交換教授）に陳情し、高等教育顧問W.C.イールズにこの方針を伝えた。GHQとCIEは、新制私立大学を1948年度から発足させるように文部省に働きかけ、関西の上記4大学を含む12大学が1948年度に新制大学開設を認可された。事態は急展開を示した。

　関西学院大学は、1948年3月25日付で、新制大学として認可された。ただし、認可されたのは、文学部、法学部、経済学部であった。1948年1月20日に旧制4学部設置が認可されているが、新制大学設置認可申請書には商学部は1949年に開設するとしていたため、1948年には3学部での認可となった。

1948年、新制大学スタート

　1948年の新制大学の発足に際し、池内信行経済学部長は、あらためて新制大学の学部長として認められ、その後、成立した教授会において正式に承認された。経済学部の人事については、大学基準協会が定めた教授・助教授・講師の資格基準に基づいて選考が行われ、全員が認められ、旧制大学の教授陣がそのまま新制大学に移行した。それらに加えて、学監および専門学校長就任で学部を離れていた原田脩一教授が復帰し、大阪商科大学からは堀経夫教授が専任教授として加わった。

1951年、商学部の開設

　新制大学への移行に際しては、先述の通り経済学部と商学部の2学部とする構想が理事会で決定されていた。

　元来、学院における商業教育と研究の歴史は高等学部商科に始まり、高等商業学部に引き継がれ、学院の高等教育の中核を成していたのである。旧制大学の商経学部は、この伝統から商業学科と経済学科に分かれたが、専攻学生は商業学科が多かった。戦後、大学が

第五章　新制大学の設立と商学部の開設、1951年

※1953年卒業アルバム編集委員会

再興されたとき、経済学部と改称したことを受けて、新制大学において、まず経済学部として出発したのである。商学部開設については、経済学部内で新制大学発足時から真剣に話し合われ、その独立の促進を図ることが確認されている。

しかし、商学部の分離・独立は、当初計画の1949（昭和24）年には実現しなかった。経済学部長に小宮孝が就任した1950（昭和25）年から商学部の分離独立問題が教授会で検討され、4月15日の大学評議会において、経済学部から商学部の分離独立の計画書が承認され、商学部開設研究委員会が設置され、8名が選ばれた。その後、小宮、原田両教授が文部省で打ち合わせを行い、教授陣に関しては最小限専任教授5名、兼任教授5名、専任助教授3名を必要とすること、申請書は9月末までに文部省に提出することが確認された。

こうして、神崎驥一理事長名で天野貞祐文部大臣に開設が申請され、1951（昭和26）年1月31日に認可され、4月1日から商学部が開設されることになった。新制学部の初代商学部長には、学院の商科出身の青木倫太郎教授が選ばれた。

新制商学部の教員人事

商学部開設に当たり、教授陣のうち経済学部から、池内信行、青木倫太郎、ロイ・スミス、原田脩一、小泉貞三の5教授、小島男佐夫、増谷裕久の2助教授、佐藤明専任講師、和田繁、高井真、三浦信の3助手が商学部へ転じ、堀経夫、田村市郎、A.P.マッケンジーの3教授が兼任教授となった。さらに、短期大学商科の小寺敬一、奥田勲の2教授も兼任教授、元大阪商科大学の椎名幾三郎教授を新任教授に委嘱することになった。

※1953年商学部卒業アルバム

当初案では、教員にキリスト者がいないこととなるため、本来は、経済学部にとどまる予定だった原田脩一教授が商学部に移ることになった。

Out of the War 5

学生定員の調整

商学部開設にあたり、学生数は以下のように決定された。3年生は全員を経済学部の所属とすること、1、2年生は各々150名を限度として商学部に移し、定員に対する不足については編入学を行うこと、新1年生については、商学部・経済学部ともに約200名を入学させることとした。これにより、経済学部の2年修了者283名中126名、1年修了者325名中74名が商学部に転じ、408名が経済学部に残ることになった。これに1951年度、新編入学生を加え、1951年4月の商学部在籍者数は、3年生227名、2年生164名、1年生304名、合計695名となった。

経済原論 4	統計学 4	財政学 4
一般経済史 4	金融論 4	監査論 2
会計学 4	原価計算 4	経営学 4
経営統計学 4	商業経営論 4	工業経営論 4
労働問題 4	労務管理 4	貿易論 4
銀行論 4	保険論 4	生命保険論 2
損害保険論 2	貿易実務 4	配給論 4
経済地理 4	商業史 4	産業心理学 4
交通論 4	倉庫論 4	商品学 4
簿記学Ⅰ 4	簿記学Ⅱ 4	商業数学 4
商業英語 4	英語購読 4	商業概論 4
経営分析 2	経営法 4	米国経済事情 4
海運論 4	租税論 4	研究演習 4
陸運論 4		

カリキュラム

新設の商学部における専門科目は左の表の通りであり、このうち卒業に必要な履修単位数は、21科目84単位以上であった。上記のカリキュラムに加えて、商学部では開設以来、キリスト教の礼拝と授業をそれぞれ教育上の根幹とする方針を堅持し、とくに礼拝への出席を重視して新入学生には出席を強く要請してきた。その結果、毎回のチャペルでは、学生が満ち溢れることとなった。

『商学論究』の復刊

商学部では、学部開設を社会に広報し後世への記念とするため、各種の記念行事を行った。1951年5月8日、学術講演を学内で、11月初旬より12月中旬まで大阪、京都、神戸、姫路、名古屋で学術講演会を開催した。

また、論文17編を掲載する『商学論究』の復刊第1号を12月に発行した。

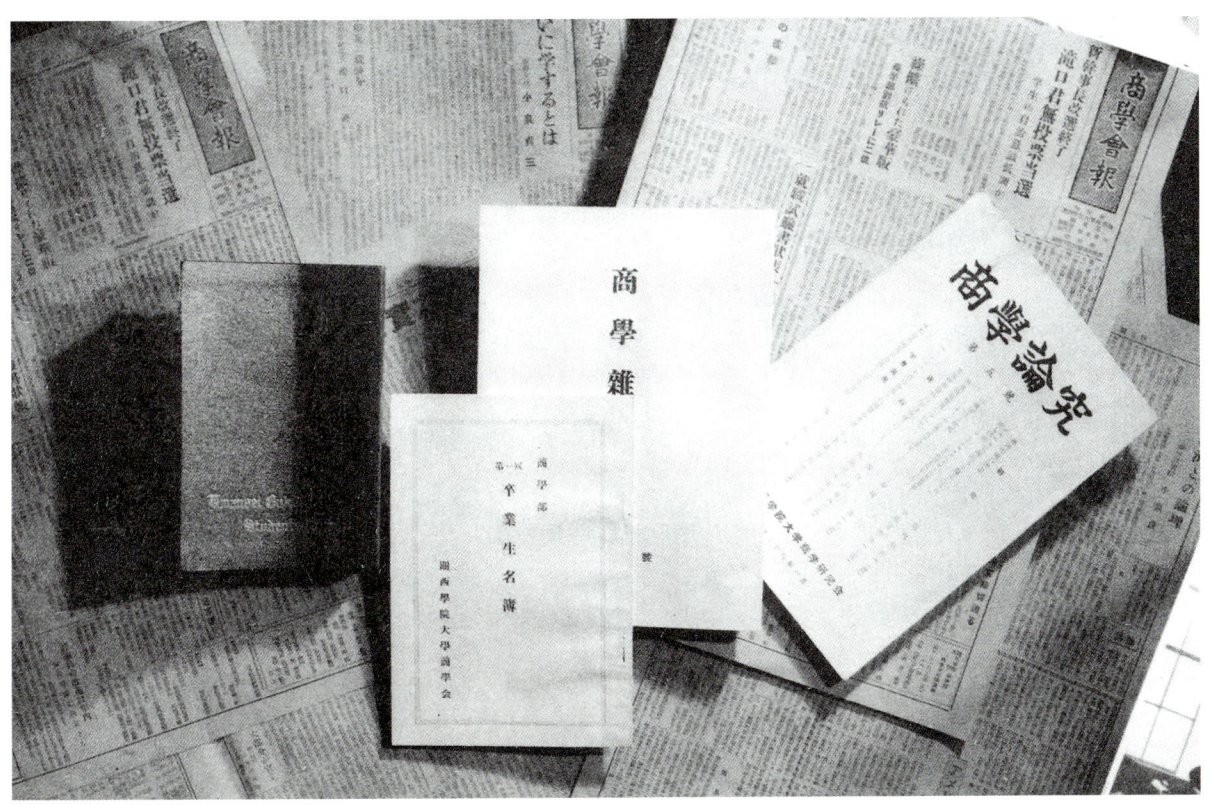

※「商学論究」等、復刊　1954年商学部卒業アルバム

第五章　新制大学の設立と商学部の開設、1951年

6 創立70周年記念式典

ランバス記念礼拝堂献堂式とベーツ元院長来学

　1959（昭和29）年、関西学院は創立70周年を迎えた。これを機に宗教活動の充実と創立者W.R.ランバスの精神を記念するため、ランバス・メモリアル・チャペルの建設が計画された。正門の右手、学院本部の向かい側に鉄筋コンクリート造り、屋根瓦葺、平屋建て、延床面積197㎡、150席の座席とランバス博士をしのぶ陳列室を備えたものであった。1959年4月9日起工式が、同年11月1日、ベーツ元院長をカナダから迎え、アメリカ・メソヂスト教会のA.J.ムーア監督の司式のもとに献堂式が執り行われた。

　およそ20年ぶりに学院を訪問され、82歳となられたベーツ先生は、中央講堂を埋め尽くした教職員、学生に対し、"School with mission"「使命をもつ教育共同体」として自信を持って前進してほしいという主旨の熱意あふれる講演をされ、大学より名誉博士第一号が贈られた。

　当時、神学部の大学院生だった山内一郎元院長・理事長は、ベーツ先生の中央講堂での講演に参加し、「はじめてベーツ先生の謦咳に接し、忘れ得ぬ深い感動を覚えた」と記している（『関西学院フロンティア21』Vol.4）。

◇ ランバス記念チャペル竣工　1959年

※ ベーツ元院長と聖歌隊記念写真　1959年11月1日

※ 創立70周年記念式典正門　1960年商学部卒業アルバム

創立70周年毎日新聞報道

Column V

Out of the War 5

池内信行と青木倫太郎

池内信行教授と青木倫太郎教授は、関西学院高等商業学部および商学部の育ての親として知られている。

〈池内信行 ― 経営経済学〉

■記録に残る池内先生の最初の姿は、原田の森から上ケ原への移転直前の1928（昭和3）年高等商業学部の卒業アルバムにある。池内教授はドイツ語と池内ゼミの担当として写真が残っている。

池内信行教授の授業を直接聞いたのは、現役の教員では、則定隆男教授である。商学部を定年後も、池内教授は、経済学部で非常勤講師を続けられた。「池内先生は、当時、70歳近いお年だったと思いますが、ブルーのYシャツを着ておられたり、とてもオシャレな先生でした。兵庫県姫路市の出身で、哲学者の三木清と同級生で三木清の思い出話をされたり、（のちの院長・学長の）小寺武四郎教授や、小島男佐夫教授のことを、自分の教え子なので『小寺くん、小島くん』と呼んでおられたのが印象的でした」と語った。また、昭和33年の池内ゼミ卒業生の早川正博氏は、「池内先生と青木先生は商学部の双璧であり、池内のアカデミズム、青木のプラグマティズムと言ってました。ゼミ生の発表を個別に指導してくれました。「ミネルヴァの梟は黄昏に飛ぶ」という言葉をよく話されていました。三木清の『読書遍歴』のなかに語学の秀才として紹介されています」と思い出を語る。池内教授の人柄を偲ばせる資料は、大阪経済大学編『経営経済学の基調』（森山書店1974年）に小島男佐夫教授が寄稿された『池内信行先生の思い出』である。池内先生の研究姿勢と人柄がわかる部分を要約する。

※ 池内信行名誉教授
1965年商学部卒業アルバム

※ 独逸語クラス　1928年高等商業学部卒業アルバム

「戦争の何たるかは戦争をした者にしてわかり、恋愛の何たるかは恋愛した者にして初めてわかる」

昭和9年の池内教授担当経営経済学の講義は、この名文句で始まった。昭和9年は、関西学院が大学に昇格した最初の年である。これは池内先生が従来の関西学院高等商業学校教授から大学教授に昇格された年の、いいかえると大学教授として、最初の講義の冒頭を飾る言葉であった。何よりも体験を重んじ、主体性を高調された先生のものの考え方をあらわす、最も端的な言葉である。痩身を机の上に乗りだし、天井の一方を遠く眺め上げつつ、時には机にもたれて、額に手をあてながら、淡々と説き続けられる力強い講義は、我々学生をいつも引きつけ、人気の的であった。

「カントは41歳で大学教授になったというが、私も同じ年令になった」とよく言っておられたが、先生の学者としての自負心を洩らされたのであろう。それだけ学問に対しては峻厳であった。私が大学3年生の終わりに、研究者としての生活に入りたいとの希望を述べた時、先生は「なぜ、学究生活に入りたいのか」と問われた。それに対して「学問が好きですから」と答えた。「好きなだけで学問ができるか。好きであれば嫌いになる」としかられた。今日になって始めて、好き嫌いを超越して、学問をすることが私自身の生活そのものにならなければ、本当の研究者生活ではないということがわかるようになり、先生の御言葉を今更の如くに思い出している。

先生が一生独身で過ごされたことは周知のことで、先生と女性の問題は、多くの人々の関心の的であった。それだけに、独身の理由として色々のことが推測され、或いは種々のロマンスが噂されているが、それらは何れも正しいものではない。先生自身のお話では、独逸留学中の心やさしい独逸婦人とのロマンスが心深く刻みこまれ、その恋人の昇天が先生を一生独身で過さしめたのである。

池内先生は学問としての経営経済学を建設することに心血を注がれた。その過程で東大の馬場敬治教授と経営学の基本理念をめぐって論争を展開した。また、経営経済学の建設のためには経営経済学史の研究が不可欠であることを強調され、名著『経営経済学史』を世に問われた。池内教授の学問は、吉田和夫教授、深山明教授、海道ノブチカ教授によって連綿と受け継がれている。

池内先生は学生の体育会活動にも理解を示され、初代の体育会長として多大な貢献をされた。その功績を讃えて「池内杯」がもうけられ、11月の覇業交歓の際に優秀な成績を残したクラブに授与されている。

池内教授は、1972（昭和47）年に亡くなられ、残された遺産は池内記念館の建設に使われた。

第五章　新制大学の設立と商学部の開設、1951年

池内信行と青木倫太郎

〈青木倫太郎 — 管理会計〉

■滋賀県栗東市出身で、家業が織物工場を経営していた青木倫太郎は、天王寺商業高校から関西学院高等商業学部に進んだ。関西学院高等商業学部を卒業した後、アメリカに留学し、南メソヂスト大学商学部を卒業、ミシガン大学大学院経営研究科修了し、コロンビア大学大学院商学研究科を卒業。1928（昭和3）年、高等商業学部教授に就任、会計学を担当した。コロンビア大学商学研究科では、ベータ・ガンマ・シグマ（BGS）という、The National Honorory Fraternity of American School of Commerce and Finance 全米の一流大学商学部の優秀学生を表彰する機関から、コロンビア大学からの申請によって認可され、「キー」と呼ばれる氏名と大学名が刻まれた金メダルが授与された。『青門』（青木ゼミのOB会が青門会と呼ばれ、青木先生の還暦祝い出版物も同じ名前となった）に青木先生自身が記した文章には「コロンビア大学では『生命を賭して頑張る』つもりであり、及ばずながらこの下手な語学力で懸命に勉めました。私は『日本の一人の青年が世界一のニューヨークに来て、しかもコロンビア大学で勉強し過ぎて死んだ』といわれたら、自分も生まれてきた甲斐はあった。思い残すことはない。とよく思っていました」と書かれている。

※ 高等商業学部時代　1924年　高等商業学部卒業アルバム

留学から帰国後、関西学院高等商業学部の教壇に立つ前に、一ケ間、家業の守山市の織物工場に通い、原価計算の実践の場として、毎月の原価計算と損益計算ができる制度を作っている。

高等商業学部では、青木教授は、自分の恩師に代わって3年生の会計学と、小寺敬一先生に代わって、2年生の英文簿記を担当した。その後、マネジメント・アカウンティングを「管理会計」と訳し、『管理会計』を東洋出版会から1936（昭和11）年に出版した。青木教授の研究者としての特徴は、現在は、財務会計、管理会計、監査論と三つの分野に分かれている会計の3分野を、当時の最高レベルですべてマスターしていた点である。現在、商学部では、財務会計は平松教授、管理会計は小菅教授、監査論は林隆敏教授が引き継いでいる。

平松一夫教授は、高等部生の時、学部を選択するにあたって、高等部の先生方から、商学部には青木倫太郎先生という偉い先生がいると聞かされ、高等部時代の文集に「将来は会計学の関学の教員になる」と書き、商学部に進むことを選んだという。平松教授は、商学部に進んでから「池内先生のアカデミズム、青木先生のガンバリズム」と学部内部でも、他の学部の先生からも、二人の先生が商学部の誇る2枚看板だと聞かされた。青木教授の授業は、高等部で聞いた以上の迫力あるものだったという。その中身は、二つのことを熱弁するものであった。一つは、関学時代と留学時代の自分の勉強ぶりを熱く語るものであり、もう一つは、公認会計士と学者としての自身の理論と実践という二つの面を大いに強調して語ったものであったという。学者として学会などで活躍しただけでなく、公認会計士としても活躍し、アメリカ会計では「東の太田、西の青木」と日本会計研究学会の会長、一橋大学の太田哲三教授と並び称された。

2013（平成25）年で50周年を迎えた大阪商工会議所内の大阪簿記会計学協会は、大阪商工会議所が主催する簿記検定試験の問題作成や試験監督などの手伝いをするため、商業高校の教員、税理士、会計士、大学の教員など約500名で組織されている。その初代理事長が、青木倫太郎教授で、以後、増谷裕久、石田三郎、平松一夫と関学の教員が理事長を引き継いでいる。

青木教授は、およそ1,500名のゼミ生を育て、会計学者も、多くの会計士・税理士も育てたが、その中にはシャープの辻晴雄氏など、実業界で活躍するゼミOBも多い。先生から薫陶を受けた教え子の一人である野村哲夫氏（昭和33年卒）は、「先生はアメリカ会計学の動向はもちろん俳句など話題が多彩で豊富で楽しかった。夏合宿に高野山の福智院に行ったことも忘れられない。『春風や闘志いだいて丘に立つ』などの虚子の俳句が毎回出てきた。当時は学部長で卓球部の顧問もされていました。それでもゼミ生一人一人の就職の指導もされていました」と述べている。青木教授の3人のご子息も青木ゼミ生で、三男の喜久郎氏が現在も青門会の事務局長を務めている。青門会は、1995（平成7）年11月には、740万円相当のパソコンを商学部の研究充実のために寄贈している。D号館の教室には、青木倫太郎教授の肖像画が掲げられている。

※ 定年前年の青木倫太郎教授　1969年商学部卒業アルバム

第六章 大学紛争前後の商学部 1963～1970

年	月日	事項	月日	一般事項
1963（昭和38）年	6.28	関西学院後援父兄会を、関西学院父兄会と改称	11.22	J.F.ケネディ米大統領暗殺
	12.10-11	学費問題で文、社会、法学部授業スト。経済、神学部、授業辞退		
1964（昭和39）年	6.11	北沢敬二郎、理事長に就任	8.21	文部省、教育白書『わが国の高等教育』
	10.30	関西学院大学教員組合結成	8.31	文部省、大学拡充整備計画決定
	11.5	関西学院高中教員組合結成	10.1	東海道新幹線開業
	11.24	関西学院職員組合結成	10.10-24	東京オリンピック
1965（昭和40）年	4.1	古武弥正、学長就任		
1966（昭和41）年	4.1	商学部長に笹森四郎が就任	2.10	早大全学共闘会議、大学本部占拠
	4.1	関西4大学（関西学院、関西、立命館、同志社）で大学院交流研究生制度開始	5.—	中国文化大革命始まる
	6.18	父兄会代議員会で父兄会費値上げを決定	7.27	私立大学問題懇談会意見書提出
	11.19	父兄会費値上げ撤回		
	12.7	臨時理事会で薬学部設置案を撤回		
1967（昭和42）年	7.13	加藤秀次郎、理事長に就任	3.26	「第二次大戦における日本基督教団の責任についての告白」、日本基督教団議長名で発表
	10.27	全学連絡会議（学院本部、大学、学生会各代表）		
	10.31	全学学費対策委員会を全学共闘会議（全共闘）に改名	9.20	日本学術振興会発足。産学共同強化
	12.5	加藤秀次郎理事長、11月30日の要請書に拒否回答		
	12.7	臨時理事会で学費改訂案可決		
	12.16	全学共闘会議、第5別館封鎖		
	12.18-19	文学部、商学部、社会学部ストライキ		
1968（昭和43）年	1.11、16	理事代表、学生と会見（財政事情と教学方針について）	1.29	東大紛争の発端
	1.17	商学部ストライキ解除	2.12	警視庁、大学の要請なしでも構内立ち入り捜査可能を通達
	3.23	文・社会・法・商4学部教授会、ストライキの責任者の処分問題を審議し、26名の処分者を決定（退学11名、無期停学8名、停学7名）	—.—	全国111大学で紛争発生
	3.28	大学卒業式、全共闘、本部建物を封鎖占拠。兵庫県警に機動隊導入を要請		
	4.9	本部建物占拠に関して、学内5ケ所が強制捜査され、9名の学生を逮捕		
	9.11	商学部は3月23日の処分を解除		
	12.16	全学執行委員長、12月20日の大衆団交要求		
	12.19	加藤秀次郎理事長、大衆団交拒否回答		
1969（昭和44）年	1.7	全共闘、午後5時すぎ、第5別館封鎖	1.18	東大安田講堂の封鎖解除
	1.16	1月14日付にて、全執行委員長・全共闘議長より理事長宛交渉要請書	1.20	東大69年度入試中止決定
	1.16	大学より「学生諸君へ」（第5別館退去・封鎖解除について）配布	2.18	日大、機動隊を導入し全学の封鎖解除
	1.17	午前零時すぎ、全共闘学生約60名、学院本部封鎖	2.24	日経連、大学紛争の一因が偏向教育と主張
	1.24	中央芝生にて全学集会。全共闘学生約500名、一般学生約5000名参加。全共闘学生が大衆団交に切り替えることを要求し学院側退席	3.1	機動隊、京大の要請なしに構内駐留
	1.27	小宮孝院長、学長代理を兼任	4.21	文部省、大学長に警官の学内立入りの最終判断が警察にあると新通達
	1.28	神、文、商学部封鎖	5.9	国大協、中教審の大学紛争処理に関する答申・立法化指向に反対声明
	2.5	入試自主防衛のため、教職員150名泊まり込む		
	2.6	午前5時ごろ武装全共闘学生約250名、体育館襲撃。火炎瓶を投げ込む。機動隊が警備のために学内に入り構内で分散待機	5.29	全共闘を支持する大学教師200名、大学を告発する集会
	2.8	商学部入試	8.7	大学臨時措置法公布
	2.14	入試終了　午後10時すぎ機動隊引き揚げる。6-14日までの警官の負傷者377名	8.12	私学人件費の50％国庫助成を文部大臣に要望 次年度100億円計上を約束
	2.26-27	全学集会（第2グランドー中央講堂）		
	2.26	「関学の存廃をかけて、われわれは提案する」を配布	12.17	文部省、大学紛争白書発表（本年の紛争大学：国立62・公立15・私立47校。措置法施行後の機動隊導入41校）
	3.2	小宮孝院長、学長代理辞任		
	3.3	小宮孝、院長辞任		
	3.9	体育会、関学革新評議会、関学大学生協議会、関学を愛する有志会の4団体主催の抗議集会。約300名参加		
	3.15	大学卒業式中止決定		
	3.18	古武弥正、学長辞任		
	3.19	小寺武四郎、学長代行に就任		
	3.19	アンケートその1「廃校か否か」発送		
	3.22	特別調査企画委員会設置（コンビーナー・新浜邦夫）		
	4.1	商学部長に西治辰雄		
	4.19	商学部、1968年度学年末試験を「通信試験方式」で実施		
	4.28	『商学部通信』（1）を新入生に配布		
	4.30	商学部新入生オリエンテーション、関西汽船で瀬戸内洋上大学に出港		
	5.7	教職員集会で小寺武四郎学長代行から「関西学院大学改革に関する学長代行提案」の提示		
	5.24	小寺武四郎学長代行、院長代行に就任		
	6.9	改革結集集会（神戸市立王子公園陸上競技場）、参加学生約1万名。学長代行提案承認。正常化宣言支持		
	6.13	午前7時、機動隊約1900名、25の建物全部の封鎖解除		
	6.14	キャンパス解放集会（中央芝生）、約5000名が参加。教職員・学生によりバリケード撤去		
	6.16	西治辰雄、商学部長辞任		
	6.17	和田繁、商学部長事務取扱に就任		
	6.25	和田繁、商学部長事務取扱を辞任		
	6.25	佐藤明、商学部長に就任		
	7.17	加藤秀次郎、理事長ならびに理事を辞任		
	7.18	矢内正一、理事長に就任		
	8.3	68年度大学卒業式（中央芝生）。出席者2104名		
1970（昭和45）年	1.8	学長に小寺武四郎が就任		
	4.—	総合コース開講		

第六章　大学紛争前後の商学部

Student Movements 6

1 経済成長と高等教育の拡大

※ 自動車通学者が現れる　1965年商学部卒業アルバム

経済成長と学校教育の変貌

　1956（昭和31）年の『経済白書』では「日本経済の成長と近代化」と題して戦後の経済発展を強調し、「もはや戦後ではない」と結論づけられ、この言葉が流行した。神武景気、岩戸景気、いざなぎ景気と経済成長が実際に続き、日本は復興から成長の時代に入っていった。時代の流れを背景に1960（昭和35）年に打ち出された池田内閣の所得倍増計画などの高度経済成長政策によって、新しい産業構造に見合った質の高い労働力が求められることとなった。経済界は「産学協同」と「能力主義」の原則を掲げ、教育界に対して「能力」と「適性」に応じた教育への転換を求めてきた。

　教育界に求められた経済成長に必要な人材開発政策は科学技術系を中心に拡充されることになったが、具体的には工業高等専門学校の新設に加えて、理工系学部の定員増を実現することであった。

　関西学院も総合大学を目指す方針から、理系学部の新設が決定された。ただし、経営的な判断から、理系学部の設置のためには、文系の学生数が1万人（既設学部学生の総数は8,000名）を超えることが望ましいとされ、文学部の社会学科と社会事業学科を先行して分離独立させ、その後に理学部を設置することが最良の方法であるとの案が大学より理事会に提出され、承認された。その結果、1960年に社会学部が、1961（昭和36）年に理学部が設立された。

全国の進学率の上昇と学生数の増加

　4年制大学進学者数を比較すると1959（昭和34）年から1969（昭和44）年の10年間に15万5,000名から32万9,000名に増加し、その増加率は国立大学が134％であったのに対して、私立大学は250％に達した。4年制大学の在籍者数の増加を専攻別に比較すると、文系が257％、法経系が217％、教育系が132％に対して、理工系は317％におよび、

まさに経済界の要請が実現したといえる。

この時期の関西学院の動向は、自然科学を含む総合大学への志向や教育内容の充実を目的としていたが、それは全国的な大学大衆化の流れの中での大きなチャレンジであった。

関西学院大学では、1967（昭和42）年までにすべての研究科に博士課程が設けられ、研究者の養成を行いうる教育研究機関となっていった。1962（昭和37）年10月26日には、新学制による学位規定が定められた。

※ 商学部女子学生控室　1965年商学部卒業アルバム

※ 椎名幾三郎学部長　1958年商学部卒業アルバム

商学部においても、6年間にわたった青木倫太郎学部長時代から椎名幾三郎教授へと学部長も交代し、学生数の増加と大学の大衆化にも対応し、研究レベルの向上を諮ることが求められた。

産業研究所の変遷

1914（大正3）年4月、高等学部商科に「商業経済調査部」が設立された。これが産業研究所のはじまりだった。増井光蔵教授を主幹とし、図書館の職員らとともに新資料・統計書類など、200種類以上の目録作成が計画され、当時発行されていた新聞6種のスクラップが作られ、翌年、一般学生の閲覧が開始された。

1921（大正10）年に高等学部商科は高等商業学部となったが、1924（大正13）年、その高等商業学部内に「商業経済調査部」を母体に「調査部」が設立され、高商校舎地下の一室に置かれた。ここで田村市郎教授が2名の助手とともに研究活動を続けた。この「調査部」は上ケ原移転とともに図書館内に居を移し、田村の『我国の景気循環と景気指数』（1930年）が出版された。田村はこの著作により日本統計学会の中心メンバーとなり、経営統計学の草分け的存在となった。

1934（昭和9）年の商経学部開設に際して、高等商業学部「調査部」は、「産業研究所」と名称を変更し、商経学部に付置されることになった。所長は神崎驥一商経学部長が兼務し、研究員兼主任は田村だった。

その後、産業研究所は、第二次世界大戦中、国民生活科学研究所に吸収されていたが、1948（昭和23）年の同研究所閉鎖に伴い、1950（昭和25）年10月、大学付属の研究機関として田村を所長として再発足した。

学生の利用状況は、1953（昭和28）年度が4,000名であったが、1963（昭和38）年度には、12,000名に増加している。この増加の原因は、学生数の増加にもよる。とくに、資料の拡充により、卒業論文作成のために利用者の増加、商経学部の3・4年生が利用者の80％を占めたうえに、低学年生や文学部、法学部、社会学部の利用者が増えたことなどがあげられる。

産業研究所所蔵

◎ 産業研究所　2013年10月4日

第六章　大学紛争前後の商学部

※ 学生食堂「東京庵」1958年商学部卒業アルバム

学生会館の建設と生活協同組合設立

戦後の復興と経済成長に歩調を合わせて、キャンパスは賑わいを増していった。学生数の増加に従って、学生食堂は次第に混雑を極めるようになり、文化総部や体育会所属クラブの部室も不足していくようになった。1950年代半ばから学生食堂やクラブの部室拡充の要望が強く叫ばれるようになり、学生会館建設運動が広がっていった。

1958（昭和33）年6月12日の学生総会で、学生会館建設が決議された。この時、建設費の半額を学生が負担することが併せて決議された。学生会館の建設は、当時の学院の建設計画では後の順位に属していたが、8,000万円の建設資金のうち、4,000万円を学院に寄付するという学生の熱意と協力により、1958年9月18日の理事会は70周年事業の一環として学生会館の建設を決定した。体育館と同様にヴォーリズ建築事務所の設計で竹中工務店が工事を担当し、1959（昭和34）年4月16日起工、同年12月2日に竣工した。鉄筋コンクリート4階建て、一階には食堂とロビー、2階には舞台その他の付帯設備をもったホールが、3、4階には各クラブの部室が設けられた。

学生会館の建設を契機に、学生会は大学生および教職員を対象に生活協同組合を結成し、食堂の経営、文房具・書籍の販売、理髪店などの設置を計画した。1959年6月9日の学生総会で決議され、学院側の委員とも協議を進め、同年10月1日に生活協同組合の設立総会が成立、12月7日付で法人組合として設置が認可された。同月16日に、まず、食堂部門の営業が開始された。

原田の森時代にスタートした消費組合は、生活協同組合に吸収され、購買部として開設された。当時の消費組合の理事長は青木倫太郎商学部教授であり、新しく発足した生活協同組合の理事長も青木教授が務めることとなった。理事会は教職員と学生それぞれ11名の理事と一名の専務理事とで構成し、教職員と学生を組合員とした。

2 大学紛争の兆し

大学紛争の背景

学生増加に伴うマスプロ教育の結果、学費値上げをはじめ、学生寮、学生会館管理方法などの問題に端を発し、世界の大学では多くの問題が相次いで表面化した。政治への不信、社会への不満、大学の古い制度や考え方、大学の管理・運営方法、マスプロ教育への批判、革命を目指す一部学生の煽動など、「政治・社会の問題」、「大学自体の問題」、「学生自身の問題」が集中的に大学に対する批判となり結集されていった。

同時期に世界では、アメリカ、イギリス、フランス、西ドイツ、イタリアなど欧米をはじめ、メキシコ、ブラジル、タイなど、多くの大学でも反体制運動による紛争が生じている。大学紛争の争点は国によって異なっていた。たとえば、アメリカは人種差別問題、西ドイツでは非常事態法、フランスではドゴール大統領の個人的権力、チェコではスターリニズムなどが争点となった。

日本では、ベトナム反戦運動、日米安全保障条約改定反対などを契機に学生と機動隊とが衝突を繰り返し、成田空港反対闘争、日大闘争、東大安田講堂占拠など、一連の過激な反体制運動へと展開していった。

学費値上げ問題

最初に学費改訂に対する反対運動が起こったのは、1963（昭和38）年のことだった。理事会は1964（昭和39）年度入学生から、文系3万2,000円、理系5万円であった授業料を文系5万円、理系7万円に値上げする方針を明らかにした。学院・大学は、10月11日、学生代表との意思疎通のために設置されている全学連絡会議において、この

値上げがやむを得ない事情によるものであることを説明した。学生側は絶対反対を唱えて改定案の撤回を要求した。全学連絡会議はその後も再三にわたり開催された。学生は授業ボイコット、ストライキ、座り込みなどの行動をとり、学費値上げの阻止を図った。これに対して大学・学院側は、学内秩序維持について学長告示を出し、改訂事情その他について学生全般に周知させるための文書を配布するなどの措置を取った。このときの学費値上げ反対運動は1963年12月12日に理事会が学費改訂を最終的に決定したのを機に収束した。

授業料値上げ、反対運動

授業料値上げの動きは1967（昭和42）年より理事会においても再度検討され始め、12月22日の常務会において1968（昭和43）年度以降入学生の学費改訂案を承認した。この時点での授業料は文系5万円、理系7万円だったが、1968年度には50％アップの文系7万5,000円、理系11万円とし、1969（昭和44）年度からは、それぞれ8万円と12万円にするという案だった。

理事会では遅まきながら、この学費改訂について学生代表を通じて学生に資料を提供し、審議の経過を知らせるとともに1967年10月27日には全学連絡会議を開いて討議の場を持った。しかし、学生の了解をえることはできず、学生は同年10月31日に全学学費対策委員会を「全学共闘会議」（全共闘）に切り替え、全面的に学院と闘う姿勢を示した。

学院は、11月17日に第1回学費問題説明公聴会を中央講堂で開き、学院の財政事情、教学方針などについて説明し、学生代表からの質問に答えるという形をとった。午後1時から始まった説明公聴会は午後9時まで続いたが、結論は出なかった。この第1回説明公聴会の後、学院は前述のように12月22日の常務会で改訂案を決議し、全共闘に1968年度以降入学生の連続学費値上げを通告したのである。

12月28日の第2回学費問題説明公聴会は、こうした常務会の決定を踏まえて、それを説明する形で展開していった。

学生はこのような学院との話し合いの場を通じて、学院の教学方針、財政の長期計画、国庫助成に対する態度の明示を迫った。そして、学費改訂は政府の文教政策実現のための資金調達と資本に迎合する人づくりにほかならず、そのような政策を一層貫徹しようとするものが学費改訂であると主張して、改訂案の白紙撤回を要求した。学生は、常務会・理事会に対し、大衆団交を行うことを要求した。学費問題を基本的には政治闘争ととらえていた学生代表と学院とは、お互いの立場を理解するには至らなかった。

こうした経緯の中、12月7日に臨時理事会が開かれた。理事会は常務会の同意を得て院長が提出した1968年度以降入学生の学費改訂案を審議し、学院の現状と将来の財政状況を予測するとやむを得ないものであるとの結論に達し、条件付きで可決した。その条件とは「学部および大学院の奨学金をいっそう拡充し、かつその運用に適切な方法を講じるよう努力すること」であった。

◇ 学費値上げに反対する学生集会　1967年

第六章　大学紛争前後の商学部

ストライキと学生処分

この理事会決定に対し、学生は学費値上げ阻止運動の一環として、各学部でスト権確立のための投票を行った。その結果、文、社、法、商の各学部でスト権が確立された。こうして1967（昭和42）年12月16日の法学部を皮切りに、社、文、商の各学部もバリケード封鎖による無期限ストに突入した。第5別館も全共闘会議によって封鎖され、その中で講演会などの自主講座が始められた。

各学部教授会と学生部は、それぞれの学生代表者たちに対して、バリケードによるストライキを行うことは、たとえそれが学生の投票によって決定されたものであっても違法な行為であり、目的が何であれ正当化されるものではないこと、学院との話し合いによって学費問題を討議するように説得を試みた。学生代表は話し合いには応じなかった。

一方で、ストライキが年を越し長期化の様相を見せ始めたころから、一般学生の間にストライキ反対の声が出始め、翌年、1968（昭和43）年1月8日の授業開始と同時に、この声は署名運動などによる行動にまで高まっていき、各学部の学生大会開催へと向かっていった。

1968年1月11日午後1時から学院本部会議室において、理事代表と学生代表の話し合いが行われ、翌朝12日8時30分まで議論は続いた。16日にも継続して代表者同士の話し合いが行われたが、学生代表は学費改訂の白紙撤回を要求して一切譲らず、対話による相互の立場の理解はとうてい望めない状況となり、加藤秀次郎理事長はその旨を告げて会談を終了した。

1月17日、商学部では学生大会が開催され、討議の後、投票によってストライキ中止が決定された。他の学部もストライキは次々と解除された。2月8日からの入学試験も無事行われた。

学費問題は一応の決着をみたが、3月23日、文・社・法・商の4学部教授会は、長期にわたるストライキの責任者の処分問題を審議し、計26名の処分を決定した。内訳は、退学者11名、無期停学8名、停学7名だった。この処分に対し、学生側からの強い処分撤回闘争が行われることとなった。

◇ 授業料値上げ反対のストライキで封鎖された商学部　1967年

※ 商学部教授会　1965年商学部卒業アルバム

3 大学紛争の拡大「粉砕か 創造か」

処分撤回闘争

　学生側の処分撤回闘争の第一弾は、3月28日の卒業式をとらえて実行された。午前の経済、商、理の各学部の卒業式終了後、11時40分ごろ、ヘルメット、覆面姿でプラカードを手にした約20名の学生が学院本部建物を封鎖占拠した。12時30分ごろから処分撤回を求めて、小宮孝院長、古武弥正学長との話し合いが始まった。

　卒業式開始予定の午後1時30分に至り、学生部長と副部長は学生に対し、卒業式を挙行するために院長、学長を退出させることを申し入れた。また、学長だけでも卒業式の中止を告げるために退出させることを申し入れたが受け入れられなかった。ついに卒業式は中止せざるを得なくなり、卒業証書の授与は各学部で行うよう建物外部の教職員、学生に対して学長から指示が出された。学院本部での緊急事態を伝え聞いた教職員と学生が学院本部前につめかけ、無謀な行為を中止するように呼びかけたが聞き入れられなかった。

　時間の経過とともに建物内外での対立が激化し、学生同士の乱闘が避けられなくなったため、院長、学長の同意の下、夕刻に学長から警察に出動を要請し、警察の立ち入りによってようやく混乱は収まった。警察が学内に入ったのは、学院創設以来、これが初めてのことだった。

　その2日後、3月30日に理事会は、関西学院として親告罪である器物破壊については告訴しないことを決定した。しかし、兵庫県警は学院本部建物占拠に関して、証拠物件押収のため、学内5ケ所の強制捜査を行った。捜査令状に示された件名は、建造物侵入、威力業務妨害であった。それらの容疑で学生9名が逮捕され、7名は起訴された。

　この事件のきっかけとなったストライキを主導した学生処分は、5月22日に法学部が処分を解除し、文学部は一部学生について6月5日に、商学部は9月11日にそれぞれ解除した。この学生処分と警察力導入が後の紛争への引き金の一つとなっていった。

◇1968年3月28日卒業式当日、全共闘学生によるデモ行進

※ 中央芝生での全学集会（1969年1月24日） 1971年卒業アルバム（全学共通アルバム、以降省略）

全共闘の「6項目要求」

学内の混乱は翌1969（昭和44）年に持ち越された。休暇明けの1月7日、全共闘が第5別館を封鎖した。封鎖から2日後、古武弥正学長は第5別館封鎖に対し、退去命令および不法行為を許さない旨の声明を出した。

1月13日、全学執行委員長・全共闘議長からあらためて「6項目要求」が常務会、小宮院長に提出された。その内容は右のとおりだった。

これに対して学院は、大衆団交は教育の場において認めがたいとの理由で拒否の回答をしたが、全学連絡会議を開催して協議してはどうかと提案した。翌日の1月14日、第5別館封鎖に反

一、43、44年連続学費値上げ白紙撤回

一、不当処分撤回

一、機動隊導入、捜査協力自己批判

一、文学部学科制改編白紙撤回

一、学生会館の学生による自主管理

一、以上を大衆団交で文書で回答せよ

対する一般学生300名が第5別館前で抗議集会を開いたが、全共闘学生はこうした提言や抗議を受け入れなかった。

1969年1月24日、中央芝生での全学集会とその後の混乱

あくまでも話し合いによる解決を図ろうとする学院・大学は1月24日、中央芝生で全学集会を開催し、「学費改訂後の学院財政」その他公開質問状と団交要求に対する回答書を配布した。この集会には全共闘学生500名（関学生とは限らないが）、一般学生5,000名が参加した。しかし、全共闘学生がこの集会を大衆団交に切り替えることを要求したため、院長はじめ学院関係者は退席し、実りある話し合いは行われなかった。また、各所で学生同士が衝突するなど、混乱の中で集会は打ち切られた。この学院の姿勢に一般学生の不信感が高まり、紛争は一気に泥沼にはまり込んでいくことになった。

1月27日より、古武弥正学長が急病のため入院したのに伴い、小宮孝院長が学長代理を兼任することとなった。

全学執行委員長名で加藤秀次郎理事長宛に提出された6項目要求の大衆団交要請書に、加藤理事長は拒否の回答をした。しかし、教員側と学生側から同数の議長を出して運営し、時間その他の諸条件をあらかじめ設定し、互いにそれを守るのであれば大衆団交に応じる用意があることも提示された。

1月26日午前3時、社会学部が、28日朝、神、文、商の各学部が、学年末試験がはじまる29日には経済学部が封鎖された。当時の定期試験は、入学試験期間をはさんで行われていた。

2月4日に学院は機構や財政問題について質疑応答の形で説明した「大学問題の質疑に答えて」と小宮学長代理名で6項目要求に対する所信を述べた「学生諸君へ」を配布した。一方、全共闘議長は、4日付で常務会小宮院長・理事会加藤理事長宛に「最后通告—大衆団交に応じよ」を提出し、拒否すれば入試を実力で阻止するとの態度を明らかにした。

このような事態が続く中で教職員による「関学を愛する会」、卒業生有志による「母校を守る会」、学生による「関学革新評議会」などが結成され、それぞれの立場から紛争の解決に取り組み始めた。

第六章　大学紛争前後の商学部

機動隊に守られた入試

　1969（昭和44）年2月4日、大学入試を目前にして入試期間中の教職員警備体制割当表が配られた。大学の各学部校舎は封鎖されていて使用できないため、体育館・高等部・中学部の校舎が入試に使用されることになっていた。急ごしらえの体育館、高等部、中等部の校舎の入試会場を学生の封鎖から守るため5日から教職員150人が泊まり込みで警戒することになった。

　翌6日の午前5時頃、鉄パイプなどで武装した全共闘学生250名が体育館を襲撃し、火炎瓶を投げつけるなどで入試を阻止するための実力行使に出た。教職員は、体育館から放水して対抗した。

　入試は社会的責任であるとする大学は入試実施にあたって、受験生の安全を確保する意味からも機動隊の出動を要請した。午後4時過ぎ、現場検証が行われ、機動隊が警備のために学内に立入り、構内で分散待機した。これに対して学生800名が学生会館前に座り込み、スポーツセンターおよび上ケ原派出所などへのデモを行ったため、学院は学内への「立入禁止」の公示を出した。

　こうして1969年2月7日、全国の大学紛争の起こった大学の中でも初の機動隊に守られた入試が始まった。この日の経済学部の入試では、午前に1回、午後に1回、学生会館前で機動隊と学生の衝突があり、学生数名が逮捕された。翌8日にも、機動隊に守られて、商学部の入試が行われた。

　小宮院長・学長代理は、大多数の学生の望みは大学改革であって、過激な革命行動ではないことを信じ、全学生を対象とした話し合いによって解決を図ろうとしていた。また、機動隊の導入による入学試験の防衛と建物封鎖の解除を決意し、今後このような不法行為に対しては断固たる処置をとる決意を表明した。同時に大学改革については、学生・教職員の意見を十分に反映する組織をつくり、実行することを明らかにしたのである。

　そして、日曜日の2月9日、大学の要請で機動隊2,500名が学内に入り、封鎖されていた12の建物の内、第5別館を除く11の建物の封鎖が解除された。このとき、法学部本館内にいた学生13名が、公務執行妨害と不退去罪で逮捕された。翌10日の法学部入試の日には、第5別館の封鎖が解除され、全共闘学生35名が逮捕された。12日

▼ ※ 入試を死守する　1971年卒業アルバム

※ 学院正常化を求める声　1971年卒業アルバム　　　◇ 機動隊に守られての入試

※ 入試会場となった体育館前の混乱　1970年商学部卒業アルバム

の社会学部の入試には正門前で学生の投石があり、機動隊の突入で乱闘となった。13日には文学部入試が、14日には理学部入試が行われ、一連の大学入試が終了し機動隊は引き揚げた。2月6日から14日までの警察官負傷者数は合計377名に達した。

学内再封鎖と全学集会

入試の翌日、2月15日に学生は再び学院本部と各学部（理学部を除く）を封鎖し、学生会館は自主管理となった。

大学評議会の決議を経て2月19日、「紛争解決のための特別小委員会」が設けられた。

特別小委員会は、3日間にわたる全学集会を提案し、2月26日、紛争解決への最後の手段として全学集会が開催された。この集会は午後1時から6時まで新グランド（現、第二フィールド）で、午後6時から翌朝1時までは中央講堂に場所を移して行われた。学生5,000人が参加し、中央講堂の集会にも学生1,500名が残った。小宮院長は、「関学の存廃をかけてわれわれは提案する」を配布した。この中で小宮院長は、関西学院大学に多くの改革するべき点があることを認め、改革について、理事、教員、職員、院生・学生からなる4者協議会の設置を提案した。しかし、この集会は、小宮院長に対する機動隊導入の責任を追及する全共闘学生の一方的な糾弾集会となった。

全学集会は27日も正午から午後9時50分まで中央講堂で行われ、学生2,000名が参加した。合計22時間にわたり、突く、蹴るという暴力的糾弾集会を耐えた小宮院長・学長代理に対して、ついにドクター・ストップがかけられ集会は終了した。

3月2日には、責任者として最後まで紛争解決に対処してきた小宮院長は病気のため学長代理を辞任し、大学評議会評議員全員も同時に辞任を申し合わせた。翌3日、小宮院長は院長職も辞職することとなった。

小宮院長・学長代理の辞任に伴い、武藤誠総務部長が院長事務取扱に任命され、笹森四郎商学部長が学長代理事務取扱を兼務することとなった。この混迷のなか図書館、産業研究所、守衛室が封鎖された。また、8日には商学部の緊急教授会に全共闘学生40名が団交要求に押しかけた。

このような状況下、3月15日、再編された大学評議会は卒業式の中止を決定した。18日には古武弥正学長、笹森四郎学長代理事務取扱が辞任した。

※ 小宮院長追求集会（1969年2月26日）　1971年卒業アルバム

第六章　大学紛争前後の商学部

4　正常化への歩み

反全共闘の動き

　全共闘学生が学内を封鎖し、関西学院が混迷のさなかにいる間、全共闘の活動を批判し、学内を正常に戻そうとする動きが徐々に組織的に行われるようになってきた。3月9日、体育会、関学革新評議会、関学大学生協議会、関学を愛する有志会の4団体が全共闘に対して抗議集会を開き、学生約300名が参加した。13日に開かれた集会には約500名が参加し、同日関学革新評議会の学生6名が大阪駅前で48時間のハンガーストライキに入った。17日に開かれた集会には約350名の学生が参加したが、これに危機感を持った全共闘学生約70名がデモを展開し、集会に殴り込んだため、学生2名が負傷した。また、11日には、職員組合主催の職員集会が開催された。

小寺武四郎経済学部教授、学長代行に就任

　1969（昭和44）年3月19日、小寺武四郎経済学部教授が学長代行に就任した。小寺教授は、中学部に学び、商経学部一期生となった関学え抜きの研究者だった。古武学長辞任後、後任学長選挙を実施することが困難な事態が続いているため、学長の後任に学長代行をもって充て、大学評議会の推薦者を大学理事会が承認するという形をとった。学長代理の権限が委任された限定的な範囲であるのに比して、学長代行は次期学長が選任されるまで学長の職務を執行するとされた。そして「学長代行就任に当たって」を3月24日に全学生・教職員に郵送するとともに、27日には正門前に同文書を掲示した。

　卒業式が行われる予定だった3月28日に、全共闘学生と全学4年生連絡協議会は共催でガーデン・パーティーを開き、自主卒業式と称して、自分たちだけの卒業式を行った。卒業式が開催できなかったので、3月31日付にて、小寺学長代行名で仮卒業証書が卒業生に郵送された。

　新年度を迎えた1969年4月1日、休校措置が解除された。しかし、入学式は行わず、新入生の入学手続きは郵便で行い、3年生以下の1968年度学年末試験は5月15日までに行うこととなった。商学部では4月19日より5日間「通信試験方式」で実施している。

　新入生オリエンテーションも学内で開催できないため、学部ごとに学外に会場を求めて開催された。社会学部は4月17日に神戸海員会館で、経済学部は4月18日に奈良県北葛城郡の信貴山で、文学部は5月8日に大阪厚生年金会館で、神学部は5月9日に大阪の福島教会で、理学部は5月16、17日に和歌山県伊都郡の高野山で、それぞれオリエンテーションを開催した。商学部では4月30日、関西汽船による「瀬戸内洋上大学」として新入生オリエンテーションを実施した。

アンケート「廃校か否か」

　学長代行に小寺武四郎教授が就任した1969年3月19日、大学執行部は問題解決への第一歩としてアンケートその一「廃校か否か」を全学生および教職員に発送した。このアンケートは大衆団交、全共闘学生によるバリケード封鎖、6項目要求、学生自治などについての質問項目を掲げ、関西学院大学を廃校に向かわせている現状を問うもので、大学改革に向けて何よりも一般学生の意見を聞くことから始めるという意図から企画された。

　4月7日、アンケートその一「廃校か否か」の最終結果がまとまった。全学生1万3,000余名中、回収総数は6,825名、全学生の52.17％で、有効回答者数6,606名、有効回収率50.5％だった。廃校を望むものはわずか92名であった。圧倒的多数の学生は関西学院大学の再生を願っていた。アンケートにより、関西学院大学に改革するべき多くの点があることも示唆された。また、改革の手段

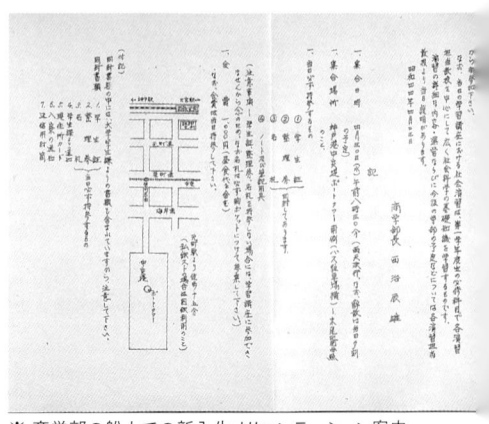

※ 商学部の船上での新入生オリエンテーション案内

※ 小寺武四郎学長代行　1970年商学部卒業アルバム

として全共闘学生のバリケード封鎖を支持する回答は全体の6％に過ぎず、封鎖反対は94％にも達した。4月9日にアンケートその一の結果の図表ならびに学部別、学年別百分率表が、10日には「その他の意見」の整理と分析結果が順次発表され、14日に最終分析結果がまとまった。4月21日に「"廃校か否か"その結果と一つの解釈」と同「集計一覧表」が全学生および教職員に発送された。

4月4日には、アンケートその二「新しい大学の創造に向かって」が大学から在学生全員および教職員に郵送された。このアンケートは学生参加の問題に焦点を絞り、学長選挙、カリキュラム、学生の処分制度、財政問題、学生会館、学生自治、学生大会における可決に必要な賛成比について考えを問いかけたものだった。回収者数は4,118名に達し、4月28日に学部・学年・職種別集計表とその結果を学生および教職員に発送した。

特別調査企画委員会の設置と「学長代行提案」

紛争を解決し、学内を正常化するための取組は学内組織の改革にも表れた。1969年3月、学長代行代理と学長代行補佐のポストが新設され、学長代行に城崎進神学部教授が、学長代行補佐に高井眞商学部教授がそれぞれ任命された。そして、大学紛争解決と正常化とを図るため、学長代行の諮問機関として「特別調査企画委員会」（特調委）が新設された。

1969年5月1日、大学評議会において小寺学長代行から「関西学院大学改革に関する学長代行提案」（以下「学長代行提案」）の提示と説明があり、質疑応答を経て了承された。5月7日、兵庫県民会館で開催された教職員集会において、学長代行が同提案を提示し、約460名の参加者に対して各学部や職場で改革案のさらなる検討を重ねることを要請し、改革案の具体化に向かって全教職員が一丸となって努力することを強く訴えた。長時間にわたって熱心な討議が続き、圧倒的多数の拍手によって改革の基本的な路線が支持された。

「学長代行提案」は全学生に郵送され、小寺学長代行は全学集会に向けて、ゼミ、クラスで「学長代行提案」についての討論を精力的に展開してほしいと呼び掛けた。

さらに小寺学長代行は、各学部の要請に応じて教授会に出席し、「代行提案」についての質疑に答えるとともに正常化に向かっての結集を呼びかけ、「教職員各位へ―改革結集集会を成功させるために」を教職員に郵送し、改革結集集会の意義と性格についての理解を訴えた。

改革結集集会の成功

「学長代行提案」はゼミ、クラスを中心に討議され、それらの意見は学長代行に提案された。こうした準備期間を経て、1969年6月9日、神戸市王子公園陸上競技場において改革結集集会がおよそ一万人の学生を集めて開催された。集会開催直前、鉄パイプや角材を持った全共闘学生約300名が会場に乱入した。グラウンドで暴力に訴える全

※ 封鎖された正門　1971年卒業アルバム

◇ 学長代行提案

第六章　大学紛争前後の商学部

※ 改革結集集会　1971年卒業アルバム

共闘学生に対し、スタンドを埋め尽くした学生、教職員から激しい非難の声が上がった。乱入した全共闘学生たちは、一万人近い学生、教職員が見守る中、機動隊によって排除され、グラウンドから場外に退去せざるを得なくなった。全共闘学生の退去後、直ちに集会の態勢が立て直され、予定通り開催されることとなった。

城埼学長代行代理がこの改革結集集会の意義を力強く訴えた後、小寺学長代行によって、大学改革案の基本路線の説明と重要な4つの提案（土曜日を授業のない改革推進日とする、学長選挙を3ケ月以内に実施する、学生の処分問題を学生とともに検討する、予算・決算を公表する）がなされた。このような具体的な提案を含む改革案の説明が行われた後、城埼学長代行代理が、暴力を排除し、上ケ原へ復帰する正常化宣言がなされ、出席者の圧倒的多数の拍手による積極的支持の表明が確認され、校歌斉唱し、改革結集集会は終わった。

キャンパスの解放

この改革結集集会の決議に基づいて、大学正常化への手立てが着々と進められていった。早速、占拠学生に対して最後の勧告と退去命令が出された。6月9日に圧倒的多数の学生が上ケ原キャンパスの回復と大学の正常化の決意を表明したことを告げ、直ちに大学構内から退去することを勧告した。6月13日、早朝7時より兵庫県警の応援を得て、キャンパスへの復帰が実現した。参集した学生には、「全関学人に告ぐ―最後の断を下すにあたって―」、「キャンパス解放集会へ―原田の森集会の熱い意志から―」が配布された。4ケ月ぶりに封鎖解除された学院は荒れ果てていた。時計台には黒旗とゲバラの肖像画が掲げられ、赤いペンキで「死守」と大書きされていた。

翌6月14日、キャンパス解放集会が開催された。

小寺学長代行は集まった学生たちに向かって次のように語りかけた。

◇ キャンパス開放集会

Student Movements 6

「(中略)諸君、ごらんください、このヒマラヤ杉の悲しい姿を。この姿は今の関西学院を鮮やかに示しています。関西学院の研究、教育はいうに及ばず、大学としてのあらゆる機能は破滅に瀕しています。しかし私はいたずらに嘆こうとは思いません。なぜなら私の前には、新しい関西学院を背負ってたつ若い生命があふれているからであります。諸君こそが、荒廃の淵に落ちたわが大学を見事によみがえらせてくれるものと信じているからであります。」

集会後、教職員と学生によりバリケードが撤去され、学内の清掃が行われた。そして、再封鎖を防ぐために当分の間、午後5時から翌朝8時まで構内の立ち入りを禁止する措置がとられることになった。

翌日、6月15日にも、日曜日を返上して、約1,000人の教職員と学生が時計台から流れる讃美歌のメロディを聞きながら、落書き消しや片づけを行った。上ケ原キャンパスは、改革への討論やゼミや研究室での発表や実験と、4ケ月ぶりに活気を取り戻し、新生、関西学院への力強いスタートが切られた。

※ バリケードに使用された椅子と机　1971年卒業アルバム

※ 封鎖解除された第5別館内部　1972年卒業アルバム

第六章　大学紛争前後の商学部

Column VI

当時の学生から見た大学紛争

商学部座談会 2013 年 3 月 1 日

福井　ぼくは1971（昭和46）年経済卒です。当時の関学は、上ケ原牧場と呼ばれるほど、牧歌的で学園紛争とは無縁でした。
　ところが、突然、東の東大、西の関学といわれるほど、激しくなったんです。1969（昭和44）年1月27日、経済学部の第3別館、今のD号館のところですね。そこで学生大会が開かれて、4～500人も入って学生でいっぱいになった。緊張した雰囲気の中で「学院が授業料値上げすると言うのだったら、それはそれで理由があるのやないか」とある3年生が言ったら、バーっと値上げ反対の学生が何人も罵倒してきてね。反対されていたけど。ぼくは勇気ある人やなあと思いました。29日経済原論の定期試験が始まるという時、全共闘学生が経済学部棟を実力封鎖した。
　2月6日に機動隊に出動要請をして入試がはじまったんですよ。全共闘学生を退去させたんですよ。そのあとまた、封鎖されたので定期試験は延期ですよ。
　2月10日朝には、関学の第5別館に機動隊が突入したとテレビのトップニュースで取り上げていました。えらいことになったなと思いましたよ。ぼくは真面目なノンポリでしたからね。柴田翔の『されどわれらが日々』を読んでました。それで、あわてて関学に行って、時計台の裏の山から第5別館を見下ろしました。今は住宅が建っていますけど。学生は最後、屋上に逃げるんですよ。そうすると、機動隊は一人ずつしか登れないから、多勢に無勢で最初に登った機動隊員が学生に両脇抱えられて、第5別館屋上の端にまで連れて行かれて、落とされるんやないかと思いましたよ。解放まで、半日がかりでしたね。

福井幸男
1971 年 3 月経済学部卒業

平松一夫
1970 年 3 月商学部卒業

深山明
1972 年 3 月商学部卒業

平松　ぼくも、落とされるんやないかと思うよ。ぼくは、ノンポリやなかったから最初からみていたけど。
深山　ヘリコプターから水をまいとったよね。
平松　山側から催涙弾を打ち込んでそれから突入した。
福井　なんとか学院は機動隊の助けを借りて、入試期間は乗り切ったんですよ。それが入試後にはまた封鎖されたので、15日には臨時休校措置を決めました。2月26日の全学集会は憶えていますよ。小宮院長がやられていましたよね。「入試には社会的責任がある」と言われていました。3月3日、小宮院長は辞任しましたよね。
　ぼくは、関学の全共闘に入る気は全然なかったやけどね、友達が、日大全共闘の秋田議長はすごいというから聞きに行ったんです。2月25日でしたけど、場所は神戸大学でした。それで聞いてみたらやっぱりアジ演説は上手いとは思いましたね。
　ぼくは、じつは神戸YMCA少年部のリーダーをやっていて、全国少年部研修会の開催準備が忙しくて。またカネボウのアイスクリーム工場（日東栄養食品）に1ケ月アルバイトにいったりして、普通の学生をしていましたね。
　ぼくは、1969年6月9日の王子公園陸上競技場の改革結集会にもいきましたよ。小寺先生が、関学のエースやったから学長代理になってね、「廃校か否か」というのを送ってきて、みんながえらいことになったということで、王子公園に9,000人以上が集まりました。ぼくはスタンドの正面に座っていたんですが、全共闘がまたやってきて、市道を封鎖した後、グラウンドでデモ行進を始めたんです。すると、左から機動隊がやってきて、何百人もいるんですよ。全共闘も何百人かいたけれど、バーっと逃げ出して、フェンスをよじ登って逃げたんですよ。何十人かはつかまりましたけどね。
　ともかく、王子公園の改革結集会は成功でしたね。
　ぼくの意見はね、ごく一般論からいって、全共闘学生を支持した学生たちは、筆記試験がいややったんやと思うわ。あれは大きかったんやと思う。明日から試験のときに、教室を封鎖した。試験延期だから、全共闘はそこは見抜いていたと思う。ぼくは普通の学生の意識はそんなレベルやないかと思います。
平松　最初のストライキの時には、学生の投票はありました。
深山　微妙に各学部で違ったよね。
平松　関学は民青がいなかったから、内ゲバはなかった。外の学校からはたくさん来ていましたよ。商学部ではぼくの一年上の青木ゼミで弁の立つ学生がおったな。そのへんの全共闘の学生がぼくの命を狙っていましたよ。「お前の命は保証しない」とか言われていましたよ。
平松　紛争の写真集を作って同窓生のところを回って、今、関学はこんなことになっていますということを伝えてまわったんです。同窓生も、今みたいな情報化の時代とちがって、情報が得られないからいらいらしていたんですよ。それで、募金をいただいて活動をしていました。
　体育会の拳法部や空手道部の先輩とかが、全共闘学生に向かって「あいつらやってやる」というてたけど、内ゲバやったらいかんからね。全共闘はヘルメットかぶって鉄パイプ持って石投げてやっているけど、関学革新評議会の方は何にも武器は持たない。こっちも鉄パイプを持ったら内ゲバやからね。こっちは何も持たないで活動する。その方が理解を得られる。守るためには体に週刊誌まいて突かれても大丈夫なようにしてました。そしたらお辞儀できへんわね。石投げられたら逃げるんや。
　拳法部がやったら、内ゲバになるから、体育会のこわいこわい先輩とかがやってまえとかいうのとかを、ボクシング部とかの人を押さえて押さえて、やっていました。学校に来ても授業もなにも入れないからできないから、授業は学外でやっていましたね。ゼミだって、増谷ゼミは、大阪コンピューター学院を借りてやっていました。
　新入生のオリエンテーションは学内でできないから、神戸から船に乗って、そしたら港まで全共闘が来たけれど、船が出てしもうたらどうしようもないので、経済学部は大阪城公園に集まって、バスに乗って信貴山に行ったんやなあ、たしか。とにかく一般学生のノンポリの人が関心なくなっていったから、ぼくらが組織をつくってやるしかなかったんです。
平松　「ぼった」の松本商店の上の安い安い下宿に住んでいましたから、全共闘に見つかったらガラス一枚割ればすぐに入れるから、すぐに入って来られるから、友達のところを転々としていたんです。うどんすきの美々卯の役員が関学出身で社員も関学生が多くて、仁川にあった美々卯の寮に3ケ月入らせてもらって、そこで、体育会のみんなで手分けして学生名簿で住所を調べて「一般学生、立ち上がれ」とかを1万2,000人分、手書きで書いて送っていましたね。前述の同窓生から募金をもらったお金で送っていたんですよ。当時は個人情報満載の名簿があったんです。
　入試から再封鎖されて6月9日までずいぶん時間はありましたから、我々一般学生からしたら大学が改革しているようには見えないわけですよ。当時の大学の学長も、学生に対して説明責任を果たさないといけないなんていう感覚はないですから、「大学はどないなってんねん」という気持ちはありました。ですから、ぼくは友人と2人で小寺学長代行に会談を申し込んで、六甲の小寺先生の別荘で会ってもらいました。「いま、いろいろやっているからちょっと待ってくれ」といわれました。小寺先生がお亡くなりになったとき、関西学院の学院葬でそのことを明かしました。
　その後、土曜日は、改革検討日で改革の話をしましょうということで最初はやっていたんですが、そのうちに土曜日は休みというふうになってしまったんですね。

第七章

教育研究の拡充と神戸三田キャンパス

1971～1988

年	月日	事項	月日	事項
1971（昭和46）年	4.1	西治辰雄、学部長に就任	6.17	沖縄返還協定調印式
	12.16	部落問題研究部より差別発言に関する公開質問状		
1972（昭和47）年	5.2	大学、理事会に「院長選挙の施行に関する要請」提出	5.15	沖縄復帰
	6.14	同和問題に対する大学の基本姿勢発表	7.6	日本聖書協会・日本カトリック中央協議会、聖書の共同訳作成を発表
			9.29	日中国交正常化
1973（昭和48）年	3.8	小寺武四郎（経済学部）、学長再任	1.27	ベトナム和平協定調印
	3.30	院長選挙で小寺武四郎選出	10.23	第一次石油ショック
	4.12	小寺武四郎、院長就任		
	12.13	院長公選制度廃止。理事長が院長を兼務、理事長の補佐役として新たに常務理事選任制度制定		
1974（昭和49）年	2.14	久山康、理事長・院長に就任		
	3.31	小寺武四郎、学長辞任		
	4.1	西治辰雄、学長事務取扱に就任		
	6.21	西治辰雄商学部長辞任		
	6.22	西治辰雄（商学部）、学長に就任		
	7.1	増谷裕久、商学部長に就任		
	12.4	1975年度学費改訂決定		
1975（昭和50）年	2.12	文・社会・法・経済・商学部、校舎封鎖	7.11	私立学校振興助成法公布（経常費半分まで国庫助成可能）
	2.14	西治辰雄、学長辞任		
	2.21	大学本館、正門封鎖	11.18	文部省、大学・短大生数が200万人を超えたと発表（女子学生32.3％）
	3.13	法・経済・商学部封鎖解除		
	5.1	久保芳和（経済学部）、学長に就任		
	7.-	『父兄通信』創刊		
	9.9	「同和教育の基本方針」決定		
	12.4	1977年度以降の学費の漸増方式（スライド方式）導入決定		
1976（昭和51）年	3.1	情報処理センター設置		
	12.20	第1回クリスマス音楽礼拝		
1977（昭和52）年	1.31	ランパス留学基金制度発足		
	12.11	アメリカンフットボール部、甲子園ボウルで史上初の5連覇		
	12.14	『クレセント』創刊号発行		
1978（昭和53）年	4.1	小寺武四郎、学長就任	5.20	成田空港開港
	4.1	和田繁、商学部長就任	8.12	日中平和友好条約調印
	4.1	客員教授制実施	9.15	カトリックとプロテスタントの協力による『新約聖書・共同訳』刊行
	4.1	常任理事制、事務局長制実施		
	6.1	学院史資料室設置		
	11.29-30	第1回総合関関戦		
1979（昭和54）年	3.1	国際交流センター発足	1.19	国公立大学共通一次試験実施
	6.28-30	第1回ランパス記念講座（講師：E.O.ライシャワー）	6.8	中教審、地域社会への学校開放促進提言
	7.12	国際交流センターを国際センターと改称		
	10.6	創立90周年記念式典		
	10.11	南メソヂスト大学との学術交流協定締結		
1980（昭和55）年	4.10	南メソヂスト大学へ第1回の交換留学生10名を送り出す		この年、校内暴力・家庭内暴力急増
1981（昭和56）年	4.1	城崎進（神学部）、学長に就任	3.2	中国残留日本人孤児、初の正式来日
	9.30	情報処理研究センター棟竣工式	6.11	中央教育審議会、生涯教育についての答申
	10.-	商学部開設30周年各種記念行事開催		
	11.30	サティア・ワチャナ・キリスト教大学との学術交流協定締結		
1982（昭和57）年	4.1	吉田和夫、商学部長に就任		
	6.12	吉林大学友好協力協定締結		
1983（昭和58）年	4.1	自動車通学禁止	3.24	中国自動車道全線開通
			9.1	大韓航空機、ソ連機に撃墜される
1984（昭和59）年	4.1	町永昭五、商学部長就任	9.5	臨時教育審議会設置
	7.21	新学生会館竣工式		
1985（昭和60）年	9.12	城崎進、学長辞任	6.26	臨時教育審議会第1次答申（個性重視の原則）
	9.13	武田建、学長事務取扱に就任	-.-	帰国児童・生徒数1万人突破。日本の学校の対応が課題となる
	10.24	ビクトリア大学／トロント大学文理学部との学生交換協定締結		
	11.26	武田建（社会学部）、学長に就任		
1986（昭和61）年	4.1	大学の授業スケジュール改訂（前期試験を7月に実施）	2.25	比　コラソン・アキノ大統領就任宣言
	4.1	高井眞、商学部長に就任	4.23	臨時教育審議会第2次答申（生涯学習の重視）
			4.28	ソ連チェルノブイリ原子力発電所の大規模事故
1987（昭和62）年	4.-	商学部カリキュラムの大幅改正実施	3.13	閣議、大学審議会設置法案決定
	10.3	第1回関西学院創立100周年記念事業委員会	5.4	東京サミット
	11.-	商学部指定校制推薦入試実施		
1988（昭和63）年	4.1	丸茂新、商学部長に就任	2.15	文部省、共通1次に代わる大学入試センター試験の最終報告
	11.16	久山康理事長・院長と武田建学長年度末退任の共同声明		

117

※ 商学部校舎前

大学紛争後の関西学院の在り方を模索した「学長代行提案」
による大学正常化方式は、当時、日本の大学改革方策のモデルとして評価された。
商学部の改革は、全学の流れに沿って、動いていくこととなった。

Promoting Education and Research 7

1 大学改革

「学長代行提案」の内容と意義

　1969（昭和44）年5月7日に発表された「関西学院大学改革に関する学長代行提案」は小寺学長代行のもと、特別調査委員会が中心となり、各種検討委員会による討議とその結果を基礎に大学改革に向けて集約した5万字に及ぶ大学改革案である。その内容は、私学の置かれている苦悩から始まり、関西学院における大学理念、教育の改革と問題点、研究体制改革の展望、大学における意思決定と管理、法人組織における意思決定と経営、職員の役割と事務の合理化、学生の自治と参加、学生の諸要求に対する大学当局の見解、改革に当たって各層・各界への要望、と大学改革の実現に向けて具体的内容に及んでいる。

　「関西学院大学における大学理念」では、これまで自明のものとされていた学問とは何か、大学とは何かという本質的な問題と、それに伴う学問研究の自由および大学の自治が何に基づき、何のために存在しているのか、さらに学院の建学の精神に基づく「人格教育」とは何なのかという理念的な問いかけである。私学である関西学院大学は、創立以来、精神的支柱として建学の精神を有してきた。それは、キリスト教主義に基づく人格陶冶であり、民主的にして奉仕の精神に富んだ自由の享受である。そうした理念としての建学の精神と現実との間には厳しい隔たりがあることも事実である。学問とキリスト教の厳しい緊張関係の中においてこそ、真の文化創造体としての大学となると考えられる。そして関西学院大学は、構成員たる教員・職員・

学生が一つとなって、大学の理念を理解し実現しようとする協同社会でなければならない。その前提として、各構成員は、その自主、自律性に基づく責任をもって対等の立場に立ち、大学の構成員たるそれぞれの役割と地位を認識し、それに基づく秩序を民主的に確立しなければならない。

広報活動の展開

改革を学生・教員・職員のもとで実現するため、学生への情報公開の重要性が強く認識され、広報活動が積極的に展開されることとなった。1969年6月、企画室が広報室と改められ、室長に新居浜邦夫教授が就任した。広報室では、『上ケ原ジャーナル』、『KG Campus Record』、『KG TODAY』（当時は『関西学院広報』）などを発行した。

『上ケ原ジャーナル』は、キャンパス解放集会後、各種の情報を迅速、的確に教職員、学生に伝達する目的で発行されたもので、ガリ版刷り、発行部数は約1万部で、特別号や緊急号外を除いて、27号まで発行された。

『KG Campus Record』は、『上ケ原ジャーナル』が緊急用で読みにくいこともあり、記録としては十分とはいえず、また学生がジャーナルを読み落としたりすることを補うという配慮のもとに発行された記録集である。

『KG TODAY』は、学部の壁を超えて全学の動きを伝えることを主眼に、学内コミュニケーションの助けとなることを願って、1970（昭和45）年1月16日に第1号が発行された。

改革推進日の設定

原田の森での「改革結集集会」において小寺学長代行が学生に約束したことの一つに「改革推進日」の設定があった。1万人という大人数の集会で、その場限りの討論に終始するよりは、キャンパスに帰った後、長期にわたり討論のための日を設けようというのがその趣旨であり、1969年7月5日土曜日に開始された。この日、午前8時40分から午後2時30分まで、全学部において約100のゼミ、クラスに分かれて、学生・教員が「学長代行提案」をめぐって熱心な議論を展開した。年間を通して、すべての土曜日をつぶして改革推進にのみエネルギーを投入しようというこの案は、全国のどの大学にも例をみない画期的なものであり、その第1回は大きな成功といえた。当日は大雨であり、しかも4年生は就職活動の最盛期という悪条件にもかかわらず、全学部を平均して50％が出席した。

※『上ケ原ジャーナル』No.1

※『KG Campus Record』No.1

※生協書籍部　1972年卒業アルバム

第七章　教育研究の拡充と神戸三田キャンパス

大学の管理運営の新体制

　大学紛争は、各学部が中心となって進めていた教育・研究体制を全学的な視点から見直し、改革を促進させる契機となった。大学には、「大学執行部」という強力な体制が形成され、学長のもとに学長代理や学長補佐などの職制が設けられ、大学事務局の役割が強まった。それまでの教務部、学生部に加えて、入試部、就職部、国際交流部などが設置されていった。

　大学の最高意思決定機関としての大学評議会は、より全学的な意思を統合するという視点から、1970（昭和45）年3月に改組され、学長、各学部長をはじめ、図書館長、各学部・学長直属教員から選出された評議員各1名、全学から選出された5名の教授・助教授を評議員として組織され、教務正副部長、学生正副部長、大学宗教主事が職務上出席するものとされた。

商学部の改革

　関西学院大学が大学紛争後の改革の中で最も意を砕いたのは、学部教育の在り方に関してであった。各学部はそれぞれ独自でカリキュラムを編成しており、学部間の壁は高かった。例えば、入試広報は全学的になされていたものの、入試問題の作成、試験の実施、合格発表、入学手続きなどはすべて学部の手に委ねられていた。そのような現状に対して、1970年度にスタートした教育改革の目標は、学部の枠を越えた全学的カリキュラムの体系化、履修の自由化、教育の質的な充実であった。

　商学部でも、大学全体の動きにならい、カリキュラムの大幅な自由化がはかられた。

　大学のマスプロ化の弊害に対しては、小集団教育の導入が図られ、1、2年生にも演習を設け、必修とした。入学直後の学生の学習意欲を引出し、大学教育にふさわしいものとして定着した。

　また、一般教育科目、外国語・保健体育科目、専門教育科目に分けていた学科目を、一般教育科目、宗教科目、外国語科目、保健体育科目、専門教育科目の5系列に分け、一般教育科目の中に「総合コース」を設けた。卒業必要単位の見直しも行い、卒業必要単位のうち8〜12単位は5系列のいずれからも履修できる「系列任意」単位とした。さらに、これまで1、2年度に履修することを原則としていた一般教育科目と3、4年度で履修することを原則としていた専門教育科目とを、前後に交差して受講する「くさび形」履修を可能とした。また、外国語科目や宗教科目に選択制のアドバンスド・コースを設けたりして学生の関心の広がりと深まりに対応した。他学部の専門教育科目の受講も可能となり、総合大学として学部間の壁を低くすることから大学教育の改革は始まった。

　学部における教員組織も改革された。助手制度を改正し、1970年10月から

※ 商学部教授会　正面の丸テーブルが笹森四郎学部長　1969年商学部卒業アルバム

は専任講師を教授会の正式メンバーに加えるとともに、学部の執行体制を強化するために、教務・学生主任に加えて若干名の委員で構成された学部長室会を設けた。教授会での審議事項のうち適当なものを学部長室での審議にゆだね、機敏かつ的確な学部執行を図る道を開いた。大学執行部に対して学部執行部という呼び名が一般化したのはこの頃からである。

オープンセミナー、「総合コース」、オフィス・アワーの実施

1970年代に入り、学院が正常化していくにつれ、改革推進日に集まる学生数も減少していった。そこで、「土曜オープンセミナー」が企画された。オープンセミナーの狙いには、ゼミの研究活動に多様性を持たせることと、ゼミ集団が創造的小集団へ発展する機縁となることがあった。学内外から講師を迎え、学部の枠を越え共通した問題意識を持つ学生同士が、自由に興味あるテーマの講義を受けることになった。1970年度のテーマには「大阪物語」、「日本文化への誘い」、「産業見学シリーズ」、「フィールドの記録」など、1971（昭和46）年度には、「学院の歴史」、「国際問題」、「社会・経済思想」などがあった。この種の企画に対し、学生の参加はあまり積極的ではなかった半面、一般社会人からの参加が次第に多くなり、結果的には土曜日が授業のない日として定着してくるのと同時に、地域社会と密着した大学活動の一環として、春・秋の2回開催されるようになっていった。

カリキュラムの上での新しい試みとしては、前述の「総合コース」の実施があげられる。これは各種の専門分野にまたがる一つの共通題目を設定し、それぞれの分野の研究者の緊密な連携のもとに、その主題に対して多面的で総合的な講義を提供しようとするものである。1970年度には、「情報化時代における人間と社会」、「情報科学」、「言語と文化」などが開講された。その後、「ASEANと日本」、「アメリカ」、「東南アジアと日本」など国や地域をテーマにした講座や、「在日朝鮮人問題」、「差別と人権」、「障害者問題」など、人権をテーマとした講座も多く開講されるようになった。

「学長代行提案」に盛りこまれた改革の一つに「Office Hour」がある。大学紛争後の入学生には、「Office Hour Schedule」という冊子が配られた。これにより、全教員のオフィス・アワーが一目でわかり、学生はどの教員とも面談することが可能となった。小寺学長代行は「Office Hour 創設にあたって」という文の中で以下のように記している。

「Office Hour というのは、いわば公認の面会時間である。ゼミナールの先生とは親しく話をする機会があっても、それ以外の先生方には質問をもちかけたり、相談する機会はなかなか得られない。学生諸君が、どの先生とでも親しく話し合えるようにするために Office Hour を開設することになったのである。」

第七章　教育研究の拡充と神戸三田キャンパス

2　人権問題への取組

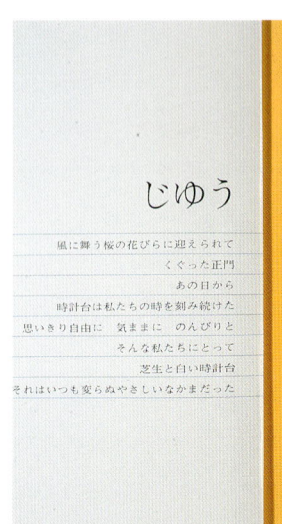

※1975年卒業アルバム

同和問題

　大学紛争が次第に収まり、大学改革に向けて具体的な動きを示し始めた時期に商学部で起こった差別発言事件は、関西学院大学における同和教育・人権教育への取り組みを促す端緒となった。1971（昭和46）年11月30日、商学部英語の非常勤講師が黒人問題を扱ったテキストの中で「日本でも差別として"特殊部落"という問題があるが、一応は人間として見られ、テキストに書かれているほどはひどくないのではないだろうか。もっとも、アメリカと日本の差別が、どちらがひどいのか、はっきり知らないが」という趣旨の発言を行った。授業を受けていた中に部落問題研究部学生がいて、部落問題研究部は、同講師の発言、中でも「特殊部落」という用語を用いたことについて、差別的偏見を助長・拡大するものと厳しく糾弾し、学長、商学部長の責任を問うたのである。

　大学は、この問題の重要性を認め、商学部だけの問題ではなく全学的な問題として取り組むべきであるとした。そして、1973（昭和48）年度から同和問題に関する総合コースを開設する構想を明らかにし、「日本社会と部落問題―国際比較的位置付け―」を開講した。さらに、同和問題の位置付けに関しては、72年1月に大学における同和問題への取り組みが不十分だったことを認め、その取り組みの目的が「真の意味の民主主義確立」のために必要な「差別の解放」であると、次のような学長談話を発表した。

「A非常勤講師の意図はどうあれ、差別用語が不用意に出されたことは、この問題に対する一般の認識の低さを示すものであるという部落研の指摘を素直に受け止め遺憾の意を表したい。しかも、こうした事態を引き起こしながら、すみやかに対応し得なかった大学のありかたに深い自覚を覚えるものである。それ故に、大学はこうした反省と強い自覚に立って本格的に同和問題に取り組もうとするのである。」
『上ケ原ジャーナル』No.26

　このような取組を前提に、大学は、1972（昭和47）年2月には、学長の諮問機関として「同和問題委員会」を設置し、6月には「大学の基本姿勢」を明らかにした。同委員会は、1975（昭和50）年1月の答申で「同和教育は本学に課せられた真に協働の課題」であるとの認識から、同和問題委員会を学長の諮問機関にとどめておくことなく、教学の最高決定機関としての大学評議会において選定されるべきものとし、学長は同和問題委員会の「意思決定に基づいて、教務、学生両部に指示を与えることによって、その決定を執行する」べきであると提言した。この答申に従って、同年7月「同和教育委員会」を設置し、同和教育における大学評議会、学長、同和教育委員会および各学部の責任と相互の関係を明確にした。

人権教育の展開

　1975年9月には、「同和教育の基本方針」が決定された。建学の精神と同和問題について、神の前の「人間の平等」と「人格の尊厳」を「隣人愛」において尊重するキリスト教精神を教育理念としている以上、全構成員に建学の精神と同和問題との深いかかわりを認識し、全学的課題として取り組むことが要請された。同和問題について大学が社会から要請されているのは、自主・自律的な研究機関としての働きであるとされた。

※生協書籍部　1970年商学部卒業アルバム

研究活動と同和問題については、部落差別が政治的・経済的・社会的・心理的な諸要因が錯綜する極めて複雑な重層構造から成り立っているという観点から、その研究に当たって学内の関連各分野の研究者を結集した学際的研究体制を構築し、未着手といわれるこの分野に寄与することが期待された。また、部落差別の本質的・客観的把握をするためには、在日朝鮮人問題や身体障害者問題に関しても、同和問題と同様に大きな関心と積極的な取組が必要とされた。

このような人権教育への取組の中で、総合コースに1977（昭和52）年度から「在日朝鮮人問題」、1986（昭和61）年度から「男性社会と女性」、1988（昭和63）年度から「身体障害者問題」が開講された。

啓蒙活動としての人権問題講演会や映画会が開催された。「同和・部落問題」に関しては1972年度から、「在日朝鮮人問題」と「障害者問題」に関しては1978（昭和53）年度から、「女性問題」に関しても1985（昭和60）年度から、それぞれ年2回の講演会が開催された。

3 情報化の時代

情報処理研究センターの設立

理学部が中心であった1960年代までのコンピューター利用者は、その後、急速に社会科学系の分野にも広がり、1967（昭和42）年4月にスタートした計算センターの利用者は年々増加を続けた。

1976（昭和51）年3月1日付で久保芳和学長のもとに学長直属の研究機関として「情報処理研究センター」が大学本館内に新設された。センターの円滑な運営を図るため、センター長、センター副長、センター専任教員、各学部・学長直属教員から選出された教員8名、教務部長、その他評議員会が推薦し、学長が委嘱する者で構成されるセンター評議員会が設置された。この委員会で管理運営の基本方針、予算・決算、事業計画など、センターの運営に関する必要事項が審議決定された。

1981（昭和56）年9月30日に新しく情報処理研究センター棟が竣工した。

情報処理教育の進展

情報処理センター発足後、専任教員が置かれたことにより、1977、1978年度にセンター教員を中心に総合コース「電子計算機の歴史と現代」を開講、1979（昭和54）年度には、「電子計算機基礎」、1986〜1992（平成4）年度には「情報化社会と人間」を開講した。1980（昭和55）年度からセンター教員の担当により、一般教育科目「コンピューターサイエンス」が社会学部を開講責任学部として、文学部、社会学部、商学部で開講された。

商学部研究活動での利用

経済学、商学関係のソフトとして、増谷教授が産業研究所長時代の1978年度に「日経ミクロデータ（NEEDS）」が購入された。しかし、ソフトは購入されなかったため、当時の商学部の若手教員と大学院生が協力し「NEEDSシ

※ 関学ジャーナル創刊号

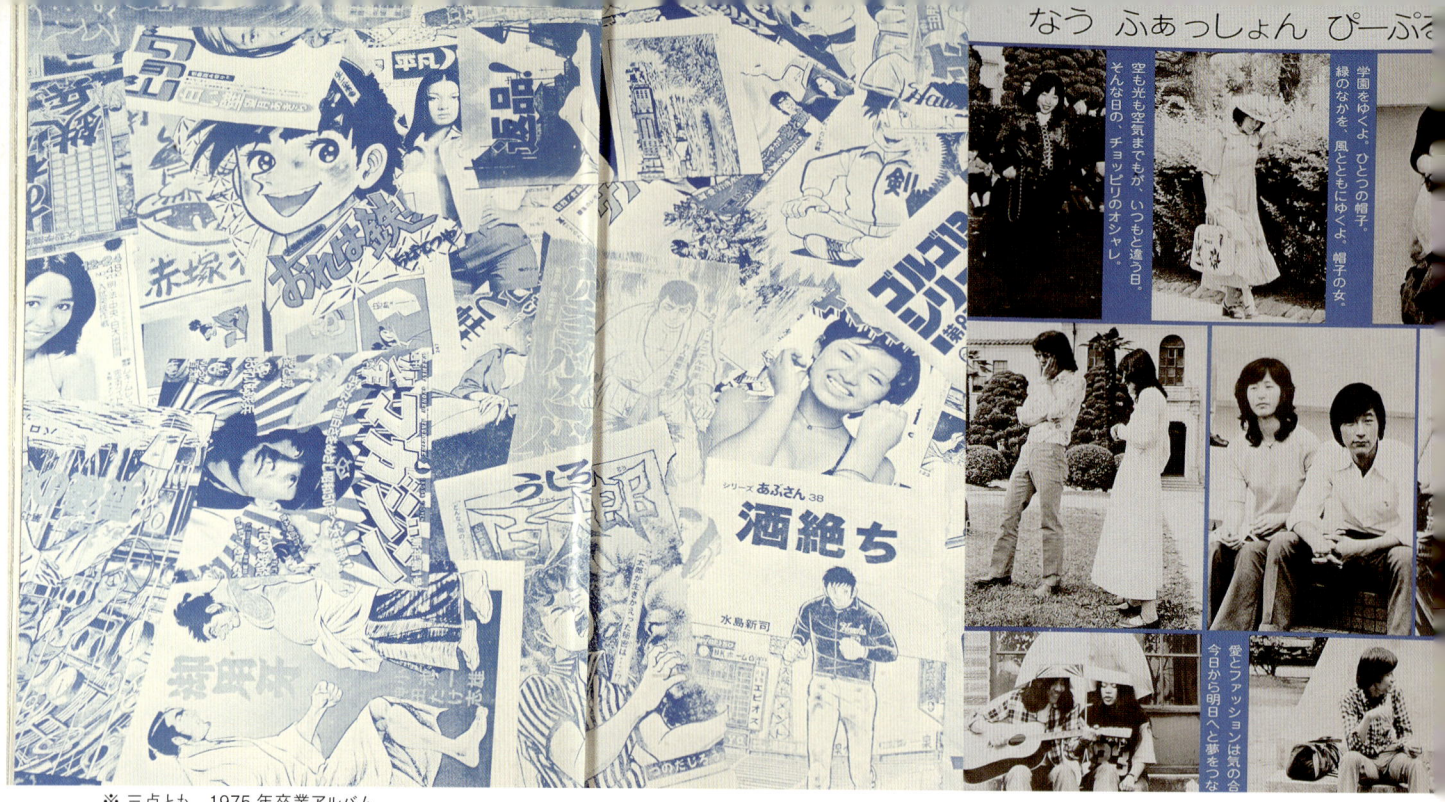

※ 三点とも　1975年卒業アルバム

ステム」が開発され、毎年データの更新とともに、利用者の希望を取り入れて、ソフトの充実・改善が行われている。

さらに1981（昭和56）年度には、計量経済学のための応用ソフト「STEPS」が加えられた。日経データバンクには1982（昭和57）年8月にミクロデータ（財務データ）が追加され、ミクロデータ利用のためのソフトウェア「NEEDS/MICROシステム」が導入された。

1982年9月から、大学間ネットワーク（N1ネットワーク）のサービスが開始され、ホストコンピューターを経由して、東京大学、京都大学、大阪大学の大型コンピューターが、TSS（Time Sharing System）で利用できるようになった。1983（昭和58）年8月に筑波大学、84年度に北海道大学のシステムも利用できるようになった。また、1987（昭和62）年度から、N1ネットワークを通して、学術情報センターの情報検索サービスの利用が可能となった。

事務業務の情報化

事務利用に関しては、入試利用があげられる。情報処理研究センター発足後、1977（昭和52）年2月の入試において、マークシート読み取り機が購入され、試験的にマークシートの採点ならびに入試データ処理が部分的に行われた。翌年、1978（昭和53）年2月の入試では、全学部のマークシート採点処理を開始するとともに、付随統計処理、監督者リストの作成、入試の追跡調査などを行うようになった。入試業務のソフトはセンター教員によって独自に研究開発され、毎年メインテナンスと改良が加えられた。センターは入試における機械採点業務で貴重な役割を果たしたが、ホストコンピューターのTSS利用が本格化し、学内間あるいは学外とのネットワーク化が進行するに従って、入試業務遂行上、その機密性の保持に問題点が予測されるようになり、1990（平成2）年2月の入試をもって学内での機械採点業務は廃止された。

計算センターは、もともと教務部に所属していたこともあり、教務事務の機械化が早い時期から検討されていた。1974（昭和49）年度からマークシートを用いて商学部で試験採点が行われ、翌、1975（昭和50）年度から各学部でも試験採点処理に利用されはじめた。情報処理研究センター発足後、1977年度に社会学部と商学部の1年生について、履修届マークシートの読み取りや学生原簿（成績表）の処理などが試験的に実施された。これらの業務は、1979（昭和54）年度から全学部で行われるようになった。また、1980（昭和55）年度から卒業判定の機械処理が可能となり、1981年度には成績証明書の処理が加わり、教務事務の機械化は、ほぼ完成した。

※ うどん自動販売機の登場　1975年卒業アルバム

4 国際交流の進展

国際交流の進展、SMUとの交流

アメリカ・南メソヂスト監督教会の宣教師によって創設され、戦前にはアメリカ・カナダの両メソヂスト教会によるミッション・ボードが経営に当たった関西学院にとって、国際交流、特にアメリカとカナダとの関係は、必然的なものであった。発祥の地が神戸であり、戦前から、多くの在日外国人を受け入れるなど、学内には国際的な雰囲気があふれていた。戦後も、常に一定数の宣教師がキャンパス内に居住し、学生の課外活動を通じた交流が行われるなど、国際交流は活発に展開されてきた。

1970年代に入ると、新しい時代の要請に即した国際交流が求められるようになり、手始めとして南メソヂスト大学（以下、SMU）との交流が行われることになった。SMUは学院創立の中心となった南メソヂスト監督教会を母体とする大学であり、学院からも当時すでに10数名の卒業生が留学していた古くからの親しい大学だった。両大学では、正式な交流協定が結ばれる前の1974年から、互いの教授を交換するための宿舎を提供することがスタートした。

新しい国際交流の在り方を考えるための調査・研究もスタートした。1976（昭和51）年から3回にわたり、学院主催による海外視察が実施された。1979年には海外諸関係大学の現場視察を行い、参加した多くの教職員が学んだことは少なくなかった。また、1977年には学院の広報委員と企画調査室の協同編集による『国際交流と大学』が発刊された。

若手教員に留学の機会を与えるランバス留学制度も1977年からはじまり、ランバス留学第1号として商学部の平松一夫専任講師がアメリカ・シアトルのワシントン大学に留学した。

国際センターの設置

学院は創立90周年に当たる1979年から、制度としてより整った形での国際交流を推進し始めた。学院・大学・高等部・中学部と諸外国との国際交流に関する業務を円滑に推進するため、同年4月「国際交流センター」（International Center、のちに「国際センター」と改称）が設置された。運営に当たって二つの委員会が設けられた。一つは、

※ SMU留学生　1981年

第七章 教育研究の拡充と神戸三田キャンパス

※インドネシア交流セミナー 1984年

SMU学生交換委員会であり、もう一つはインドネシア交流委員会だった。SMU交換学生委員会は、各学部選出委員と学長任命委員によって組織され、主としてSMUとの交換学生の選考と単位認定に携わった。インドネシア交流委員会は、1979(昭和54)年3月にインドネシア交流セミナー準備委員会として発足し、夏期プログラムの企画やメンバーの選考などを行った。

1979年10月にはSMUとの間に包括協定が結ばれ、これが関西学院にとって外国の大学との初の協定締結となった。その後、1981(昭和56)年11月にサティア・ワチャナ・キリスト教大学、1982(昭和57)年6月に吉林大学(中国)、1985(昭和60)年10月にビクトリア大学/トロント大学文理学部(カナダ)、1989(平成元)年5月にネブラスカ・ウェスレアン大学(アメリカ)とそれぞれ協定が結ばれた。

商学部生からも、インドネシア交流セミナーなどに積極的な参加が見られた。

ランバス記念講座
インターナショナル・セミナー
コーヒーアワー

世界を舞台に奉仕した創設者W.R.ランバスの精神を継承することを願って、創立90周年を記念してランバス記念講座が開設された。この講座は、世界的に著名な人物を学院に招聘し、学内で学生・教職員のためだけでなく、学院創立の地である神戸で市民のため講演会を開催するという企画であった。

第1回ランバス記念講座は、1979年6月にエドウィン・O・ライシャワー博士(元駐日大使・ハーバード大学教授)を講師に招いて開かれた。2日間の学内での講演、神戸国際会館ホールでの講演、千刈セミナーハウスでのセミナーはいずれも満員の盛況だった。

この講座は以後、1981年にエズラ・F・ヴォーゲル教授(ハーバード大学)、1981年にロバート・N・ベラー教授(カリフォルニア大学社会学部長)、1982年にスジャトモコ博士(国連大学学長)、1983(昭和58)年にエンディミオン・ウィルキンソン博士(EC委員会駐東南アジア副代表)、1984(昭和59)年にハーバート・パッシン教授(コロンビア大学)をそれぞれ講師に招いて、1984年までは毎年開催された。

第1回インターナショナル・セミナーは「日本と異文化の遭遇」というテーマのもと、24名の参加を得て、1980(昭和55)年3月6日から3日間開催された。このインターナショナル・セミナーは、テーマに関連する分野で活躍している内外講師陣による英語での講演をもとに、参加者が英語で討論するセミナーである。このセミナーには学外からも参加希望があり、高い問題意識と活発な意見交換を特徴としている。第2回以降も毎年3月上旬に3日間にわたって、毎回40名前後の参加者を得て開催されてきた。第2回以降のテーマは、1981年が「アセアンの挑戦」、1982年が「カナダと日本」、1983年が「現代世界における女性の社会的平等」、1984年が「パシフィック・リム」、1985年が「アフリカ」、1986(昭和61)年が「平和」、1987(昭和62)年が「アセアン」、1988(昭和63)年が「人権と私の責任」、1989年が「国際開発」であった。

コーヒーアワーは、国際センター設置から、世界各地から来学した教授、研究員、卒業生、留学生などをゲストに迎えて年間数回開催されており、学内外の参加者が気軽に話し合える場となっている。

※第1回ランバス記念講座 E.O.ライシャワー博士 1979年

5 学生自治の変化と商学部傘下団体

※ バブル期のはじまり　1980年卒業アルバム

学部自治会の崩壊

関西学院大学の学生全員が加入する自治組織であった学生会は、最高執行機関である全学執行委員会のもと、7つの学部自治会と6つの任意団体とによって構成されていたが、1968（昭和43）年から1969（昭和44）年の大学紛争によって、自治会組織が次々に崩壊し、1969年以降、学生会の執行機関である全学執行委員会不在の状況が続いている。

商学部でも、1969年6月に商学部の自治組織である商学会の役員が任期切れとなった後、後任が選出されることはなく、活動を停止したままである。

学部自治会で、2013（平成25）年度まで活動を続けているのは、法学部自治会のみである。

学生会費と財務管理委員会

1968年度までは、学生会費を全学執行委員会委員長の依頼に基づいて大学が代理徴集してきた。全学執行委員会は予算を立案し、全学学生総会の承認を得た後、これを各公認団体に配分していた。しかし、学生会の本部機能が停止してしまった1969年度の学生会費については、宙に浮いた形で大学が預かることになった。これが「学生会預り金」である。ただし、学生会の本部機能は停止しても、6総部（体育会、文化総部、新聞総部、総部放送局、応援団総部、宗教総部）2自治会（神学部、法学部）の活動は継続していた。学生会費の配分が行われないということは学生の活動にとっては死活問題となったため、大学は理事会に経常会計からの貸付を要請した。その結果、学生会費が学生会公認団体に交付された時点での返済を条件に「学生会特別措置貸付金」として、1968年度学生会予算の各団体交付額の70％に当たる金額が責任体制の明確な学生会公認団体に貸し付けられた。この措置は当初1968年度限りの予定であったが、全学執行委員会が再建されないままで、公認団体からの強い要望もあり、その後も慣例となった。大学は、その年度内に全学執行委員会が再建された場合に備えて、また「特別貸付金」の担保として70年代以降も代理徴集を続けた。

1977（昭和52）年末、全学執行委員会が再建されるまで暫定的に当該年度の学生会費を学生で管理運営する機関として財務管理委員会が設立された。1978（昭和53）年度以降現在まで財務管理委員会委員長の依頼に基づいて大学が学生会費を徴収している。財務管理委員会は、6総部1自治会に対する当該年度の学生会費の配分や、大学祭への援助、学生会再建のための情報宣伝活動を行っている。委員長は学生の立候補者の中から選任され、他の役員は委員長が任命し、公示による全学承認を経て選出されることとなった。

課外活動助成基金の発足

財務管理委員長による代理徴集依頼によって、大学が学費納入と同時に徴収している学生会費は、1968年当時の金額（新入生は入会金を含めて3,000円、2年生以上は2,000円）のままであったため、その配分を受けている多くの課外活動団体からは、資金面の窮状が寄せられていた。

従来から、課外活動を広い意味での教育の一環と位置付けてきた大学は、こうした状況を打開する一助として、「関西学院大学課外活動助成基金」の制度を1985年度から発足させ、この基金の利息をもって、大学が認知している課外活動団体（学生会公認団体と大学の登録団体）に助成金を交付することにした。1969年度から1977年度までの「学生会費預り金」を発展的に解消させ、課外活動の助成を図るために設立されたものである。1984年度末に、基金に投入された金額は5億5,900万円で、内訳は以下の通りであった。

1) 1968年度から1977年度までの「学生会預り金」の元金（2億7,400万

第七章　教育研究の拡充と神戸三田キャンパス

※ 学生経営研究会　1975年卒業アルバム

※ 会計研究会　1975年卒業アルバム

　円）から「学生会特別措置貸付金」
　（1億6,100万円）を差し引いた額
　　……1億1,300万円
2）「学生会預り金」利息相当分
　　……2億1,300万円
3）学校法人からの拠出金
　　……1億6,100万円
4）大学からの援助金
　　……7,200万円
　　合計5億5,900万円

商学部商学会傘下団体の取扱問題

　商学会の傘下団体として、会計研究会、広告研究会、学生経営研究会、証券研究会、商業英語研究会などが大学紛争後も活発な活動を続けていた。大学担当部局の学生部学生課は、商学会傘下団体が現実に存在しているにもかかわらず、その存在を認めず、学生会費を配分する団体とはみなさないという判断を下した。

　会計研究会出身であった平松一夫教授を中心に学生課に対して商学部傘下団体を公認団体と認めるようにという働きかけが1980年代初めになされた。学生課は容易には判断を変えなかった。ところが、学生部以外からは、商学部傘下団体が認知されていくこととなった。まず第一に、会計研究会が簿記の全国大会で優勝し、関西学院後援会は会計研究会の成果を認め表彰団体に加え、表彰した。また、財務管理委員会に、会計研究会の学生が加わり、学生会費の配分に力を尽くした。父兄会である後援会の認知と、学生団体である財務管理委員会に会計研究会の学生が参加し活躍するという実績を積み重ねた結果、商学部傘下団体にも助成金が配分されることになった。

　現在、卒業アルバムには、「商学会研究会　委員会傘下団体」として掲載されている。

自動車通学禁止・バイク通学禁止

　上ケ原キャンパスは、住宅と幼稚園、小・中・高等学校のある文教地区に位置している。本来、閑静であるこの地区に居住する住民は、学生が通学に使った車を玄関先に停められたり、農作業を妨げられたり、ゴミの収集や生活物資運搬のための車両の通行や緊急自動車の走行にも支障をきたしたりと、学生による迷惑駐車に悩まされていた。大学は、数次にわたる学長公示や自動車通学自粛キャンペーンを実施したが、依然として自動車やバイクによる通学は減少しなかった。1983（昭和58）年4月1日以降、身体上の障害のため自動車を使用しなければ著しく通学が困難な学生を除いて、自動車による通学を全面的に禁止した。

　それにもかかわらず、学院周辺での学生による迷惑駐車は後を絶たず、住民からの苦情もますます多くなった。その結果、1985（昭和60）年10月に、学生の自動車・バイクによって生じる問題を教育環境、交通事故、地域住民への影響などの諸側面から総合的に検討し、有効な対策を立てることを目的として「自動車・バイク問題対策委員会」が設置され、学生部学生課を事務局として学院・大学を挙げて自動車・バイク問題に取り組むことになった。毎年、春と秋に、教職員を動員した自動車通学禁止・バイク通学自粛キャンペーンが実施された。自動車調査巡回員による学院周辺の迷惑駐車車両の所有者調査も行われている。

※ 1972年卒業アルバム

6 北摂土地問題、院長公選の廃止と復活

◇ 久山康院長・理事長

学院組織問題

「学長代行提案」の「法人組織における意思決定と経営」では、院長職について次のように述べている。

現行の職制では、院長はきわめて大きな権限をもち、しかも、理事長、院長、学長の三者の機能の重複があるために、多くの不都合な問題が生じた。院長職については抜本的な改革が必要であるが、いくつもの考え方があり今後の検討にまたねばならない。たとえば次のような考え方がある。

（1）院長職を廃止する。その場合、中・高部は学長に直属するか、ないしは理事長に直属する。
（2）学院を精神的に統合する象徴的地位として院長職を残し、その実質的権限を切り離す。
（3）院長職と理事長職を兼任ないし一体化する。

このような状況の中で、1973（昭和48）年2月23日、学長選挙が行われ小寺武四郎が選出された。続いて、同年3月30日に従来の選挙規定による院長選挙を実施すると、既に学長再任が決定していた小寺武四郎が選出された。翌年1973年度には、小寺学長の院長兼任という「学長代行提案」が予想していなかった体制に入った。

このような事情もあって、小寺武四郎第10代院長は就任後すぐに院長制・理事会などを含む学院組織問題を解決するため理事会に学院組織担当の理事を設けた。理事会は寄附行為の改正を急ぎ、1973年10月27日の第61回定期評議員会は満場一致で改正を承認した。その内容は、院長職の存続、理事長の院長兼任、従来型の院長公選制の廃止、理事長を補佐する専任常務理事制の採用、同窓生より選出の評議員を6名から10名に増加などであった。

寄附行為の改正は、1973年12月13日、文部省の認可を得て、大学紛争後の教学と経営の独自性による分離と統一を目指して、ひとまずの結論を得た。この改正寄附行為による新しい理事構成の手続きが進められることとなった。

小寺院長は、新体制のスムーズな出発のために1973年9月30日をもって院長を辞任、新たな理事長・院長選出まで院長事務取扱を置くこととなり、10月1日に玉林憲義文学部教授が就任した。

久山康理事長・院長体制の長期化

任期3年の理事長・院長制のもとで新たな理事会が構成され、法人事務局の整備が進められた。学校法人以来の歴代理事長は、初代 H. W. アウターブリッジ、二代今田恵、三代木村逢伍、四代北沢敬二郎、五代加藤秀次郎、六代矢内正一と引き継がれ、七代で理事長が院長を兼任することになった。

1974（昭和49）年2月7日、理事長・院長には、久山康文学部教授が選出された。大学の国際センターの設置や関西学院通信『クレセント』の発刊など、久山理事長・院長体制の下、活発な学術広報活動が見られるようになった。創立90周年記念事業では、学院の歴史を綴る映画『パール・リバーから地の果てまで―Bishop W. R. ランバスの生涯―』（1980年）が、また1985年には『Keep this holy fire burning―創立から終戦まで―』が製作された。

このような企画力と実行力を持つ学院体制の在り方は、小宮院長時代に芽生えていた大学との協調を欠くという問題が顕著になって現れることとなった。1975（昭和50）年2月の西治辰雄学長の辞任から、久保芳和、小寺武四郎、城崎進と学長が続く時代は、院長・学長の二重構造下の意思決定が問題とされた。

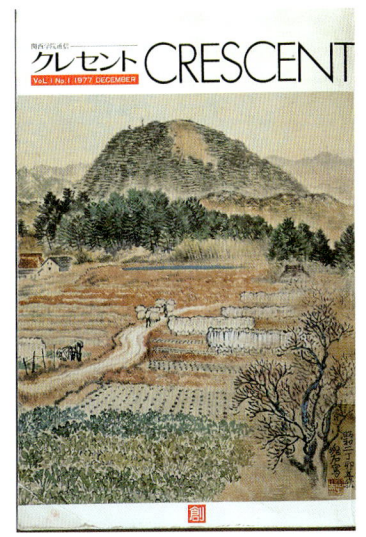

※ クレセント創刊号

北摂土地問題

1984（昭和59）年には、1978（昭和53）年以来検討を行ってきた新校地取得計画が具体化した。新校地取得は、文部省よりたびたび勧告を受けてきた校地不足問題を解消し、学院の将来の発

第七章　教育研究の拡充と神戸三田キャンパス

展基盤をつくるため、理事会の長年の懸案事項であった。その場所とは、兵庫県が三田市北摂ニュータウンに開発した20万坪の用地であった。

大学からはこの計画に反対の意見が出され、同窓会からも学内における意見の一致を実現するよう要望書が提出された。理事会では対立意見の融和をはかるため、6名の委員を選任し、大学との調停に当たった結果、当初の20万坪購入計画を取り下げ、土地面積を約半分の10万6,000坪に縮小したうえで購入する代案が1985(昭和60)年6月13日の理事会に提出された。この代案は同年7月11日の理事会で可決され、8月26日の評議員会の同意を得て正式に決定した。

城埼進学長は、計画反対が受け入れられなかったことから、学長再選による任期2年のうち半年を残した1985年9月12日、辞任した。代わって武田建社会学部教授が学長に選出された。武田学長も北摂土地計画には反対の立場だった。1986(昭和61)年に久山理事長・院長が5期目の選出をされたころから、学院創立百周年を迎える1989(平成元)年にかけて、学内の融和を諮る動きも出てきた。その結果、1988(昭和63)年度末に北摂新校地購入の正式契約を交わした時点で、理事長・院長と学長が、任期途中ではあるが同時に辞任し、院長公選制を復活し、院長と理事長を新たに選任するという従前の仕組みに戻り、百周年を新しい体制で迎えることに久山理事長・院長と武田学長の双方が同意した。

このことは久山理事長・院長の1988年度報告では、次のように記されている。

「1974(昭和49)年に法人組織の改編が行われ、理事長・院長制が実施されて15年が経過したが、この度、組織の検討を再び行った結果、1989年度から再び理事長職と院長職を分離することとなり、そのための寄附行為の改正を決定し、1989年2月10日付で文部大臣の認可を受けた。また、百周年を迎えるにあたり全学の融和をはかって祝いたいと考え、武田学長と協議のうえ、次の『声明』のような決断を行った。」

そして、3月には専任教職員、理事、監事などの直接投票による院長選挙が行われ、宮田満雄社会学部教授が院長に選出された。学長には、文学部の柘植一雄教授が選出された。そして、次年度からは、同窓でトヨタ自動車販売（株）顧問（前代表取締役）の加藤誠之氏が新理事長に就任し、関西学院運営の責任を負うこととなった。

百周年記念行事の後、兵庫県との売買契約から5年以内に教育施設を建設する義務もあり、関西学院大学は一度決定していた「上ケ原一拠点主義」を変更、北摂地区の土地を「関西学院神戸三田キャンパス」と名付け、総合政策学部を設置することとなった。

「声明」

百周年を前にして、学院の融和と発展のために私達は本年度終了とともに退き、新しい人々の力によって、関西学院の輝かしい第二世紀を切り開いていただくことを切望いたします。

昭和63年11月16日
理事長・院長／久山康　学長／武田建

◇ 造成中の神戸三田キャンパス

◇ 北摂地区開発計画図

Column VII

Promoting Education and Research 7

甲東園駅周辺の変遷 1

※ 甲東園駅ホーム　1958年卒業アルバム

※ 古書店　1942年卒業アルバム

【甲東園駅の始まり】
　1921（大正10）年に西宝線が単線開通、翌1922（大正11）年複線開通した。開通時の西宮北口・宝塚間の途中駅は、小林と門戸厄神の2駅のみだった。芝川家が天津桃畑であった甲東村神呪寺中河原付近（甲東駅東側）の一帯1万坪、軌道用地そして5,000円を阪急に寄付することで、新駅「甲東園前駅」が1922年に開設された。寄付地は現在の甲東園1丁目と2丁目付近で、阪急電鉄は翌1923（大正12）年に3丁目を含む一帯1万坪の分譲と建売住宅48戸を売り出した。
　仁川駅についても、神戸・御影や住吉、そして宝塚・雲雀丘開発を手がけた阿部元太郎氏率いる日本住宅（株）が一万坪を寄付して1923年設置された。
　芝川又四郎（又左衛門長男）が、甲東園の発展には、学校、病院そして産婆が必要と痛感、関西学院、西宮回生病院分院（現、山内病院）を1925（大正14）年に誘致、そして婦人科病院として開設された大阪・緒方病院（緒方洪庵の養子拙斉の養子正清が設立）出身の石黒てるが駅に面した東側角地の線路沿いで開業した。

第七章　教育研究の拡充と神戸三田キャンパス

甲東園駅周辺の変遷 2
―― 震災被害と復興後の駅周辺風景 ――

甲東園駅西南方向の震災被害と現状

甲東園駅西北方向の震災被害と現状

甲東園駅東方向の震災被害と現状

□◎ 被災の状況は広報室提供、現在の写真は古谷桂信撮影

第八章

商学部の教育改革への挑戦

1989～2000

年	月日	学院関係	月日	社会一般
1989（昭和64・平成元年）	2.1	神学部を除く6学部が東京入試実施	1.7	昭和天皇没、元号平成となる
	2.10	寄附行為改正（理事長と院長の分離）の文部大臣認可	4.1	消費税実施
	3.30	講義棟A・B・C号館竣工式	4.12	大嘗祭に関するキリスト教主義四大学長の共同声明
	3.31	兵庫県と北摂土地譲渡契約締結	7.1	大学審議会、大学設置基準改正（大綱化）
	4.1	理事長に加藤誠之、院長に宮田満雄、学長に柘植一雄就任		
	5.8	アメリカ・ネブラスカ・ウェスレアン大学との学生交換協定締結		
	11.4	創立100周年記念式典、ホームカミング・デー・オン・KGキャンパス		
1990（平成2）年	3.28	講義棟D号館竣工式	1.13	大学入試センター第1回試験
	4.1	石田三郎、商学部長に就任	11.12	即位の礼
	4.1	商学部入学定員を650名に増員	11.22	大嘗祭
	6.15	アメリカ・パシフィック大学と学生交換協定締結		
	6.23	カナダ・クィーンズ大学と学術交流協定締結		
	9.20	アメリカ・マサチューセッツ大学アムハースト校と学生交換協定締結		
	12.20	中国・蘇州大学と学術交流協定締結		
1991（平成3）年	1.31	ブラジル・ロンドリーナ州立大学と学術交流協定締結	1.10	特別永住者などの指紋押捺廃止
	7.29	イギリス・マンチェスター大学と学生交換協定締結	1.17-2.28	湾岸戦争
	8.5	アメリカ・ノース・キャロライナ大学と学生交換協定締結	12.21	ソ連邦消滅
	8.8	中国・中国人民大学と学術交流協定締結		
	12.13	オーストラリア・シドニー大学と文化協定締結		
1992（平成4）年	4.1	武田建氏、理事長に就任	1.22	「脳死」は「人の死」を認める答申
	4.1	言語教育センター設置	6.3	地球サミット開幕（リオデジャネイロ）
	4.1	セメスター制実施		
	4.1	商学研究科、大学院飛び級入学制度実施		
	4.1	大学自己点検・評価制度実施		
	4.1	商業科推薦入試（依頼校制）実施		
	4.1	大学組織の改編、副学長職設置		
	4.1	中西正雄、商学部長に就任		
	4.-	商・文学部スポーツ推薦（公募制）新入生入学		
	4.-	大学院、外国人留学生入学		
1993（平成5）年	2.12	カナダ・マウント・アリソン大学と学生交換協定締結	1.1	EC統合市場発足
	3.15	イギリス・スターリング大学と文化協定締結	3.16	最高裁、教科書検定合憲判決
	4.1	商学研究科にマネジメント・コース（昼夜開講制、社会人対象）設置		
	7.29	韓国・延世大学と包括協定および学生交換協定締結		
	11.11	アメリカ・エモリー大学と包括協定および学生交換締結		
1994（平成6）年	4.1	柚木学、学長に就任	1.13	最高裁初の女性判事
	4.1	森本隆男、商学部長に就任	2.-	昨年秋の米凶作による米不足騒ぎ
	4.1	「商学部奨励奨学金」制度発足	9.4	関西国際空港開港
	4.11	香港・香港中文大学と学生交換協定		
	6.-	笹森奨学金開始（商学部）		
	7.15	商学研究科、イギリス・ウォリック大学、ウォリック・ビジネススクールと文化協定締結		
	9.14	講義棟E号館、第1教授研究館新館竣工		
1995（平成7）年	1.22	関西学院救援ボランティア委員会発足	1.17	阪神・淡路大震災
	3.18	阪神・淡路大震災による犠牲者追悼礼拝	3.20	東京で地下鉄サリン事件
	3.31	イギリス・オックスフォード大学と包括協定締結	4.19	円相場の高騰（1ドル80円台に突入）
	10.1	新大学図書館第1期開館	7.24	文部省と日教組和解
			7.-	以降、金融機関の破たん相次ぐ
1996（平成8）年	1.12	カナダ・マギル大学と学生交換協定締結	3.27	らい予防法廃止法成立
	4.1	水原凞、商学部長に就任	7.1	堺市の小学校でO-157菌による集団中毒発生
	8.22	インターネットに関西学院のWebサイト開設		
1997（平成9）年	3.22	ベトナム・ハノイ・コマーシャル大学と学生交換協定調印	4.1	消費税率5％に引き上げ
	4.1	今田寛（文学部）、学長に就任	5.8	アイヌ文化振興法成立
	4.1	複数分野専攻制実施	7.1	「中国香港」がスタート
	9.25	新大学図書館竣工	12.1	京都地球温暖化防止会議開催
			12.9	介護保護法案成立
1998（平成10）年	2.17	ドイツ・アウグスブルグ大学と学生交換協定締結	3.19	NPO法制定
	3.20	アメリカ・ジョージア大学と学生交換協定締結	4.1	改正外国為替管理法の制定を皮切りに金融ビッグバン幕開け
	3.27	ハイテク・リサーチ・センター竣工式		
	3.27	「ランバス関係姉妹校協定」締結（関西学院、聖和大学、広島女学院、啓明学院、パルモア学院）	4.5	明石海峡大橋開通
	4.1	今井譲、商学部長に就任		
	4.1	谷口智香（現、阪智香）専任講師就任（初の本学部出身女性教員）		
1999（平成11）年	7.26	カナダ・ブリティッシュ・コロンビア大学と学生交換協定締結	1.1	欧州にユーロ誕生
	9.16	関西学院会館竣工式	2.28	初の脳死移植実施
			8.9	国旗・国家法成立
2000（平成12）年	4.1	杉原左右一、商学部長に就任	2.6	大阪府知事選で全国初の女性知事誕生
	4.7	関西学院エクステンションセンター「K.G.ハブスクエア大阪」開所式		
	6.24	関西学院大学スポーツセンター竣工式		
	9.9	中国・中山大学と学生交換協定締結		
	9.28	関西学院創立111周年記念式典		

※ 2000年卒業アルバム

A Challenge for Education Program Reform 8

1 関西学院創立百周年記念事業

創立百周年を目指してのキャンパス整備

　1984（昭和59）年7月21日、新学生会館が竣工した。延べ床面積21,000㎡で学生会館棟、武道棟、部室棟の3棟からなり、地下2階には、太陽熱利用の25m公認温水プールを備えるなど、当時としては全国有数の規模を誇った。大学生協本部、生協書籍部、生協食堂、その他業者の経営となるレストランも設けられた。原田の森時代から営業している「東京庵」もここに入居している。

　学院創立100周年記念事業としての建築計画も進み、A・B・C号館という新しい講義棟も1989（平成元年）年3月30日に竣工し、新年度から利用が開始された。A号館は法学部準専用棟として、4階建て延べ床面積3,414㎡、法学部学生自治会室、自治会傘下研究部室、学生読書室、演習室、教室、講師控え室などを備えている。B号館は延べ床面積866㎡で、500名収容の大教室や、視聴覚設備を完備した講義室などを備えている。C号館は、経済学部準専用棟として、延べ床面積3,211㎡、教室、演習室、事務室、講師控え室を有している。この3棟の竣工によって、教室の不足は大幅に解消され、近代的な機能を備えた先端的な授業展開が可能となり、学術研究会や、学内外のシンポジウム会場としても利用されるようになった。

　1989年度には、商学部の準専用講義棟としてD号館が完成した。地下1階地上4階、延べ床面積3,729㎡の中に22の小教室および演習室（パソコン教室2教室）の他、講師控室も備えている。地下は、商学部傘下学生団体、会計研究会、学生経営研究会、広告研究会、国際ビジネスコミュニケーション研究会、証券研究会などの部室として使用されている。なお、D号館建築にあたっては、商学部笹森四郎教授の遺産が、ご家族から建築資金の一部として提供された。

A Challenge for Education Program Reform 8

戦前に建てられた旧第一教授館別館、旧商学部チャペル、旧産業研究所、旧学生寮3棟、第一から第三までの別館、旧法学部本館、旧高等部校舎、日本人教員住宅などが取り壊された。

百周年記念式典と記念出版事業

学院の創立百周年を祝う記念行事は、創立記念日の9月28日には、教職員中心に「記念礼拝」が開催された。また、9月22日には、発祥の地、原田の森においても記念式典が開かれた。

「関西学院創立100周年記念式典」は、11月4日午前10時から中央講堂で挙行された。秋晴れのもと、国内外から多数の来賓を迎え、約800人の参列者が中央講堂に集まった。

1989年6月9日～14日まで、大阪梅田の阪急百貨店では、7階の催し物会場にて「オール関西学院グラフティ」が開催された。この企画は、パネル展示や写真展示、映像などによって関西学院の歴史や現状、未来を紹介する他、入試コーナーも設け、大学、高等部、中学部それぞれの入試相談も行われた。ステージイベントでは卒業生のトークショーや学生音楽団体の演奏が行なわれた。学校が主催して百貨店でこのような大規模な催しが開かれるのは全国でも初めてのことで、期間中、約4万4,000人が来場した。

百周年記念出版事業としては、1989年11月3日の記念式典に合せて、図録『関西学院の100年』が、記念出版専門委員会によって編纂され刊行された。学院史としては、これまでに『開校四十年記念関西学院史』、『五十年史』、『六十年史』、『七十年史』が出されているが、その後の30年の歴史を埋める百年の正史を編纂するためには、7、8年の歳月を要するため、まずは、図録の形での略史を刊行した。A4版208ページの『関西学院の100年』は、約600点の記録写真と図版で構成した、目で見る100年の歩みであった。

百年正史の編纂は、1990（平成2）年4月1日、関西学院百年史編纂委員会が設置され、学院史資料室を事務局として、「資料編」2巻、「通史編」2巻の編集執筆作業が進められ、1998（平成10）年3月に全4巻が完成した。

※1990年卒業アルバム

2 商学部スポーツ推薦の導入

関学スポーツ黄金時代の回復へ

商学部では、1992（平成4）年4月入学生からスポーツ推薦制度を実施した。関西学院は、ベーツ第4代院長以来、学問とスポーツの双方を大事にすることが伝統であった。スポーツを通じての人間教育の重要性が認められ、重んじられていたのである。戦前の高等商業学部時代から商経学部時代は、関西学院は学生スポーツ界の雄としてその存在が認められていたし、実際に素晴らしい人材が輩出した。東京オリンピック女子バレーボールで金メダルを獲得した大松博文監督や、メキシコ五輪で銅メダルを獲得したサッカーの長沼健監督は、そうした関西学院体育会黄金期の代表的人物である。体育会の各部には、優秀な新入生を獲得する伝統が受け継がれていた。ところが、大学紛争の嵐が吹き荒れ、優秀な新人を獲得する体育会の伝統は失われてしまった。

スポーツ推薦実施

1990年頃、平松一夫教授からスポーツ推薦制度を復活させる提案が出された。反対意見を述べる教員もいたが、旧制中学からの出身であった石田三郎学部長は、スポーツを重視してきた関学旧制大学の卒業生であり、スポー

135

第八章　商学部の教育改革への挑戦

ツを重視する伝統に理解があった。そこで、議論が続けられ、スポーツ推薦を試みることとなった。同時に商業高校からの推薦も発案され、中西正雄教授が商業科推薦の案をまとめる責任者となり、スポーツ推薦の案は今井譲教授を中心にまとめられることになった。何人枠にしようかという議論になった時、650人の定員の中で人数枠の議論は錯綜したが15名でスタートすることになった。

同時に当時の文学部学部長、畑道也教授に文学部でもぜひスポーツ推薦をと話を持ちかけた。畑教授の父が関学体育会のモットーである「ノーブル・スタボネス」の言葉を生み出したテニス部の顧問、畑歓三先生であったので、商学部と文学部は1991（平成3）年秋からスポーツ推薦を導入することになった。

□ アメリカンフットボール部／有馬隼人　サッカー部／宮崎健治　バスケットボール部／家村円

スポーツ推薦制の定着と効果

関学商学部のスポーツ推薦では、実際に入ってきた学生たちが大活躍を見せるようになった。スポーツ推薦制度は、商学部と文学部から他学部にも広がるようになった。2000（平成12）年1月28日発行の165号関学ジャーナルで、1999（平成11）年度に活躍した競技の代表者が「羽ばたけKGスポーツ」という特集に取り上げられている。5人の内3人が、商学部スポーツ推薦4期目の入学生だった。箕面高校を関西高校アメリカンフットボール大会決勝に導いた有馬隼人（商4）、長崎県国見高校でサッカーインターハイを制した経験を持つ宮崎健治（商4）、洛南高校でバスケットボールインターハイ、国体ともに3位の経験をもつ家村円（商4）と、自己推薦入試で入学した女子弓道で全国制覇した小椋郁美（社1）、走り幅跳びでインターハイに出場した黒田公一（総政2）が出席した。成果を上げ始めた関学スポーツの強さについて、サッカー部の宮崎は、組織力と90分の集中力をあげた。アメリカンの有馬は、伝統の組織力に加えて、個々の自主性が高まり、競技への責任感が高まった点を述べた。

同級生が関西制覇や全国制覇するようになり、他の学生へも大いに刺激となっている状況が理解され、数年後には商学部スポーツ推薦の15人枠は、30人枠へと倍増されることとなった。

商学部の特徴として、2013（平成25）年度関学体育会42競技中、14競技の顧問を商学部の教員が務めている事実からも、商学部と関学体育会との伝統的結びつきの強さをうかがい知ることができる。

飛び級制度の実施

石田三郎学部長の在任中のもう一つの試みは、飛び級制度の実施である。優秀な学生には早期に大学院に進学することを認め、さらに専門性を高めてもらいたいという試みで、平松一夫ゼミの谷口智香（現、阪智香）と猪間新吾が、1992（平成4）年4月から大学院前期課程に進学した。

3　マネジメント・コース、1993年設置と冠講座

平松教授、文部省へ

商学部では、理論だけに偏ることなく、実務にも明るくなるように、また、激しく移りゆく現実の社会の実像を知ってもらう機会を作ろうという構想が持ち上がっていた。特に、大学院において社会人に向けて、社会での実務経験者に対して再度、学ぶ場を提供するべきだということが、石田三郎学部長時代から企画されていた。学内には、そのような企画を文部省が認めるわけがないという意見もあった。平松一夫教授が文部省の意向を直接打診したところ、文部省の担当者から「ぜひ実現させてください」と賛同を得た。

そこで、平松教授は同窓生であるオ

リックスの宮内義彦会長に協力を要請した。宮内氏からは、「待っていた。早稲田はすぐに来たのに関学は何で来ないのかと思っていた」といわれたという。平松教授は、宮内氏から、「シャープの辻さんのところに行きなさい」と助言を受け、直ちに辻晴雄社長にも協力を要請し、快諾された。

マネジメント・コース、1993年設置

1992年度の末、マネジメント・コースと名付けられた昼夜開講の社会人リカレント教育の大学院の募集には、定員30名のところ、この第1回は199名の応募があった。社会人向けの大学院は、関西では神戸大学が先に設置していたが、神戸大学の場合は企業からの派遣者ばかりということで、一般に募集をしての社会人大学院は実質的に関西では関西学院大学商学部が最初といえた。中西正雄学部長が、説明会で社会人としてビジネス理論を学ぶ意義を説明した。マネジメント・コース設置の実務担当者は、次年度（1993年度）の大学院執行部の教務学生委員である森本隆男教授が務めたが、とても一人では無理とのことで、大学院教務学生副委員が新設され、深山明教授が副委員となり、マネジメント・コース設置の実務を森本教授とともに担った。合格者は26名で、知識を問うというよりも、考え方を問うという選考基準で実施された。

この制度は教える側にとっても、たいへんいい刺激となった。生徒の側が社会経験を積んだ実務者であるので教える側も気が抜けない場となった。18時から21時までの予定だったが、その運営には苦労が伴った。当時の文部省の規定では、最初と最後の講義は、大学で開催することが義務付けられたが、通常は、受講者の便宜を考えて夜18時から大阪梅田や西宮北口などで講義を持った。しかし、当初は教室が安定的に確保されていたわけではなく、梅田の東梅田教会を借りたり、西宮北口のスイミングスクールの一室を借りたりと、教室の確保にも苦労を重ねた。教員の側も、昼間大学で授業をしてから夜も授業を2コマするのでたいへんな負担増であった。受講者は、たいへん熱心で、講義の後も講師に質問を寄せるものが多く見られた。夜間、上ケ原キャンパスでも講義があることに伴い、社会人受講生から図書館の開館時間を夜間講義後も利用できるように延長してほしいという強い要望が寄せられた。図書館に要請し、今井譲学部長時代に実現した。

受講者の中から研究者になって、教員になるものも出た。1995（平成7）年12月には、マネジメント・コース履修者の修士論文集『Management Review』が出版された。

冠講座スタート

平松教授が、シャープの辻晴雄会長にマネジメント・コースのカリキュラムを見せると、「企業法務の講座がない」とのアドバイスを受けた。「その講座を寄附していただけませんか」と依頼した結果、人材を派遣していただけることになった。当時は冠講座と呼ばれた企業提供講座が最初はシャープとオリックスによって提供された。これは、本来支払うべき非常勤講師の講師料と交通費などの経費まで、提供企業が負担してくれるという講座であった。シャープから野村哲夫氏（商学部青木ゼミ出身）が派遣され、8年間担当していただいた。

□ 富士ゼロックス代表取締役（当時）宮原明氏（現、理事長）2000年

オリックスの講座の最初は、宮内義彦会長自身が講師を務めた。その内容は、深山教授が驚くほどの内容の濃いものだった。

「アドバイザリー・コミッティー」制度

1993（平成5）年に開設したマネジメント・コースは、商学部OBの企業人がアドバイザリー・コミッティーとして、助言を行った。それが軌道に乗り、学部の方にも助言をいただこうと進み、カリキュラムなど商学部の様々な運営について助言をいただいた。メンバーには、オリックスの代表取締役会長宮内義彦さん、シャープの元代表取締役社長辻晴雄さん、富士ゼロックス元代表取締役の宮原明さん、阪急電鉄の元代表取締役菅井基裕さん、鐘淵化学の代表取締役古田武さん、利昌工業の利倉暁一さん、後に加わったミズノの代表取締役会長水野明人さんといった企業経営の責任を負う錚々たるメンバー10人が参加してくれた。その後、アドバイザリー・パネルと名称は変わったが、ビジネス・スクールが開設されるまで続けられた。

関西学院周辺の阪神淡路大震災の被害状況

4 阪神・淡路大震災と商学部の対応

被害の概要

　1995（平成7）年1月17日午前5時46分、兵庫県南部地方に震度7（マグニチュード7.2）の地震が発生した。震源地は淡路島北部で北緯34度36分、東経135度03分、深さは14kmと推計された。余震は、翌日10時までに717回起こり、震源地を中心に北東と南西方向約50kmに延びる線上に分布していた。その範囲は、震度7を記録した地域と重なり、神戸・阪神地域の人口密集地であった。

　被害は、1996（平成8）年1月6日現在で死者6279人、負傷者約3万5千人。建物、港湾、道路、鉄道などの被害総額は約10兆円と推定され、兵庫県内の倒壊家屋は約19万棟に及んだ。停電約130万戸、突貫工事での復旧作業の結果、1月23日にほぼ復旧した。水道は約50万戸が断水した。水道はガスとともに復旧には数ケ月を要した。JR西日本は、新幹線、在来線ともに4月に復旧したが、阪急電鉄と阪神電鉄の全線が復旧したのは6月になってからだった。

関西学院と商学部の人的被害

　阪神・淡路大震災での関西学院の建物の損害はほとんどなかった。人的被害は、在学生15人、理事1人、現・元教職員7人で、倒壊した家屋や土砂崩れの下敷きとなって生命を奪われた。さらに、同窓会の調査によると約40名の卒業生が亡くなられた。商学部の在学生では、2年生の平田智絵さんと3年生の児嶋達彦さんであった。

阪神・淡路大震災を経験した関学生の声

　震災とはどのようなものであったか。阪神・淡路大震災から、19年を経た今、リアルな生の記述はたいへん貴重なものといえる。1994（平成6）年度、秋学期定期試験に登校した学生を対象にPTSD（心的外傷後ストレス障害）関連アンケート調査がなされ、参考のために本人たちの体験を自由記述させるスペースを設けたところ、学生たちの多くが自発的に自由記述欄を埋めた結果、膨大な資料が集まった。その体験リポートが、（当時）文学部松本和夫教授編著の『関学生の阪神大震災』にまとめられた。その記録の中から、生の声を抜粋して転載する。

1年生女子

　（中略）馬術部に属しているため、地震のおこった5時46分にはすでに通学途中の電車の中にいました。（中略）そして門戸厄神の駅を出た直後、電車がものすごい勢いで揺れ、座席に座っていた私ははじきとばされて、気がついた時には「こわいっ！こわい！」と叫びながら床に寝ころがっていました。電車の電気は消え、非常灯だけがうすぐらくついていました。同じ車両にいた5〜6人は皆床にころがっていました。そして少ししてからその中の誰かが「脱線したんや。どっかの子供がいたずらして線路に石でも置きよったんやわ」と言いました。だからはじめ私は電車の事故だと思っていたのです。ところが落ち着いて電車の外を見てみると近くの家のブロックべいがたおれていて、はじめて地震がおこったのだとわかりました。

　後からわかったことですが、私の乗っていた電車のすぐうしろに171号線が落下し、前には新幹線が落ちていました。数分の差で生き延びられたのだと考えただけでもおそろしくなります。

4年生男子

　私の家は西宮市の中央体育館から歩いて3分ほどの所にあります。（中略）とりあえずみんな無事でした。しかし、近所からは泣き声とも叫び声ともわからない声がしていました。私は弟を連れて懐中電灯をもって、その家の所に行ってみると、おばあさんが大きなタンスの下敷きになっていました。声をかけると「重たくてくるしい」と返事が帰ってきました。私は弟と二人で力をふりしぼってタンスを持ち上げました。けれども重くて10cmくらいしか上がりませんでしたが、おばあさんは必死で10cm上がったすき間からはい出してきました。

　太陽がのぼってから私は弟と二人で町内をまわってみました。するとたくさんの人々が倒れた家の下じきになっていました。そして、近所のおじさんと一緒にスコップ、ノコギリ、なた、などを持って、下敷きになっている人を助けに行きました。初めに死体を見た時、ぞっとして、はきそうになりましたが、5、6体死体を見ているうちに、慣れてしまいました。ほとんどが即死の状態でした。あの死体

第八章　商学部の教育改革への挑戦

の様は時々夢の中に出てきます。本当に地獄のようでした。私の町内では結局24人の命が奪われました。

1年生男子

私は地震の当時、下宿先の部屋（西宮市上ケ原）で寝ようとしているところでした。大きな揺れを感じ、食器や家財道具が落ちてきてたいへんでしたけど、はいつくばって、つけてあったストーブの所に行き、必死の思いでコンセントを切り、次いで部屋のブレーカーを落としました。

私の家は幸いにも倒壊はまぬがれましたが、とりあえず一人暮らしの友達の家に連絡しようとして電話を取っても、当然通じず、無事かどうか、とても不安になり、気がついたら原付に乗って友達の家に向かっていました。途中の光景を見て愕然として、正直言って泣きたくなるような光景でした。仁川では道路が陥没しており、あたりはガスが充満していて、たばこの火もつけられない状態でした。幸い友達は皆生きており、たいした怪我もなくホッとしましたが、精神的にボロボロで、途中の光景を見て、「友達は死んでしまっているのではないか、僕の周りの環境は再起不能だ、何もかも終わった」といった妄想気分におちいってしまいました。

その日は川から水を運んで、火事の消化をしている人たちの手伝いとかをしていましたが、精神的に錯乱状態で、冷静な判断などできず、また前日寝ていなかったので、とても眠かったけれど部屋では余震が続き、寝れる状態ではなく、ぼろ下宿なので「大きな余震がきたら、いつ倒れても不思議ではない」と思って、眠れなかったのを覚えています。

2年生女子

（中略）地震から2日か3日たって電話があり、友達からだった。東灘区に住んでいた友達の名前が新聞の死亡者リストにのっているとの連絡だった。しかし、年齢が違っていたので、最初は「違う人だよ」と言いながら聞いていたが、その隣の名前を言った時、それは、その友達のお姉さんの名前だった。「姉妹そろって同姓同名が？」そう思った時、何も言えなくなって手が震えた。私の友達と私は、2年間同じ語学に出席し、仲が良かった。信じられなくて、涙声になるのを押さえながら、電話を切った後、「他の友達に連絡しなければ」と思いつつできなかった。ショックだった。「金曜日、別れる時は元気だったのに。成人式の話もしたのに」と、まだ半信半疑だった。

関西学院の対応

広報室がまとめた学院の震災後の動きが、『関学ジャーナル』1995（平成7）年5月号にまとめられている。主な動きを転載する。

- 1月17日　午前5時46分、兵庫県南部地震が発生。理学部1階の有機化学系研究室から出火し、延焼は防いだものの研究室は焼失。西宮市内では輻輳して通信機能がマヒ。午前10時すぎに第1回全学連絡会議を招集し、理事長を議長として全部課代表が情報収集や臨時措置などに関して討議。学生部は大学周辺の下宿を巡り、犠牲者の確認作業を開始。各学部も学生・教職員の安否確認を始める。
- 1月18日　学生会館を大学周辺の被災者の避難所として開放。
- 1月19日　全学連絡会議は、大学の秋学期の全授業の中止、リポート提出期限の延期、入学試験・定期試験の予定通りの実施、入試の出願締切の延長などの基本的な方針を決定。

□ 関西学院　救援ボランティア委員会

□ 関西学院　救援ボランティア委員会

□ 震災時の入学試験当日風景

1月20日	大阪市の新阪急ホテルの一室を借りて、関西学院大阪連絡所を開設。電話回線を敷設して新聞広告に番号を掲載、21日から在学生、受験生などの問い合わせに対応。大学は、学長室会のメンバーと学部長らによる臨時の拡大学部長会を開催、特別措置などについて討議。
1月21日	学生と教職員らによる「関西学院救援ボランティア委員会」が発足。市内の避難所14ケ所で食料配布、警備、清掃、炊き出しなどの援助活動を展開。
1月29日	被災して生活基盤を失い学業の継続が困難な学生を対象に、学費減免措置を実施することを新聞広告で告知。また、被災した外国人留学生には、特別の学費減免措置と被災特別援助金制度を設けて経済的支援を実施。
2月1日	入学試験が、経済学部を皮切りにスタート。阪急電鉄仁川駅・門戸厄神駅間が不通のため、受験生は両駅から歩いて受験。8日までの8学部で合計34,111人が受験。西宮公同教会を拠点とした日本基督教団救援活動センターの代表者らが災害対策本部会議に乱入し、出席者を軟禁のうえナイフをふりかざすなどして仮設住宅建設のための土地提供を学院へ要求。2月3日、本学の被害は推定で13億4,000万円に上ることを文部省高等教育局私学部助成課に報告。
2月11日	合格発表始まる。大学周辺の下宿の倒壊などにより、新入生や在校生の住居不足が深刻な問題に。学生部では住宅開発プロジェクトチームを編成し、生協や不動産業者の協力を得て住居の確保。
2月12日	秋学期定期試験を実施。被災学生はリポートによる追試験などで対処。
2月17日	被災した6市の私立大学と短大の計40校が阪神地区被災私立大学・短期大学連絡会を設立。2月20日に武田理事長らが代表として文部省に要望書を提出。
2月20日	震災で校舎が損壊した上ケ原中学校にD号館の13教室を3月5日まで無償提供。このほか、甲陵中学校の卒業式に高中礼拝堂を貸したほか、総合体育館やグラウンドなどの施設を近隣の学校や団体に一時的に提供した。
3月1日	学生会館や体育館が3月1日から正常な開館状態に戻り、体育館や文化総部など学生による課外活動団体の活動が学内で再開された。
3月5日	被災により出願・受験できなかった受験生を対象に、全学部の特別入学試験を本学、岡山、姫路の3会場で実施し、224人が受験した。
3月18日	学院による犠牲者追悼礼拝が開かれ、遺族ら100人を含む1,500人が出席。同窓を含めた犠牲者の方々に献花。
3月25日	大学の卒業式が行われ、3,166人が巣立った。震災で亡くなった法学部の西部直行君には、卒業学位が授与された。
3月31日	学生会館の避難住民は引き上げ。
4月1日	東京銀行から提供を受けた宝塚市の独身寮を、被災留学生のための「国際交流寮」として開寮。
4月8日	この頃、本学の被害総額は10億3,000万円と判明。
4月17日	例年より2週間遅れの入学式。春学期は授業の開始を30分間遅らせ、9時30分始まりとした。総合コースに「ボランティアと社会的ネットワーク」を開講、ボランティアのネットワーク形成などを理論的に学び始めた。
4月24日	例年より2週間遅れて授業開始。

第八章　商学部の教育改革への挑戦

商学部の対応

　震災に対する商学部の対応については、当時の記録が重要な意味を持つことから『阪神・淡路大震災　関西学院報告書』の「Ⅲ各部課の対応」の商学部の項を、手を加えずにそのまま掲載することとした。

【初期（震災から1週間）】

　商学部の専任職員7人のうち、1月17日に出勤できた者は4人、翌日には、加古郡から通勤している1人を除き全員が出勤した。仁川百合野の土砂崩れで行方不明の秋山尚文氏を除いてアルバイト職員、嘱託職員も含めた22人の無事が確認できたのは3日も立ってからだった。教員の安否確認は電話による問合せで行ったが、事務室からはまったく繋がらないため、公衆電話からの方法をとらざるをえず、全員無事の最終的な確認がとれたのは1週間後であった。3年生の児嶋達彦君が被災により下宿で死亡したとの連絡が入ってきたのが、翌18日のことであり、その翌日2年生の平田智絵さんも自宅で死亡との連絡が入った。残る学生の安否についても、できるだけ早く確認する必要があり、学生からの連絡により安全が確認されれば名簿にマーカーを塗っていく作業を開始した。商学部玄関には、学生用の伝言板を設置し、安否を知る情報源にも活用した。

　翌18日にはD号館を含めた建物の被害状況の調査・点検を行った。

　実務面では目前に迫っている入試業務の遂行および拡大学部長会において決定した秋学期授業の休講、1月17日以降の授業中試験の中止、定期試験を予定通り実施すること等について詳細な詰めを行うことが急務だった。当日出校の教員と共に、金庫の中を整理し、倒れた保管庫や書棚を起こし、散乱した書類の片付けを行って、とりあえず19日から日常業務が再開できる状態に戻すことができた。

　入試問題では、事務長により震災直後に保管状態が確認され、翌18日に入試実行委員長のもとで再度慎重に確認が行われた。入試業務は、出願締切日の延期、出願後の受験地の変更、出願できなかった者の受験を認める等変更点が決定され、受験者数が決定してから入試日までの日数が短縮されたため、これらの対応に奔走せねばならなかった。また、3月には願書を提出できなかった者を対象として特別入試の実施が決定した。

　急遽授業が休講になったことにより、学生からは連日の問い合わせがあり、また、それにより不利になった学生から不満の電話が殺到した。授業の進行状況や試験に関しては、各担当者が授業の中で個別にスケジュールを組んでいるわけで、各担当者と連絡がつかない状況の中でそれらを学生に納得ことは限界があり、パニック状態に陥った。

【中期（1週間後から1ヶ月後まで）】

　土砂崩れ現場から秋山氏の遺体が確認され、2月3日にはご遺族より合同葬が営まれた。また、死亡した学生2人の葬儀も行われ学生主任・学生副主任が参列した。

　予定通り定期試験を実施することが決定されたが、定期試験の受験者より追試リポートの提出者が多くなることが予測された。この場合リポート締切日から採点締切日までに日数がなく、困難な事態が予想されたため、大学の決定を尊重した上で、担当者が希望した場合には、リポート試験に変更する方法をとった。これにより、3割の担当者がリポート試験に変更することとなった。

　大学の諸決定を全学生に連絡するため、新聞紙上への掲載と同時に郵送による通知が決定された。商学部は、連絡事項を徹底するため、2月11日・12日・13日の何れかの日に必ず来校させる措置をとった。来れない学生は事務室に電話連絡をさせた。これは安否確認を兼ねたものだった。困難な交通事情の中、3,000余人の学生の内、2,800人もの学生が来校した。

【長期（1ヶ月以降）】

　定期試験の実施とリポートの受付・整理業務は、日程的にも量的にも学部の事務職員だけで処理することは困難なため、2月末から1ヶ月間教学補佐、教務補佐の動員、執行部教員、若手教員、また、他部署の職員の応援を得て、無事に乗り切ることができた。

　半壊以上の被災者に対して学費減免措置がとられたが、これについては、公平な取扱いができたとはいえない。危険な状態でも経済的理由により損壊した建物を取り壊せない場合には、その適用を受けることができず、窓口でトラブルが生じることが多々あった。

【商学部の反省・課題・提言】

　7学部間の情報交換・協力体制は、ほとんどなかった。時間的な余裕がなかったとはいえ、学生への伝達方法、連絡内容、事務処理に関する事柄等の多くが各学部に共通する作業であるにもかかわらず、それぞれの学部が個別に動いていた。このような非常時にこそ協力体制を組み、効率的な業務を行うべきではなかっただろうか。

　今回の震災は、何よりも起こった時間帯が被害を最小限に食い止めたといわれている。同じような地震が起こる可能性は少ないとはいえ、火災等も含めて授業時間帯での災害を想定してマニュアルを作り、また防災訓練を積み重ねていき、被害を最小限に食い止める努力が必要である。

A Challenge for Education Program Reform 8

「関西学院ヒューマンサービスセンター」の発足と危機管理体制の構築

「関西学院救援ボランティア委員会」は、1995（平成7）年4月16日を持って解散したが、時を同じくして「関西学院ヒューマンサービスセンター」が発足した。緊急時の救援ボランティア組織から、一般的ボランティア組織への移行がなされた。センター長には湯木洋一教授が、学生代表には中南臣吾さんが就任した。

危機管理体制は、震災後、各部課で討議されそれぞれの判断で実施されているが、関西学院としての危機管理規定は、1995年12月8日の理事会で承認された。対策本部の構成と、理事長が対策本部の本部長を務めること、理事長が欠けたときには常務理事がその任にあたることなどが明文化された。

一般的に大学を含めた教育機関は、民主的運営、すなわち水平的な人間関係を基本としており、垂直的な人間関係を基本とする企業とは異なり、意思決定に時間がかかるという特徴を持っている。とくに、院長、理事長、学長というトロイカ体制を持つ学院は、危機に際して、水平的な人間関係をいかに早く垂直的なものに組み替えるかということが危機管理体制構築の要諦である。ただし、最も重要なことは、言葉で書かれた危機管理規定そのものではなく、危機の種類と程度に応じて即座に対応できる人間関係の日頃からの確立であるといえる。

□ 追悼礼拝　1995年3月18日

5　商学部カリキュラムの改正と人事制度改革

大学紛争後の自由なカリキュラムの修正

大学紛争後、全学的なカリキュラム自由化の流れもあり、商学部でも授業選択時に必修による縛りを少なくし、学生の自主性にまかせるカリキュラムが採用された。しかし、学生たちは、次第にいわゆる楽勝と呼ばれるような単位（取得しやすい授業）ばかりを選択し、商学部生として身につけてもらいたい基礎的な分野や、大事な授業を選択しなくなっていった。大学紛争前は、必修科目も多く、体系的に学ぶための先修科目（履修するための条件として学んでおかなければならない科目）も多く、あまりにも学生の自由度が低かったが、まったく自由にしてしまうと、商学部としての学びのレベル低下を招くこととなった。

そこで、1980年代中ごろ、（増谷裕久教授、佐藤明教授、吉田和夫教授などの）長老と呼ばれる教授から若手教員に、新しいカリキュラムを考えるように指示があり、石田三郎教授、中西正雄教授、水原熙教授、今井譲教授の4人がカリキュラム検討委員に選ばれた。

そこで、学生に一定の系統立てた授業を履修してもらえるようにコース制を採用し、そのコースは学生に自由に選んでもらうことが考えられた。主専攻、副専攻の2コースを選ぶ案も検討されたが複雑になりすぎる恐れがあり、採用されなかった。その結果、商学、会計、経営、経済の4つのコースが設けられたカリキュラムが1987（昭和62）年4月から実施された。

再度カリキュラムを見直し6コース制に変更

コース制を中心にカリキュラムの大幅な改正がなされたが、社会の急速なIT・情報化やグローバル化の進展から、1990年代半ばには、再度、カリキュラムを見直す必要性が取り上げられるよう

143

第八章　商学部の教育改革への挑戦

※ 訳本屋　　　　　　　　　　　　※ トップベーカリー　　　　　　　　※ 松本商店　　3つの写真とも1990年卒業アルバム

※ ブルーマリン　　　　　　　　　※ 菊屋　　　　　　　　　　　　　※ キリン堂　　3つの写真とも1990年卒業アルバム

になった。水原凞学部長の1996（平成8）年、中西正雄教授をコンビーナーに教育問題検討委員会が開かれ、カリキュラム改正のための懇談会が持たれた。ここで、カリキュラム改訂によって、どのような教育効果がえられるのか、その効果によってどのような商学部の将来像が導かれるのかが討議された。

議論は、次の今井譲学部長へ引き継がれた。1998（平成10）年4月に学部長に就任した今井教授は、有馬温泉で泊まり込んで教授研究会を開催した。この研究会を、商学部の将来を考える場と位置付け、専攻の枠を越え、若手、中堅、ベテランと年代ごとのグループに分かれ、徹底的に議論する形をとった。そこで練られた案を教授会で示し、さらに討議を重ね1998年12月、カリキュラム改正案が策定された。その改正案では、コースは、経営、会計、流通・マーケティング、ファイナンス、ビジネス情報、国際ビジネスの6コースが設けられた。また、大きな改正としては、ゼミ（研究演習）を必修とすることをやめ、ゼミの人数を最大25名までと制限し、ゼミを履修した学生にはきめ細やかな指導ができる体制を確保したことである。また、商学部では企業提供科目も充実させる方向が確認されたが、企業が交通費などの負担を引き受けてくれた場合には、企業提供科目として大学要覧に明示することが確認された。社会の様々な分野の第一線で活躍する方々を招くことにより授業に幅を持たせることが目的だった。

当時の今井譲学部長によるとその方針は次のとおりであった。

「学生に多様な学びをしてもらいたいというのが基本方針でした。ゼミを頑張る、留学する、スポーツを頑張る、どういう方向であっても熱心に取り組むことが可能なような体制を構築しようとしました。あと、学部の上位100名を伸ばすことを考えました。私は体育会硬式テニス部の部長もしていましたが、スポーツ推薦で全国レベルの学生が入ってくると打つ音がまったく違う。また、練習に取り組む姿勢も違う。そうすると他の学生にも刺激に

※ 1995年卒業アルバム

なって、強い子の影響から他の学生まで自主練習に取り組む姿が見られるようになりました。私は、テニス部での経験のように商学部の学部生のレベルも、上位100名を伸ばすことによって、全体の底上げがされることを期待したのです。教員が勉強しろといっても学生は聞きませんが、仲間がやっていたら自然にやりはじめるはずなのです。そういう方針でやっぱり関学の商学部はちょっと違うと評価されるような商学部教育を実現させたかったのです。」

人事とコース制との切り分け

商学部では教員の人事については、これまで、各コース別に人数が固定され、退職者が出た場合、その担当科目での新人を採用するというように各コースでの補充が慣習化していた。時代の変化は想定をはるかに超えているのに、硬直した人事制度では、新時代の要請に対応できないのではないかということが危惧されるようになった。時代の大きな変化に柔軟に対応できる体制づくりが議論され、1999（平成11）年4月の年度最初の教授会で、どのような科目で採用するのか、どういう人物が好ましいのかを決めるための人事委員会を設置することが執行部から提案された。その直前の日には、各コースの重鎮といわれる先生方から、慎重論が出されたが、今井学部長は「議論は教授会の場でしましょう」と人事改革案を提出し承認された。人事は人事委員の5人を選挙で選び、その人事委員会が長期的視野で新任教員を選ぶこととし、学部執行部からは独立した委員会とした。

2002（平成14）年、則定隆男学部長の下での人事委員長（今井譲教授）は、時代の要請から、マーケティングコースの量と質の充実を図り、その分野を代表する人物を招聘する方針をうち出した。また、任期制教員・客員教授枠を設け、商学部としてその人材を求めることとした。この時、客員教授枠で採用されたのが、八塩圭子助教授だった。

6 商学部のIT化と、寄附講座の広がり

□ 1998年パソコン入れ替え

商学部単独で大学に先行してWebサイトを開設

マネジメント・コースの設置や、スポーツ推薦など、大学全体に先がけた様々な試みを続けてきた商学部では、独自に公式サイトを立ち上げ、学内外に取り組みを伝えることが考えられた。若手教員には、サイトを作成できる人材がそろっており、山本昭二、阿部卓也、地道正行らの若手教員が中心になり、水原学部長の下に、サイト開設に向けた広報委員会が設置された。サイトの目的や内容、サイトの管理・運営方法、編集組織や著作権の問題についても討議を重ね、1997（平成9）年末からWebサイトが開設された。

学生にパソコン利用を義務付け

今井学部長の2年目、1999年4月には、IT教育を徹底するために新入生全員にパソコンを取得することを推奨した。梶浦昭友教授の仲介からNEC代理店に依頼し、ノートパソコンを割安で提供してもらえるように手配し、新入生には授業開始前のオリエンテーション時に購入させ、授業開始前にレクチャーを受けるような体制を取った。学生のパソコン利用は、次第に一般化し、生協もパソコン販売体制を充実させていったため、この試みは、数年で終わった。

1999年は、商学部の建物の改修年にもあたっていた。それまでの資料室を、研究資料室として2階に移させ、コースの枠を越えた議論ができるように教員懇談コーナーを設けた。また、学部独自にコンピューター室を1階に新設した。

KGハブスクエア大阪、開設

2000（平成12）年4月7日、大阪梅田の阪急インターナショナルホテルの一部分がアプローズタワーと呼ばれるオフィスフロアーになっており、その13階に関西学院大学はエクステンションセンターを開設した。商学部が実施している社会人向け大学院、マネジメント・コースは、この開設によって、授業の場

第八章　商学部の教育改革への挑戦

□ K.G.ハブスクエア大阪　2000年4月7日

所が大阪梅田茶屋町に確保されることとなった。

その他には、ファイナンシャルプランナーの資格取得講座や、海外旅行向けの英会話や写真教室など、生活に役立つセミナーのプログラムが、春・秋の2回企画され、学生や一般社会人を対象に幅広く募集されることとなった。

野村證券の企業提供科目実現

学部の授業でも2001（平成13）年4月から野村證券の企業提供科目がスタートすることとなった。商学部ではすでに企業提供科目として毎日新聞社、兵庫県弁護士会、JALなど様々な企業や団体が協力していたが、これらの講師には学部から講師料は支払われていた。野村證券の場合は、講師料は無料で交通費なども経費も企業側が負担し、学部の3・4年生が対象で、野村證券と野村総合研究所から13人を派遣して講義を受け持つという試みであった。野村證券では、すでに京都大学では講義を始めていたが、私学では全国初の試みだった。

同社の企業提供科目実現の経緯は、次の通りであった。商学部の様々な改革について全学に紹介してほしいという大学の研修会が1999（平成11）年に開催された。そこで、今井学部長と則定教務主任が出席して、各学部の学部長・教務主任などを対象にこれまでの取組を説明した。すると、当時の就職部長（神戸製鋼出身）の山野上素充さんが、「商学部の取組は素晴らしい」と評価してくれた。そこで、今井学部長は、山野上就職部長に「山野上さんだったら、企業の方々と親しいでしょう。企業提供科目を担当してくれそうないい企業があったら紹介していただけませんか」と依頼すると、「それなら野村證券の人事部長と親しいので紹介します」ということで、紹介してもらうと、同社側でも京都大学以外で私立大学でも講座を持ちたいという希望があり、話はすんなり進むこととなった。また、同社が講師料や交通費を負担するという形での授業提供が提案された。これは大学院ではすでに実現されていたが、学部レベルでは、全国的にも私学では初めてのことであり、一般紙でも取り上げられた。これを受けて、大学に寄付講座に関する規定を設け、後日、企業が費用を負担する企業提供科目は「寄附講座」と呼ばれることになった。

2000（平成12）年に野村證券側が関学に挨拶に来たときには、則定教授は大学の教務部長を務めていて、学長に対応を依頼し、今田寛学長が御礼を述べた。講座の担当者は、寺地孝之教授が務めることとなり、2001年4月からファイナンスコースの専門科目として「ファイナンス特論：グローバル経済と証券ビジネスの展望」を開講し、講師は野村證券と野村総合研究所の取締役や部長など13人が担当することが決まった。

□ 関学ジャーナル第171号 2001年2月13日号

Column VIII 関西学院スポーツの復活

関関戦に見るスポーツ推薦の効果

　戦前・戦後と長く学生スポーツ界を牽引してきた関西学院大学は、1969年の大学紛争後、スポーツに秀でた高校生が関西学院大学に進む伝統は弱まり、長き低迷期を迎えることとなった。関学スポーツを復活させるため、商学部は率先してスポーツ推薦制度に取り組んだ。関関戦（全体育会が関大の各部と行う対抗戦）の戦績から、スポーツ推薦の効果を検証してみよう。1976年から始まった関関戦であるが、スポーツ推薦が実施された1992年までの総合成績での戦績は、関学の4勝11敗である。1993年から2014年までの21戦は（麻疹の流行で中止された2007年を除く）、16勝5敗である。近年は6連覇し、4勝の勝ち越しである。関学スポーツは、黄金期の勢いを取り戻しつつある。

□ 写真は全て広報室提供

2011〜2013 甲子園ボウル三連覇

□ 2013年の関関戦と甲子園ボウル

第九章

21世紀の商学部
2001～現在

年				
2001（平成13）年	4.1	*International Review of Business* 創刊	4.1	省庁再編開始、文部省が文部科学省へ
	4.26	学校法人関西学院と学校法人啓明女学院の提携に関する協定締結（5・1発効）	9.11	同時多発テロ、ニューヨークWTCに航空機突入
			9.-	米国アフガニスタン侵攻
				米国対イラク戦争
2002（平成14）年	3.31	関西学院大学商学部五十年誌（資料編）発行	5.31-6.30	ワールドカップ日韓共同開催
	4.1	平松一夫（商学部）、学長就任		
	4.1	則定隆男、学部長就任		
2003（平成15）年	3.-	『BUSINESS　WINGS』創刊		
2004（平成16）年	4.1	深山明、学部長就任	5.22	北朝鮮拉致被害者帰国
	4.1	経営戦略研究科開設	12.26	インドネシア・スマトラ沖大地震、津波被害
2005（平成17）年	4.2	ビジアド（Business administration）発行		
2006（平成18）年	4.1	梶浦昭友、学部長就任		
2007（平成19）年	4.1	商学部エコキャンパス活動開始		
	6.-	麻疹(はしか)流行全学休講		
	11.-	商学部、経済学部TOEIC受験制度開始		
2008（平成20）年	4.1	杉原左右一（商学部）、学長就任	9.15	リーマン・ブラザーズ証券破綻
	4.1	瀬見博、学部長就任		
	4.1	人間福祉学部開設		
2009（平成21）年	4.1	社会学部ルース・M・グルーベル、院長就任	1.20	バラク・オバマ氏、初の黒人大統領
	5.18-24	新型インフルエンザにより全学休講	8.30	衆議院選挙、民主党308議席獲得
2010（平成22）年	4.1	井上琢智（経済学部）、学長就任		
	4.1	小菅正伸、学部長就任		
	4.1	教育学部開設		
2011（平成23）年	3.-	平松一夫、サティア・ワチャナ・キリスト教大学より名誉学位授与	3.11	東日本大震災、福島原発事故
	4.1	国際学部開設		
	4.1	商学部執行部体制の改革		
2012（平成24）年	3.4	商科開設100周年	7.1	再生可能エネルギー固定価格全量買取制度
	4.1	海道ノブチカ、学部長就任	12.16	衆議院選挙、自民党294議席、民主党57議席
	12.2	商科開設100周年記念礼拝・祝賀会		
2013（平成25）年	11.5	商科開設100周年記念、木村禎橘シンポジウム	12.5	ネルソン・マンデラ氏、死去
2014（平成26）年	4.1	村田治（経済学部）、学長就任		
	4.1	寺地孝之、学部長就任		
	4.1	ラーニング・アシスタント制度実施		
	7.-	商科開設100周年記念誌発刊		
	9.-	関西学院創立125周年記念式典		

The New Century 9

1 様々な授業改革

ベンチャービジネス論、開講

　商学部では、これまでも学部活性化の様々な方策や改革、前章で述べたような企業提供科目の学部への適用などを、次々と進めてきた。

　21世紀に入り、福井幸男教授を中心に学生に机上のビジネス論だけではなく、もっと現実に即したビジネスを知る必要性が唱えられ、「ベンチャービジネス論」が2002（平成14）年4月から開講することとなった。大阪産業創造館「あきない・えーど」の吉田雅紀所長を迎え、吉田所長のつながりから外部のベンチャービジネス第一線で活躍する起業家や講師陣を招き、福井教授がコーディネーターを務めた。ベンチャービジネスの理論を学習したのち、ビジネスのアイディアや得意分野など、グループ討議を重ねた。この過程で自分の考えやスキルをアピールし、他のメンバーの情報も集め、チームを結成する。チーム結成後は、180分の授業の前半は、各分野で活躍する講師からの講義で、後半の部分は、チームごとに実際にビジネスプラン作成に取り組む。ビジネスプランの具体例は「盆栽輸出」、「ATMのドライブスルー化」、「日本料理のファストフード化」など。「自分で考え、自分で作る」ことを身につけさせることを狙った。

　実際に受講した学生は関学ジャーナル（180号）のインタビューに「日頃、めったに聞けない起業家の生の声を聴けて刺激になった。受講生は一様にビジネスに対する意識が高く授業に対するモチベーションも高い。とにかく180分の講義が本当に短く感じる。」と答えた。

　吉田雅紀所長の話、「毎週、学生以上にこの講義を楽しんでいます。学生たちを思うツボにはめてしまいましたね。」

◎ 時計台

ジョイント・ディグリー制度

　1998（平成10）年度から複数分野専攻制が導入され、他学部の授業を体系的に履修する道が開かれていた。2002年4月に就任した平松一夫学長のもとで複数分野専攻制をさらに発展させ、2学部の学士号を取得できるジョイント・ディグリー制度の導入が構想され、2003（平成15）年度からの実施が決定した。商学部では、カリキュラムの改訂、企業提供科目の充実など、学部の教育をしっかり身につけさせることに取り組んできていた。その動きと、3年生で必要な単位を取得してから、他学部の授業を履修し、2学部の学士号を得る新制度とは、学部の方針として相容れない部分があった。複数学部の卒業資格を得ることができる制度が、一般的には人気が出るであろうことは予想できたが、商学部としては、3年生を終了した時点で、卒業資格を得て、大学院に進むことができる一貫教育に力を入れた。他学部の学士号を手に入れる場合は、複数分野の登録を済ませ、4年生終了後、他学部に進むことができる。

世界学生たこやき選手権

　ベンチャー論をスタートさせた福井教授は、今度は、商学部生に現実の商売を経験させることが必要だと考えた。西宮市の協力を得て、にしきた商店街、夙川グリーンタウン商店街、甲子園口本通り商店街、西宮中央商店街の4ケ所で、商店街の空き店舗を利用し、ビジネス体験の場として「世界たこやき選手権」を企画し、2004（平成16）年から3年間、開催した。関学生を中心に、呼びかけに賛同した他大学の学生や留学生がチームを組み、各自でたこ焼きの屋台を出店し、味と売り上げを競う。各チームはそれぞれ株式を発行し、運営資金を調達、利益に応じて出資者に配当する株式会社の形態をとることが決められた。また、原材料はできるだけ開催地の商店街から調達することが求められ、商店街の活性化にも一役買うことになっていた。福井教授は「学生を上ケ原の山の上から、町に下ろしたかった。関学は関関同立の大学の中でもとくに大企業志向が強い。しかし、現在はもう大企業といっても入ったら安泰とは限らない。学生に商売を経験してもらい、現実社会で生き残る力を身につけてほしい」と述べた。

　福井ゼミでは、毎年春に、夙川グリーンタウン商店街に、坦々麺、ナシゴレン、水餃子、チヂミなど、商店街にはない、留学生の故郷メニューを出店し、3週間のビジネス体験を続けている。

ベンチャー・インターンシップ

　先行事例となった福井教授の取り組みは、経営戦略研究科において学際ゼミ「ベンチャー創世塾」を開講している定藤繁樹教授らに引き継がれている。また、商学部が皮切りとなったベンチャー企業とのつながりは全学的な広がりを見せ、キャリアセンターは、学生の社会人力基礎力形成のため、全学の1・2年生を対象に2008（平成20）度からベンチャー企業20社へのインターンシップ制度を整えた。現在では6月中に説明会が開催され、8月下旬から9月はじめにかけて2週間程度実施されている。

寄附講座の発展

　関西学院大学では商学部からスタートした寄附講座も広がりを見せることになった。同窓生の経営者約90人で組織する任意団体「関西学院経営者研究フォーラム」が、おもに50歳以下の若手経営者13人が順番に講義を担当する商学部の

◎ 春の登校風景 2009年

授業「コース共通特論B」（寺地孝之教授担当）が2009（平成21）年度にスタートした。経営者が、直接、起業精神や経営者の役割について、学生に思いを届けた。商学部の学生は広報室のインタビューに「起業したきっかけも様々で面白い。将来起業したいと考えているのですごく参考になる」と答えた。

石淵ゼミ、企業と新商品開発

　マーケティングが専門の石淵順也教授のゼミ生と、アサヒグループHD傘下の株式会社エルビーは、産学連携の新商品開発プロジェクトをスタートさせた。このプロジェクトは2011（平成23）年11月に発足し、市場調査、商品企画などを学生とエルビー社員が共に行い、第一弾として2012（平成24）年12月にチルド飲料「スイートポテトラテ」を全国のコンビニエンスストアなどで発売した。また、2013（平成25）年6月より第二弾のプロジェクトが始まり、飲料市場の現状分析、アイデア想起、市場調査などを行い、2014（平成26）年4月に「ジェラートラテ」を発売した。第二弾では、ゼミ生によるプロモーションも実施した。Facebookでの使用シーン提案の投稿や、商品開発のプロセスを紹介した動画の作成・配信を行った。

第九章　21世紀の商学部

2　『Business Wings』と*International Review of Business*（IRB）の創刊

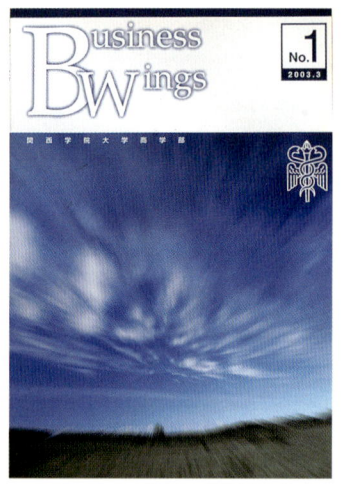

◎『Business Wings』創刊号

『Business Wings』の創刊

　もともと高等学部商科には、『商光』という学生発行誌が刊行されていた。後に院長となるベーツ高等学部長のカレッジモットー "Mastery for Service" が最初に掲載されたのは『商光』の創刊号だった。2003（平成15）年3月、商学部生による『Business Wings』が創刊された。どのような意図でこの刊行がなされたのか、当時の商学部長、則定隆男教授の巻頭言を要約して掲載する。

　「今大学の存在が改めて問われている。どのような学生を入学させるかということではなく、どのような学生を輩出するかが問われている。社会で一定の評価を得た大学は入学してきた学生の資質に頼り、それをさらに発展させることに全学を挙げて取り組んでいないのではないかという疑問が投げかけられている。多くの大学ではこうした疑問に答えるべく様々な改革を始めている。本学でも全科目で授業評価が義務づけられ、教員は学生からのフィードバックを授業に生かすようになった。教員間に授業の在り方について考える委員会も常置された。しかし、大学が変わるためには、学生も変わらなければならない。あくまでも主役は学生なのである。教員は学問や人間性の面で成長するのを手伝う存在に過ぎない。肝心の学生に成長の意欲がなければ教員の努力は実を結ばない。優秀な学生を入学させることで大学が安心していると批判されてきたが、その批判を可能にしたのは学生自身が安住を楽しんでいたからである。

　この研究誌の発刊は、学生の意識を変革し、すべてのことに対し、受け身の姿勢から主体的な姿勢へと変わってもらいたいという希望から生まれた。この研究誌の中心は、大学での学習の集大成である卒業論文の掲載である。自分の論文が多くの人の目に触れることを意識し、明確な主張ある論文が生まれることを期待する。それが、入学以後の学習の励みにもなることを願っている。

　本誌では、社会で活躍する卒業生や、講義などで関係を持った企業などを学生が訪問し、インタビューした記事も掲載する。商学部では、帰国生、留学生、スポーツ推薦などにより、多様な学生を受け入れている。様々な分野で活躍する学部生の活動も紹介する。

　今回の研究誌の発刊にあたりその名称を公募し、『Business Wings』と名付けることに決定した。名付け親の4回生、川上万梨子は、校歌「空の翼」を念頭に、ビジネスの世界で力強く羽ばたくよう願ったとのことである。関学のエンブレム（右下）にも描かれている商学部のシンボルであるマーキュリーの魔法の杖にも翼が描かれている。これは、マーキュリーが天と地を駆け巡るために必要であるからとされている。学生諸君が、商学部でこの杖を手にし、社会に羽ばたくことを願っている。」

　『Business Wings』は2014（平成26）年3月には、No.12が出版された。

International Review of Business（IRB）の創刊

　2001（平成13）年3月、英語での研究誌、*IRB* が創刊された。*IRB* のアイディアは、『商学論究』だけでは英文での研究を発表するジャーナルが学部内にないことから、池田勝彦教授から提案され、コリック教授と藤沢教授らが参加し準備が進められ、杉原左右一学部長時に創刊された。Editorial Board にはシドニー大学のシドニー・グレイ教授を迎えるほか、広く外部からの原稿を受け付け、海外研究者からの論文も掲載されている。*IRB* の発刊は、商学部の教員にとっても、国際的な研究を発進する上でも、大きなインセンティブとなった。また、*IRB* は関西学院大学商学部の国際的な研究水準を問うことに役立っている。創刊後は、ほぼ毎年、発行し続けている。学部レベルで、英文での研究誌を出版し続けている大学は数少ない。

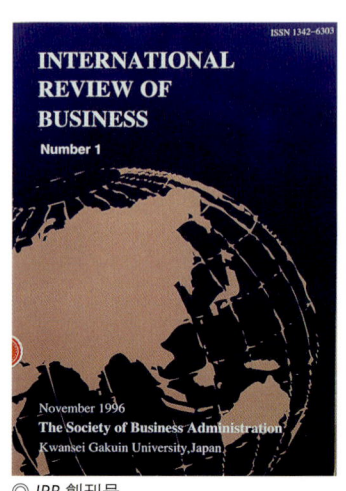

◎ *IRB* 創刊号

3　専門職大学院経営戦略研究科、2005年設置

□ 初代経営戦略研究科長コリック教授　2005年

マネジメント・コースの発展

　商学部では、1993（平成5）年4月から、昼夜開講のマネジメント・コースを開講してきた。1993年の時点では、専門職のための大学院を設置していたのは一橋大学のみであって、西日本の私学では例がなかった。当初は199名の応募があり、社会人に向けた高度ビジネスパーソン養成講座に十分なニーズがあることが確認されていた。

　マネジメント・コースでは、月2回、土曜日の午前中に論文指導があり、熱心な受講生の中には、修士課程修了後、商学部の博士課程後期にも入学し、国際ビジネスの専門家として大学教員になった例も出てきた。

　アメリカ・カナダの宣教師の手によって設立された関西学院は、伝統的に国際性の高さが強みであった。また関西学院では、高等学部商科の時代から伝統的に会計学が盛んであった。公認会計士試験では、全国6位の合格者を出している。平松一夫学長のもと、商学部のマネジメント・コースを母体に、ビジネススクール（経営戦略専攻）とアカウンティングスクール（会計専門職専攻）の2専攻からなる専門職大学院経営戦略研究科が設立認可され、大阪梅田のアプローズタワーにて、2005（平成17）年4月に開講した。

専門職大学院経営戦略研究科

　商学部から経営戦略研究科には、R.マーティン V.コリック教授と山本昭二教授が移籍し、コリック教授が初代研究科長を務めた。

　ビジネススクールには、大学新卒者や外国人留学生を対象とした「国際経営コース」と社会人を対象とした「企業経営戦略コース」が設置された。「国際経営コース」は、定員30名で、英語によるMBA教育を大阪梅田キャンパスと西宮上ケ原キャンパスで行い、日本では珍しい英語だけで卒業できるビジネススクールとなった。「企業経営戦略コース」は、夜間と週末に主に利便性の高い大阪梅田キャンパスにて、講義を行う。定員は70名で、3年以上の実務経験が求められた。

　アカウンティングスクールでは、倫理観や基礎をしっかり身につけ、世界で活躍できる公認会計士などの職業会計人の育成を目指した。

□ オリックス株式会社　宮内義彦会長　2005年4月

4　商学部の語学教育と海外留学状況

全学の人事構想委員会の設置

　商学部に限らず学部の語学教員の人事に関しては、1999（平成11）年度から人事構想委員会が設置され、学部独自の意思ではなく、全学的な位置づけから、どの言語の教員を採用するかについては人事構想委員会によって決定され、公募されることとなった。人事構想委員会は、言語教育研究センター（以下、「言セン」）の執行部と、各学部から2名の出席者により構成されている。それにより2000（平成12）年から語学授業科目の変更は「言セン」が取り仕切ることになった。時代の要請から、第二外国語には、2000年に中国語、2003年に朝鮮語が加えられ、2006（平成18）年にはスペイン語も加えられた。2013（平成25）年度は、学生の選択希望は圧倒的に中国語に偏っている。教員の配置は、そのような学生の希望に沿うような体制ではないので、抽選から漏れた学生は第二、第三希望の言語

第九章　21世紀の商学部

に回されることになる。朝鮮語とスペイン語も比較的人気がある。各言語教員のコーディネーターを務める専任教員は、中国語で4名、朝鮮語とスペイン語は各2名で、多くの非常勤教員の手配をする専任教員の負担は大きくなってきている。商学部には、スペイン語の禪野美帆助教授が2006（平成18）年度に着任した。

商学部の英語教育

語学教育の内容については、学部の独自性がある程度維持されている。英語は必修で8単位、2001（平成13）年度からは、リーディングとコミュニケーションの2クラスに分かれている。商学部では1年生のコミュニケーションは、全員ネイティブ教員が担当している。2年生のリーディングでは、主として文学作品を読むことを伝統としてきた。この点では商学部は伝統を維持している。

2年生のコミュニケーションでは、新たな試みとして、2014（平成26）年度からは、シラバスを見て、学生に自由に授業を選ばせることになった。グローバル人材育成事業の方針から学生の自主性を重んじ、選択の自由を与えることとなった。また商学部からインテンシブ・プログラムに進む学生数は、毎年100名程度を維持している。

TOEIC対策としては、現在も商学部と経済学部では主に1回生を対象に年一回は学部としてまとまって受けてみる機会を与えることになっている。

田中裕幸教授は「商学部の入学生全体の英語力としては、会話はできる学生が増えてきているが、読解力については少し衰えてきているのではないか」という印象があるという。

ビジネスレクチャーとして2年生以上では英文会計で、1年生ではビジネス英書入門で、3年生では英語経済書講読で、英語での専門教育が行われている。

多様な入試形態があり、多様な学生が入学し、刺激しあう相乗効果が図られているものの、学生の英語力には大幅な開きが生まれている。現在は、英語力が弱い学生に対して特別なケアーはしていないが、今後、何らかの方策が必要となる事態も予想されている。

海外留学状況

2010（平成22）年4月、国際学部が開設されたこともあり、2013（平成25）年度の関西学院大学から海外に留学した学生は1,032人にのぼる。その中で、商学部から海外に留学した学生は、2012（平成24）年度64名、2013年度67名ととくに多いわけではない。英語を熱心に学ぶ商学部生は増えてきたが、留学してまでも学ぶという傾向は強くないといえる。

かたや、海外からの留学生からは、商学部は人気がある。2013年度の学部の留学生は39名であるが、大学院留学生は27名であり、大学院生全体の50％を占めている。日本の一流企業に就職するためには、商学部に入ることが近道であることは、アジア各国の留学生たちにも知られているといえよう。

笹森奨学金

国際商事仲裁や商業英語などの分野で活躍、商学部長も務めた故笹森四郎教授のご遺族、笹森一枝夫人から1987（昭和62）年寄付をいただき、1994（平成6）年からその一部を基金化して商学部奨励奨学金として活用している。年間支給枠6名の内3名を外国人留学生に、残る3名を日本人に支給している。

□ 卒業式 2007年午前の部（文学部・経済学部・商学部）

5 商学会研究会委員会傘下団体の活動

2013年度の時点では、会計研究会、証券研究会、学生経営研究会、国際ビジネスコミュニケーション研究会（前、商業英語研究会）、広告研究会の5団体が活動を続けている。これらの団体は、会計研究会が76年の歴史を持つなど、商科開設時からの伝統を引き継ぐ学生の研究会である。

※ 証券研究会　2010年卒業アルバム

証券研究会

証券研究会は、総勢約50名で活動している。基本的な活動は、週一回のテキスト発表、興味ある業界に関する研究報告、旬のトピックスを扱うグループディスカッション等を行っている。毎週の発表では、1～3年生の発表に対し、4年生がコメントをする形式で、より質の高い議論とプレゼンテーションを目指している。これらの活動と並行して、仮想株式投資も行っている。株価の動きを観察し、レポート作成にも取り組む。日本経済の中で、投資に値する企業や将来性のある業界を見抜く力を養うと同時に、日々の株価の動きを観察することで「生きた経済」を学ぶ。

会計研究会

会計研究会は、簿記の学部教育にも大いに影響を与えている。簿記が必修となってしばらく、500人規模の大教室で簿記の授業が可能だったのは、会計研究会の存在なくしてはありえなかった。会計研究会には、簿記が必修となって以来、入部説明会には、学部入学生の半数以上が入部を希望し、先着の260名が入部を許されている。2～4年生を合わせると、春学期は、360名ほどとなり、関学の学生団体の中でも、最多人数を競う部となっている。必修である日商簿記検定3級を取得後、退部する部員も多いが、11月の日商簿記検定2級を取得するまで続ける部員も多い。2、3年生は財務・管理・簿記部会に分かれて専門知識を広めている。簿記部会は、1年生に対しての勉強指導を行い、毎年、多くの1年生を合格に導いている。その指導法は伝統的に引き継がれ、工夫が凝らされ、たいへん高度なレベルを維持している。1年生も熱心に指導を受けるため、正規の簿記の講義はたいへんスムーズに進めることができている。財務・管理部会は、自校、関西ブロック、西日本の各大学の会計研究会と共に年8回の研究会を開催し、個人論文を作成し、討論会で発表している。このような経験を積んだ会計研究会の学生たちは、就職活動でもたいへん成果を上げ、関学商学部の就職率の向上に貢献している。商科開設100年の伝統はここにも生き続けているといえる。

学生経営研究会

学生経営研究会の理念は、「経営学の理論を通じ、原理原則を身につける」ことにある。現在の部員は、4年生9人、3年生3人、2年生9人、1年生6人の合計27人で、グループワークを中心に活動している。春学期に1年生は経営学検定初級合格を目指す。受験にあたり、2、3年生が検定対策授業を実施している。7月と11月には学内コンペを開催し、日本学生経営学会全国大会で発表する班を決定した。2012年は8月に関西学院大学で夏季大会が、12月に福岡大学で冬季大会が開催され、関学経営研究会は好成績を収めた。

国際ビジネスコミュニケーション研究会

国際ビジネスコミュニケーション研究会（以下IBC）は、1955（昭和30）年に設立された商業英語研究会以来の伝統を受け継いでいる団体で、団体名を2003（平成15）年、現名称に変更した。IBCのおもな活動は、TOEIC、

◎ 会計研究会入部希望者が早朝、D号館前に並ぶ　2014年4月15日

第九章　21世紀の商学部

TOEFLのスコアを上げる勉強会や、国際ビジネスの共通語といわれる会計を英語で理解し、作成する能力の指標とされるBATICの勉強会である。IBCでは、先輩から引き継いだ勉強法を用いることで、効率的に英語力の向上が図られている。また、部室には海外ドラマやドキュメンタリーのDVD、英語のCDなどが豊富にそろっていて、英語と楽しく触れあえる活動も積極的に行っている。

※ 広告研究会　2010年卒業アルバム

広告研究会

広告研究会は、4つの広告媒体別に分かれた「局制」という形をとり、広告を実際に作り効果を調査している。事業局では、2012（平成24）年はTAC株式会社の協賛を得て講演会を開催した。また、オープンキャンパスで商学会傘下団体として展示会を行った。大学祭では参加型の大規模イベントを企画・実施した。出版局は、フリーペーパー「siesta」を、毎年2～3冊発行、配布している。制作局では、他団体からの受注も受け付け、フライヤー・ポスター・パンフレットなどを作成している。映像局では、CMを作成し、MADE IN OSAKA CM AWARDSなどの外部CMコンクールにも応募している。全体では、実践的な活動だけでなく、マーケティング・ビジネス実務検定の受験、マーケティングコンペへも参加している。また、同志社、立命館、近大の広告研究会とともに関西学生広告連盟を組織し、大学間交流も積極的に続けている。

6　21世紀の商学部

□ 商学部教員　2014年3月14日

外部からの商学部評価

商学部の学生への評価は、例えば、高等部では近年、大きく評価が上がったということができる。これは、1980年代からの様々な改革の結果であり、また、高等部への積極的な情報発信の賜物といえよう。優秀な高等部生が、商学部を選択するようになったことで、就職率と就職先の好調さに繋がり、さらにいい高等部生と受験生が来るという正の相乗効果が見られるようになった。

商学部教員は、様々な学会で活動している。平松一夫教授は、2002〜2008年国際会計研究学会の会長、2005〜2011年日本学術会議会員、2009〜12年日本会計研究学会の会長を務めた後、2013〜14年は世界会計学会（IAAER）の会長を務め、海道ノブチカ教授は、日本経営学会の理事長を2013〜14年務めている。

福井幸男教授が日本生産管理学会会長、小菅正伸教授が日本原価計算研究学会会長、梶浦昭友教授が日本経営分析学会副会長を務めている。

また則定隆男教授が国際ビジネスコミュニケーション学会理事長、深山明教授が日本経営学会常任理事、梶浦昭友教授が日本ディスクロージャー研究学会副会長、そして浜田和樹教授が日本管理会計学会副会長を歴任した。

関西学院大学と商学部の良き伝統

関西学院全体のことで商学部に限らないことであるが、特に商学部には、他大学にはない貴重な学部文化や伝統が根付いている。

一つは、グリークラブと並んで関学を代表する部活動である、アメリカンフットボールへの熱狂的な応援である。

関東六大学では、硬式野球の早慶戦など、一般学生が集まるイベントがあるが、関西の大学では、甲子園ボウルに集まる関学アメフト応援団の集客力と熱気は、特筆するべきものがある。アメリカンの主将や副主将には、毎年商学部生が名を連ねている。在学中よりも、むしろ卒業後、甲子園ボウルでの応援スタンドで歌う校歌や応援歌に関学へのアイディンティティと誇りを感じるOB・OGが多い。

また、大学祭『新月祭』もまた、関

□ 甲子園ボウル応援風景　2013年12月15日

◎ 大学祭　2009年11月3日

第九章　21世紀の商学部

学に関わり続けている教職員にとっては当たり前のことであるが、一日に何万人もの来客がある学園祭は関西の大学でも数えるほどしかない。美しいキャンパスで開催される『新月祭』も関学の宝物といえよう。

商学部というか、関学の特徴は、やはり礼拝にあるといえる。教授会の前には、当然のこととして、宗教主事による祈祷が持たれる。これは、学内出身教員にとっては、当たり前のことであるが、他大学出身からすると、たいへん新鮮であり、神聖な場であり、関西学院大学商学部の重要な伝統であろう。

商学部生の特徴と期待

21世紀の関西学院大学商学部の特徴として、活発なゼミ活動が挙げられる。ゼミが必修ではなくなり、自分で行きたいゼミを選択できるようになったこと、ゼミの人数が絞られ、意欲に富む学生が参加するようになったことが、ゼミの活性化の理由に挙げられるが、それだけではなく、教員側もゼミを重視し、多くの時間を割いてきたことも重要な点であろう。

近年の商学部生の特徴としては、コミュニケーション能力の高さが際立っている。ゼミを中心に体育会や文化総部の部活動、サークル、アルバイト、学外のNPO活動など、複数の少人数のコミュニティの中で、必要な情報を収集し、自分なりのバランス感覚を発揮し、上手にコミュニケーションをはかっている。学生の自主的活動の活発さは、就職活動でも、社会人となってからも有効に働くであろう。

商学部の学生の中でも、将来、起業したいという学生は増加してきた。この傾向は、今後もかわらないことが予想される。「関西学院経営者研究フォーラム」のように同窓生経営者の団体はできているが、本格的な起業家支援体制はまだ構築されていない。何も手を打たなければ、起業にチャレンジした卒業生たちは「多死多産」となることは明白である。卒業生の起業家を支援する体制づくりに、商学部が率先して取り組むことが期待されている。

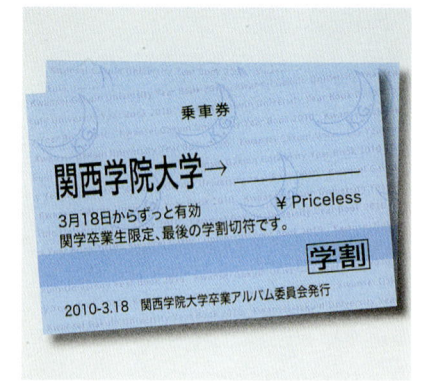

※ 関学発人生切符　2010年卒業アルバム

Facebookの登録者数は、関西学院大学が全国でトップということも報じられた。マンモス大学ではない関西学院大学が日本一の登録者数であることが、登録率の高さを示している。

教員からは、個々の学生のスケールが小さくなってきていることが指摘されている。また、OB・OGからはリーダーシップが弱いことが、懸念されている。組織に入った時の個の確立が弱い。リーダーシップと協調性を兼ね備えた人物の輩出が望まれている。

◎ クリスマス音楽礼拝　2009年

関学生と商学部生のあるべき姿

商学部の卒業生には、高度な専門性と総合的な判断力を身につけた、真に創造的な能力を有するビジネスパーソンとなることが望まれている。大学全体として、関西学院大学が文部科学省のグローバル人材育成推進事業に採択されたことからも、創立者W. R. ランバスのような実践型「世界市民（World Citizen）」として成長することが期待されている。

《Mastery for Service》とは、社会を「地の塩」になって支えるという意味だけではないだろう。社会の良きリーダーとして「世の光」となって輝くという意味が大きい。そのための主（マスター）であろう。

「地の塩」だけではいけない。「世の光」でなければならない。

◎ 時計台とイルミネーション　2009年

第九章　21世紀の商学部

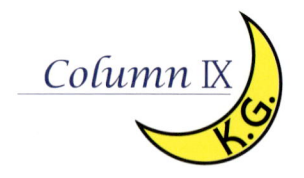

Column IX 学生の就職先と歴代執行部

商学部生の就職先

1981（昭和56）年 就職率

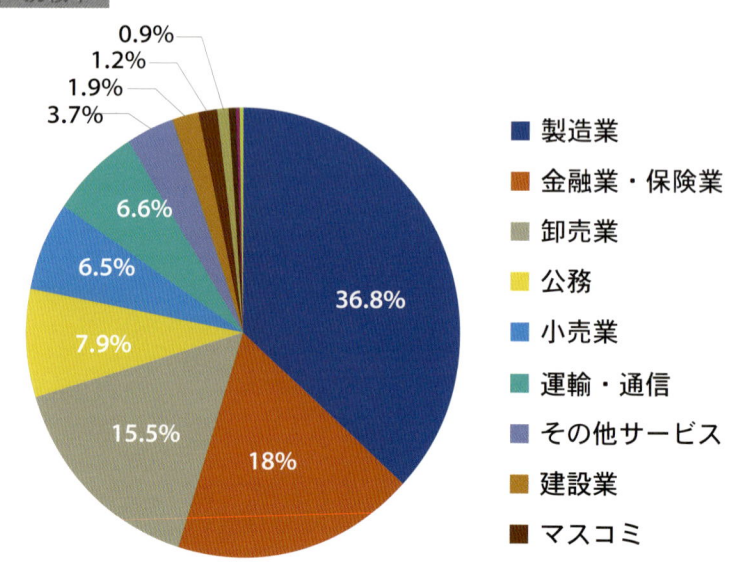

- 製造業 36.8%
- 金融業・保険業 18%
- 卸売業 15.5%
- 公務 7.9%
- 小売業 6.5%
- 運輸・通信 6.6%
- その他サービス 3.7%
- 建設業 1.9%
- マスコミ 1.2%
- （その他）0.9%

2012（平成24）年 就職率

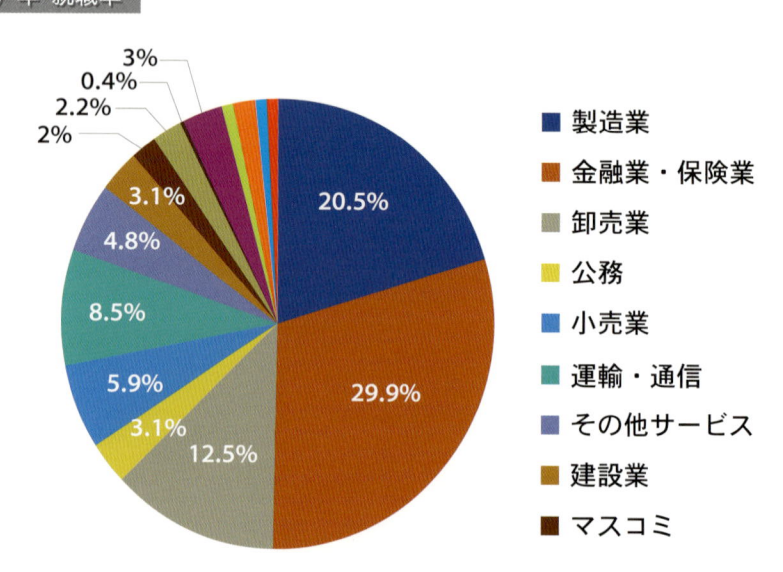

- 製造業 20.5%
- 金融業・保険業 29.9%
- 卸売業 12.5%
- 公務 3.1%
- 小売業 5.9%
- 運輸・通信 8.5%
- その他サービス 4.8%
- 建設業 3.1%
- マスコミ 2%
- 2.2%
- 0.4%
- 3%

　キャリアセンターに残されている古いデータである1981年の商学部生の就職先データと2012年の就職先データを比較する。1981年は、製造業が36.8％で1位、金融・保険業が18.0％で2位である。2012年になると逆転し、金融関係が29.9％で1位、製造業が20.5％で2位へと変化している。2013（平成25）年もほぼ同じ比率であるので、近年、定着してきている傾向といえる。2013年の商学部生が就職した企業トップ10には、金融関係が9社入っていて、残りの1社に製造業が入っているのみである。ちなみに就職先業界の3位は、1981年、2012年ともに総合商社や専門商社を中心とした卸売業で、商社の根強い人気と、商社から商学部生への評価が一貫して高いことがわかる。2012年に躍進して3％（14名）を占めたのは、不動産・リース業である。
　1981年には、女子学生の就職者数が28名であり、2012年には193名であったので、いかに女子学生が増えたかがわかる。

商学部歴代執行部

年度	学部長	学部執行部 教務主任	教務副主任	学生主任	学生副主任	—	宗教主事	大学院執行部 研究科委員長	教務学生委員	教務学生副委員	事務長
1951	青木 倫太郎	小泉 貞三		小島 男佐夫			宇都宮 信哉				
1952	青木 倫太郎	小泉 貞三		小島 男佐夫			宇都宮 信哉				
1953	青木 倫太郎	小泉 貞三		小島 男佐夫			宇都宮 信哉	青木 倫太郎	原田 脩一		
1954	青木 倫太郎	小泉 貞三		小島 男佐夫			宇都宮 信哉	青木 倫太郎	原田 脩一		
1955	青木 倫太郎	小泉 貞三		島谷 照夫			宇都宮 信哉	青木 倫太郎	原田 脩一		
1956	青木 倫太郎	小泉 貞三		島谷 照夫			宇都宮 信哉	青木 倫太郎	原田 脩一		
1957	椎名 幾三郎	笹森 四郎		島谷 照夫			宇都宮 信哉	椎名 幾三郎	原田 脩一		
1958	椎名 幾三郎	笹森 四郎		高塚 正規			宇都宮 信哉	椎名 幾三郎	小泉 貞三		桐山 博
1959	椎名 幾三郎	奥田 勲		荻田 庄五郎			宇都宮 信哉	椎名 幾三郎	小泉 貞三		桐山 博
1960	椎名 幾三郎	奥田 勲		荻田 庄五郎			宇都宮 信哉	椎名 幾三郎	小泉 貞三		桐山 博
1961	小泉 貞三	笹森 四郎	増谷 裕久	西治 辰雄	和田 繁		宇都宮 信哉	小泉 貞三	小島 男佐夫		桐山 博 / 青山 茂生 / 金長 郁夫
1962	小泉 貞三	西治 辰雄	和田 繁	高塚 正規	三浦 信		宇都宮 信哉	小泉 貞三	小島 男佐夫		金長 郁夫
1963	小泉 貞三	佐藤 明	三浦 信	高塚 正規	吉田 和夫		宇都宮 信哉	小泉 貞三	小島 男佐夫		金長 郁夫
1964	小泉 貞三	佐藤 明	杉原 信男	高塚 正規	浜崎 史朗		宇都宮 信哉	小泉 貞三	小島 男佐夫		金長 郁夫
1965	小泉 貞三	西治 辰雄	三浦 信	三浦 信	吉田 和夫		宇都宮 信哉	小泉 貞三	尾形 繁之		金長 郁夫
1966	笹森 四郎	西治 辰雄	北本 駒治	三浦 信	深津 比佐夫		宇都宮 信哉	笹森 四郎	尾形 繁之		金田 一男
1967	笹森 四郎	西治 辰雄	北本 駒治	高塚 正規	末尾 一秋		宇都宮 信哉	笹森 四郎	増谷 裕久		金田 一男
1968	笹森 四郎 / 西治 辰雄	佐藤 明	高井 眞	虎田 昞雄	広瀬 芳弘		宇都宮 信哉	笹森 四郎 / 西治 辰雄	増谷 裕久		金田 一男
1969	佐藤 明	和田 繁	町永 昭五	吉田 和夫	深津 比佐夫		宇都宮 信哉	佐藤 明	増谷 裕久		金田 一男 / 大森 芳弘
1970	佐藤 明	末尾 一秋	池田 勝彦	吉田 和夫	丸茂 新			佐藤 明	増谷 裕久		金田 一男
1971	西治 辰雄	北本 駒治	町永 昭五	高塚 正規	石田 和夫		宇都宮 信哉	西治 辰雄	増谷 裕久		今津 修
1972	西治 辰雄	和田 繁	丸茂 新	高井 眞	松山 泰国		熊谷 一綱	西治 辰雄	増谷 裕久		今津 修
1973	西治 辰雄	和田 繁	石田 和夫	高井 眞	浜崎 史朗		熊谷 一綱	西治 辰雄	吉田 和夫		今津 修
1974	増谷 裕久	石田 和夫	石田 三郎	浜崎 史朗	越川 正三		熊谷 一綱	増谷 裕久	吉田 和夫		今津 修
1975	増谷 裕久	町永 昭五	石田 三郎	池田 勝彦	越川 正三		熊谷 一綱	増谷 裕久	吉田 和夫		今津 修
1976	増谷 裕久	町永 昭五	森本 隆男	深津 比佐夫	秋田 明満		熊谷 一綱	増谷 裕久	吉田 和夫		今津 修
1977	増谷 裕久	北本 駒治	水原 凞	深津 比佐夫	秋田 明満		熊谷 一綱	増谷 裕久	吉田 和夫		今津 修
1978	和田 繁	高井 眞	中西 正雄	丸茂 新	今井 譲		熊谷 一綱	和田 繁	吉田 和夫		今津 修
1979	和田 繁	高井 眞	中西 正雄	丸茂 新	今井 譲		熊谷 一綱	和田 繁	吉田 和夫		今津 修
1980	和田 繁	町永 昭五	石田 三郎	森泰 博	平松 一夫		熊谷 一綱	和田 繁	吉田 和夫		今津 修
1981	和田 繁	町永 昭五	石田 三郎	森泰 博	平松 一夫		熊谷 一綱	和田 繁	末尾 一秋		岡部 衛一郎
1982	吉田 和夫	町永 昭五	杉原 左右一	深津 比佐夫	中谷 拓士		熊谷 一綱	吉田 和夫	末尾 一秋		岡部 衛一郎
1983	吉田 和夫	石田 三郎	杉原 左右一	森本 隆男	中谷 拓士		熊谷 一綱	吉田 和夫	末尾 一秋		岡部 衛一郎
1984	町永 昭五	丸茂 新	杉原 左右一	森本 隆男	大日向 幻		熊谷 一綱	町永 昭五	池田 勝彦		岡部 衛一郎
1985	町永 昭五	丸茂 新	今井 譲	石田 三郎	大日向 幻		熊谷 一綱	町永 昭五	池田 勝彦		岡部 衛一郎
1986	高井 眞	石田 三郎	今井 譲	水原 凞	大日向 幻		熊谷 一綱	高井 眞	森泰 博		岡部 衛一郎
1987	高井 眞	石田 三郎	深山 明	水原 凞	嶋村 誠		熊谷 一綱	高井 眞	森泰 博		岡部 衛一郎 / 平井 佑二
1988	丸茂 新	中西 正雄	梶浦 昭友	水原 凞	嶋村 誠		熊谷 一綱	丸茂 新	森泰 博		平井 佑二
1989	丸茂 新	中西 正雄	梶浦 昭友	今井 譲	瀬見 博		熊谷 一綱	丸茂 新	森泰 博		平井 佑二
1990	石田 三郎	森本 隆男	小菅 正伸	中谷 拓士	瀬見 博		熊谷 一綱	石田 三郎	森泰 博		久保田 祥二
1991	石田 三郎	森本 隆男	小菅 正伸	中谷 拓士	則定 隆男		熊谷 一綱	石田 三郎	森泰 博		久保田 祥二
1992	中西 正雄	今井 譲	則定 隆男	平松 一夫	海道 ノブチカ		熊谷 一綱	中西 正雄	森本 隆男	深山 明	久保田 祥二
1993	中西 正雄	今井 譲	則定 隆男	平松 一夫	海道 ノブチカ		熊谷 一綱	中西 正雄	水原 凞	浅田 福一	久保田 祥二
1994	森本 隆男	深山 明	藤沢 武史	梶浦 昭友	鈴木 邦彦		熊谷 一綱	森本 隆男	水原 凞	浅田 福一	久保田 祥二
1995	森本 隆男	深山 明	藤沢 武史	梶浦 昭友	鈴木 邦彦		熊谷 一綱	森本 隆男	水原 凞	浅田 福一	久保田 祥二
1996	水原 凞	深山 明	寺地 孝之	秋田 明満	井上 達男		熊谷 一綱	水原 凞	今井 譲	小菅 正伸	久保田 祥二
1997	水原 凞	則定 隆男	寺地 孝之	秋田 明満	井上 達男		辻 学	水原 凞	今井 譲	小菅 正伸	久保田 祥二
1998	今井 譲	則定 隆男	広瀬 憲三	瀬見 博	岡田 太志		辻 学	今井 譲	深山 明	梶浦 昭友	牧野 勇
1999	今井 譲	則定 隆男	広瀬 憲三	瀬見 博	東浦 弘樹		辻 学	今井 譲	深山 明	梶浦 昭友	牧野 勇
2000	杉原 左右一	瀬見 博	山本 昭二	福井 幸男	岡田 太志		辻 学	杉原 左右一	平松 一夫	広瀬 憲三	牧野 勇 / 釣部 完治
2001	杉原 左右一	瀬見 博	山本 昭二	福井 幸男	岡田 太志		辻 学	杉原 左右一	平松 一夫	広瀬 憲三	岡崎 秀作
2002	則定 隆男	寺地 孝之	井上 哲浩	井上 達男	水野 敬三	—	辻 学	則定 隆男	梶浦 昭友	渡辺 敏雄	岡崎 秀作
2003	則定 隆男	寺地 孝之	井上 哲浩	井上 達男	水野 敬三	—	辻 学	則定 隆男	梶浦 昭友	渡辺 敏雄	岡崎 秀作
2004	深山 明	小菅 正伸	新倉 貴士	森本 達夫	木山 実	—	辻 学	深山 明	梶浦 昭友	広瀬 憲三	岡崎 秀作
2005	深山 明	小菅 正伸	新倉 貴士	森本 達夫	木山 実	—	辻 学	深山 明	梶浦 昭友	広瀬 憲三	岡崎 秀作
2006	梶浦 昭友	新倉 貴士	地道 正行	森本 達夫	阪 智香	—	辻 学	梶浦 昭友	広瀬 憲三	—	岡崎 秀作
2007	梶浦 昭友	新倉 貴士	地道 正行	林 隆敏	阪 智香	—	不在	梶浦 昭友	広瀬 憲三	—	岡崎 秀作
2008	瀬見 博	林 隆敏	山口 隆之	藤沢 武史	石淵 順也	—	山本 俊正	瀬見 博	海道 ノブチカ	—	岡崎 秀作
2009	瀬見 博	林 隆敏	山口 隆之	藤沢 武史	岩松 正洋	—	山本 俊正	瀬見 博	海道 ノブチカ	—	阿部 洋夫
2010	小菅 正伸	岡田 太志	阪 智香	渡辺 敏雄	岩松 正洋	—	山本 俊正	小菅 正伸	寺地 孝之	—	阿部 洋夫
2011	小菅 正伸	岡田 太志	阪 智香	渡辺 敏雄	藤野 真子	—	山本 俊正	小菅 正伸	井上 達男	—	阿部 洋夫
2012	海道 ノブチカ	岡田 太志	松本 雄一	木山 実	藤野 真子	—	山本 俊正	海道 ノブチカ	井上 達男	—	阿部 洋夫

年度	学部長	学部執行部 副学部長(教務)	学部長補佐(教務)	副学部長(学生)	学部長補佐(学生)	学部長補佐(情報)	宗教主事	大学院執行部 研究科委員長	研究科委員長	—	事務長
2013	海道 ノブチカ	岡田 太志	松本 雄一	木山 実	田中 裕幸	地道 正行	山本 俊正	海道 ノブチカ	井上 達男	—	阿部 洋夫
2014	寺地 孝之	岡村 秀夫	伊藤 秀和	山口 隆之	田中 裕幸	伊藤 正範	山本 俊正	寺地 孝之	林 隆敏	—	阿部 洋夫

◎ 南出入り口上部のレリーフ

編集後記

　二年半というあわただしい期間のなかで、ようやく『関西学院高等学部商科開設100周年記念誌』が完成し、ここに上梓することができました。

　関西学院高等学部商科が開設100周年を迎えた2012年に記念事業の一環として百年史の刊行が計画されました。二年半後の2014年夏の刊行を目指して、記念誌編集委員会が発足しました。学部からの委員と外部の協力者そして学部事務室のスタッフによる共同作業が開始されました。紙数の関係からおおよそ130頁程度の冊子とし、「卒業アルバム」などから当時の写真をふんだんに入れることを基本的な編集方針のひとつにしました。とくに、2002年には『商学部50年誌（資料編）』が刊行されていますが、記念誌としての出来上がりは将来の課題に残されました。是非とも商学部としての商科以来の教育理念を明確にした記念誌を世に問いたいという気持ちで取り組みました。関西学院の歴史の多くは、キリスト教主義教育の観点から語られることが少なくありません。しかし、商学部は専門教育であり、研究者の教育理念や研究内容が語られてしかるべきです。

　本記念誌の執筆は、委員全員が分担することになりました。ただ、水曜の午後3時以降に原則は月一回の開催を予定することとしましたが、記念誌委員会の教員の多くが他の委員会委員を兼任しており、多忙でありました。そこで、委員会での議論を古谷氏に基本的にまとめてもらい、各委員は担当章に応じてその草稿に目を通すことにしました。実は編集委員長をお引き受けする前には、『経済学部50年史』のような、ひとつの学問史研究への挑戦を試みようとしました。しかし、これは数名の教員ではとても手に負えないこと、そして、各分野の教員全員の綿密な貢献が不可欠なことが次第に判明し断念しました。しかし、商科創設時の事実上のリーダーとも言える木村禎橘氏（現在の公認会計士および税理士の制度設計は、彼の戦前の計理士純化運動の成果）を掘り起こしたことは、今回の記念誌にひとつの意義を与えるものだと自負しています。商科100年の歴史に一本の筋が通りました。この関連で、わが国の戦前の会計士制度の研究者である平野由美子氏の講演会を2013年秋に開催しました。また、わが国初の国勢調査などの資料を駆使して、商科創設時の神戸の活況あふれる歴史を明らかにできました。マクロ的な観点からの統計分析も成果の一つです。商科開設時、すでに神戸は日本第3位の人口を擁する大都市に飛躍していました。これは、関西学院の発展にとって大きな意味を持っていた。ランバス先生の慧眼である。

　本誌の基本方針のひとつとして、つぎの3点があったかと思います。(1) 建学の精神を考察し、キリスト教主義学校としての商科の伝統と歴史像を組み立てること、そして(2) 商科100年の教育と研究がこれまでに果たしてきた役割を再確認し、将来の商学部の一層の発展の基礎となる手がかりや問題提起はできないのか、最後に(3) 戦後の商学部の特色ある専門教育の屋台骨を支えた二人の先覚者、池内信行教授と青木倫太郎教授の研究と教育を通じて、商学部の学問的風土を明らかにすることでした。編集委員のみなさんはじめ、学院史編纂室のみなさんに感謝申し上げます。

　現役の学生にも是非とも一読を薦めたいという委員会の要望から、平易な日本語に努めました。文体についても統一性をできるだけ守りました。写真も入れてビジュアル化に努めました。過去を語らずして、現在も将来も語れません。商学部の今後の発展がますます期待されています。本書がその一里塚となりますならば望外の喜びであります。

2014年7月

関西学院高等学部商科開設100周年記念誌編集委員会

委員長　　福井幸男

編集委員会

福井　幸男（2012-2014）　委員長

平松　一夫（2012-2014）

深山　明　（2012-2014）

則定　隆男（2012-2014）

森本　達夫（2012-2014）

渡辺　敏雄（2012-2014）

阪　　智香（2012-2014）

石淵　順也（2012-2014）

松本　雄一（2012-2014）

田中　裕幸（2012-2014）

藤野　真子（2012-2013）

古谷　桂信（構成・写真）

藤原　正彦（デザイン／（有）DTP basecamp）

田中　直哉（印刷／関西学院大学出版会）

阿部　洋夫（商学部事務長）

北島　大助（商学部事務職員）

◎ 編集委員会メンバー

世の光たれ！
関西学院高等学部商科開設100周年記念誌

2014年7月31日 初版第一刷発行

編 者	関西学院高等学部商科開設100周年記念誌編集委員会
発 行	関西学院大学商学部
	〒662-8501
	兵庫県西宮市上ケ原一番町1-155
	TEL 0798-54-6205
制作・発売	関西学院大学出版会
	TEL 0798-53-7002
表紙・本文デザイン	有限会社 DTP basecamp
	工房もろもろ　もろずみ としよ
印　刷	協和印刷株式会社

©2014 KWANSEI GAKUIN
Printed in Japan by Kwansei Gakuin University Press
ISBN 978-4-86283-165-1
乱丁・落丁本はお取り替えいたします。
本書の全部または一部を無断で複写・複製することを禁じます。